혐오 없는 삶

혐오 없는 삶

나와 다른
사람과
친구가
될 수 있을까?

바스티안 베르브너
이승희 옮김

판미동

차례

서문 우리는 정말 아무것도 할 수 없을까?　——— 6

1장. 타자　——— 14

낯선 사람과의 만남이
어떻게 사회를 구할까?

2장. 지옥　——— 60

접촉의 힘은 언제
효력을 상실하는가?

3장. 경쟁　——— 82

미디어는 왜 상황을
더 나쁘게 만들까?

4장. 귀환자들　——— 118

웃음이
무기가 되는 방법

5장. 제비뽑기 —— 166

우연과
민주주의

6장. 이웃 —— 208

사는 곳은 우리를
어떻게 규정할까?

7장. 공동체 —— 238

접촉과 전쟁

8장. 편지 —— 258

접촉과 평화

후기 이제 무엇을 할 것인가? —— 293

주 —— 306

2017년 초, 나는 기사를 위해 선거 전 분열된 프랑스 전역을 여행했다. 프로방스의 시골에서는 사람들이 국제주의자 임마누엘 마크롱(Emmanuel Macron)을 욕했다. 파리와 리옹에서는 자유주의 엘리트들이 우익 급진주의자 마린 르 펜(Marine Le Pen)의 부상을 경고했다. 우파는 마크롱의 대통령 당선이 프랑스의 종말을 의미한다는 듯이 행동했다. 좌파는 마린 르 펜과 함께 파시즘이 권력을 잡게 된다는 듯이 행동했다. 정치 경쟁자 사이의 권력 다툼이 아니라 적대자들의 생존 결투 같았다.

도버해협 건너편 상황도 다르지 않았다. 그곳에서는 사회가 정확히 반으로 갈라졌다. 52퍼센트의 영국인이 브렉시트에 찬성했던 반면, 거의 절반의 국민이 이를 심각한 오류로 여겼다.

대통령 선거가 막 끝난 미국 상황은 더 심각했다. 어떤 국민들은 새 대통령을 미국의 구원자로 보았지만, 또 다른 국민들은 그를 서양 민주주의, 나아가 전 세계 민주주의의 파괴자로 보았다.

나는 이 시기에 처음으로 정치적 두려움 같은 것을 느꼈다. 갑자기 모든 것이 의문에 처했다. 자유 민주주의와 서양의 안정성에 물음표가 붙었다. 심지어 파시즘의 귀환도 가능해 보였다. 보통 그 원인에 접근하면, 두려움은 줄어든다. 그러나 여기서는 그 반대였다. 취재를 위해 위기에 접근할수록 두려움은 더 커졌다. 서양 사회들은 순서대로 하나씩 점점 더 빠른 속도로 분열되는 것처럼 보였다. 마치 바이러스에 감염된 것 같았다.

이탈리아와 네덜란드에서는 우파 포퓰리즘 세력이 점점 강해지고 있다. 오스트리아에서는 몰카 스캔들로 권력을 잃기 전까지 우파 포퓰리즘 정당이 공동으로 집권했다. 헝가리와 폴란드에서는 우파 포퓰리즘 세력이 권위주의 체제를 만들기 위해 권력을 이용하고 있다. 독일에서는 우파 포퓰리즘 세력이 거리를 지배하다 선거를 하나씩 거치면서 의회까지 진출했다.

이런 현상을 민주주의의 건강한 자기 조절로 여길 수도 있다. 만약 이 과정이 모든 나라에서 정치 논쟁을 일으키지 않고, 좌우 양 진영에서 점점 많은 악의와 혐오를 낳지 않았다면 말이다. 그러나 현실에서는 온건주의자, 합리주의자, 균형주의자의 목소리가 힘을 잃고, 새된 소리로 외치는 자, 혐오주의자, 급진주의자의 목소리가 커지고 있다. 미묘한 차이들은 양자택일과 아군과 적군의 구별 속에 묻혀 버린다. 더는 말로만 그치지 않는 정치 전쟁이 일어난 것이다.

미국의 샬러츠빌에서 한 우파 급진주의자가 자동차를 몰고 좌파 시위대를 향해 돌진하는 바람에 한 여성이 목숨을 잃었다. 미국의 다른 지역에서는 공화당 의원 사무실이 공격당했다. 폴란드 그단스키에서는 야당 소속 시장이 무대 위에서 칼에 찔려 목숨을 잃었다. 독일에서는 난민수용소와 독일을 위한 대안(AfD)* 정치인의 자동차가 불에 타고, 켐니츠에서는 나치가 행진하며, 함부르크에서는 좌파 자율주의자들이 폭동을 일으킨다. 어디를 보나 마찬가지다. 서양 세계 어디에서나 사회적 골이 점점 깊어지고 있다.

미국 대통령 선거가 끝난 후, 나는 뉴욕에서 전 외무부 장관 헨리 키신저(Henry Kissinger)를 인터뷰했다. 그는 인터뷰에서 내전의 가능성을 언급했다. 나는 그가 과장한다고 생각했다. 그러나 지난 몇 달을 보내면서, 내전이 생각해 볼 수 있는 시나리오처럼 보였다. 갈라진 양 끝단에 있는 사람들 사이에 더는 아무런 공통점이 없는 것처럼 보였다. 그러나 양 진영에 있는 다수가 해결책을 희망한다는 하나의 공통점은 존재할 것이다. 그렇다. 자기 나라의 미래에 대해 양쪽은 너무 다른 의견을 갖고 있다. 그러

---

* 독일을 위한 대안(AfD:Alternative für Deutschland)은 2013년에 창당된 우파 포퓰리즘 정당이다. 처음에는 유럽연합에 반대하는 우파 자유주의 정당으로 출발했지만, 점점 반이슬람, 반동성애 등 극우 성향이 강화되고 있다. 2017년 독일연방의회 선거에서 13퍼센트 지지율로 제3당이 되었다.

나 나라가 쪼개져서는 안 된다는 데 양쪽 다수가 동의할 것이다. 안정과 평화 속에 나라가 계속 존재해야 한다고 생각할 것이다.

다만, '어떻게'라는 질문이 남는다.

이 질문에 대한 대답은 정치인이 해야 한다. 그러나 정당과 관계없이 다수 정치인은 진부한 표현 뒤로 도망가 버린다. 서로를 잇는 다리를 놓아야 한다, 태도를 보여 주어야 한다, 시민의 걱정과 두려움을 진지하게 받아들여야 한다 등 번지르르한 말만 늘어놓는다. 나는 항변하고 싶다. 아름답고 좋은 말이긴 한데, 도대체 어쩌자는 말인가? 정치인들이 내일 아침 9시에 사무실로 출근해서 시민들의 걱정과 두려움을 제대로 진지하게 받아들이겠다고 말한다면, 그들은 대체 무엇을 해야 할까? 첫 번째 할 일은? 두 번째 단계는? 세 번째는?

2017년 9월 3일 저녁, 나는 다른 1600만 시청자와 마찬가지로 텔레비전 앞에 앉아 있었다. 10시 직전, 마르틴 슐츠(Martin Schulz)가 의미심장하게 카메라를 바라보고 있었다. 총리 후보 양자 토론에서 사회자가 슐츠에게 방금 마지막 발언 기회를 주었다.

이 순간이 대단히 중요하다는 것을 그는 모르지 않았다. 총리가 되려는 그가 이 거대한 정치적 위기에 아무런 방해도 받지 않으면서 국민을 향해 자신의 해법을 발표할 수 있는 절호의 순간이기 때문이다. 추측하건대, 슐츠의 연설 작성자와 정치 전략가들은 일주일 내내 이 최후의 발언을 고민했을 것이다. 발언에서 강조해야 할 쉼표와 손짓까지 모두 연습했으리라. 그렇게 슐츠는 마지막 발언을 시작했다.

원고를 모두 외웠지만, 연습이 전혀 안 된 발표자 톤으로 슐츠는 말했다. "우리는 변환의 시대에 살고 있습니다. 변환의 시대에서 최고의 수단은 새로운 출발이며, 박차고 나갈 수 있는 용기입니다. 이 용기는 미래를 건설하겠다는 뜻입니다. 과거를 관리하는 게 아닙니다."

"……?"

'슐츠는 무엇을 해야 하는지 아는 게 없구나.' 당시 나는 이렇게 생각했다.

앙겔라 메르켈(Angela Merkel)도 구체적인 이야기는 하나도 하지 않았지만, 재선에는 성공했다. 메르켈은 연방의회에서 분열된 사회를 어떻게 다시 함께 끌어가려고 하는지 설명했다. 세금감면은 조정되어야 한다고 했다. 아동당 1,200유로의 주택 및 자녀 수당이 10년 이상 지급될 것이라고 약속했다. 실업보험은 인하되어야 한다고 말했다. 메르켈의 말을 들으면서 나는 양동이로 산불과 싸우는 소방수가 생각났다. 다시 무력감을 느꼈다. 우리를 둘러싼 세계가 불타고 있는데, 마치 구경꾼으로 전락한 것 같은 느낌이 들었다.

나는 이것이 우연이었는지, 아니면 무의식이 알려 준 신호였는지 알지 못한다. 어쨌든 이 시기에 한 가지 생각이 떠올랐다. 기자로서 내가 이런 양극화를 극복하는 데 성공했던 사례들을 꽤 자주 다루어 왔다는 사실이었다. 진부하게 들리겠지만, 그곳에서 들었던 이야기들 덕분에 나는 인간의 선량함을 신뢰하게 되었다. 다양한 곳에서 양극화를 극복하는 데 성공했고, 그 성공은 마법 같은 현실을 낳기도 해서 가끔 이 이야기를 다룬 기사를 쓰기도 하다 어느 정도 시간이 지난 후 나는 깨달았다. 이런 곳에서는 어김없이 같은 메커니즘이 작동했다는 것을.

언제나 그곳에서는 적대자, 반대자, 생각이 다른 사람들이 서로 만났다. 언제나 그곳에서 겉모습이 아닌 서로의 참모습을 알게 되었다. 그다음에는 언제나 서로를 더 개인적으로, 더 친근하게, 더 영리하게 생각해 주었다. 몇몇 사례에서 적대자들은 심지어 친구가 되었으며, 가끔은 최고의 친구가 되기도 했다.

여기서 나의 질문이 시작되었다. 사소한 만남에서 생겨났던 힘들로, 사회를 파괴하려는 원심력을 막을 정치적 도구와 전체 사회를 위한 전략을 발전시킬 수는 없을까?

이런 생각이 과대망상처럼 들리기도 한다는 것을 안다. 그래서 나는 학자들과 대화하기 시작했다. 정치학자, 사회학자, 특히 사회심리학자들과 많은 대화를 나누었다. 그 가운데 한 명은 뛰어난 학식으로 사회심리학 분야에는 존재하지도 않는 노벨상을 다른 학문 분야에서 받기도 했다. 나는 그들이 이렇게 말하기를 기대했다.

'희망을 버려요, 그런 메커니즘은 작동할 수가 없습니다.'

내가 쓴 기사에서 스스로 보지 못했던 무언가를 그들이 지적해 줄 것으로 생각했다. 그러나 그런 지적은 나오지 않았다. 대신 증오를 줄여 주고 적대감을 없애는 이 강력한 메커니즘이 이미 1970년대 이후 해명되었고, 학술적으로 연구되었다는 사실을 알게 되었다. 이 메커니즘이 학문 바깥으로 나와 거대한 차원에서 현실 세계에 적용된 적이 없다는 것도 알게 되었다. 이 메커니즘은 몇몇 장소에서 우연히, 그리고 조용하게 작동하면서 그 힘을 펼쳤다. 나는 양극화 극복을 위해 이 메커니즘을 의도적으로 활용한 곳들을 찾아 나섰다. 그런 곳 또한 존재했다. 다만 주목하는 사람이 거의 없었을 뿐이다.

이 책이 바로 그런 발굴 작업이다. 그런 메커니즘과 관련된 장소와 사람들의 이야기이다. 우리는 독일의 한 시골 마을을, 덴마크의 한 경찰서를, 보츠와나에 있는 학교들을, 함부르크의 한 연립주택단지를, 제2차 세계대전의 전장을, 나미비아의 사막을 여행할 것이다. 우리는 나치와 이슬람 극단주의자들 그리고 이들과 싸우고 있는 사람들을 만날 것이다. 그리고 사회심리적인 실험들에 몸을 담글 것이다. 그 실험은 나에게 세계를 다르게 보게 해 주었다.

시작하기 전에 나는 다음 두 가지를 약속한다.

첫째, 나처럼 가끔 텔레비전, 신문, 트윗에서 넘쳐 나는 증오에 압도당하는 사람은 이 책에 나오는 이야기에서 최소한 희망을 발견하게 될 것이다. 둘째, 나처럼 정치인들의 부적절하고 멍청하며 진부한 해답에 짜증이 나 있는 사람은 이 책에서 그 반대를 기대해도 될 것이다. 정치인들의 수사와는 다르게, 이미 잘 작동되고 있는 대단히 구체적인 1, 2, 3단계를 보게 될 것이다.

낯선 사람과의 만남이
어떻게 사회를 구할까?

더 많이 접촉하고 더 가까이 있을수록 편견은
줄어든다. 이 명제를 일반화할 수는 없을까?

하랄트 헤르메스가 아직 어렸던 1940년대, 부모님은 그에게 이렇게 겁을 주곤 했다.

"하랄트, 조심해. 집시들은 금발 아이들을 잡아간단다."

10대가 된 1950년대에 하랄트는 함부르크에서 집집마다 돌아다니며 쓰레기더미를 뒤적거리는 집시들을 목격했다. 성인이 된 1960년대에는 아랫동네 모퉁이 술집에서 싸움을 일삼던 집시들을 유난히 자주 봤다. 어느덧 70이 훌쩍 넘은 하랄트는 몇 년 전 시리아인, 아프가니스탄인, 이라크인, 소말리아인 등과 함께 롬족들이 독일로 왔을 때, 이 모든 일이 떠올랐다. 그에게 이 모든 일은 한 가지를 의미했다.

골칫거리.

하랄트는 아내 크리스타와 함께 함부르크 북쪽의 한 연립주택단지 1층에서 50년째 살고 있다. 건물 외벽은 색이 바랐지만, 이 부부가 꾸며 놓은 집안은 매우 안락했다. 꽃무늬 커튼, 창틀에 놓인 도자기 장식품, 고급 원목 탁자를 보호하는 손수 짠 탁자 보. 이미 오래전 엄마가 된 두 딸이 벽걸이 사진 속에서 웃고 있다. 하랄트의 원래 직업은 자동차 정비사였다. 2001년에 정비사 일을 그만두고 몇 년 더 건물관리인으로 일했다. 그다음 완전히 은퇴하여 반복된 하루하루를 보내고 있었다. 기상, 아침, 점심. 가끔씩 손주들을 데리고 딸들이 방문했고, 가끔은 크리스타가 병원을 예약해 주었다. 앞으로 죽을 때까지 그렇게 계속 살 수 있을 거라고 생각했다. 그러나 그렇게 되지 않았다.

시간이 지나면서 많은 이웃들이 세상을 떠났다. 대부분 그들과 같은 연금 생활자들이었다. 빈집들이 생겼고, 2014년 초에 첫 번째 난민이 들어왔다. 한 독일인 이웃은 시청에 항의 전화를 했다. 또 다른 이웃은 신문사를 찾아갔다. 하랄트는 의회와 정당에 편지를 보냈다. 전혀 도움이 되지 않았다. 아프가니스탄에서 온 난민들은 연립주택가로 들어왔고, 마케도니아인들도 이주했다. 그렇게 롬족들이 찾아왔다. 은퇴자들이 살면서 오랫동안 조용했던 건물 사이 잔디밭은 북적거리는 아이들로 시끄러워졌다. 이해할 수 없는 소리들이 계단을 가득 채웠다. 베란다에는 양탄자와 낯선 빨래들이 가득가득 널렸다. 거주 규정에는 베란다에 빨래를 널 수 없게 되어 있었지만, 그들은 아랑곳하지 않았다. 하랄트는 디지털카메라로 위반사항을 하나씩 기록했고, 그 사진들을 관리사무소로 보냈다. 그 또한 아무런 도움이 되지 않았다.

여름에는 라마단이 있었다. 이슬람교도들은 밤마다 베란다에서 바비큐를 해 먹었다. 헤르메스 부부는 뜬눈으로 침대에 누운 채 벌어진 창문 틈새로 들어오는 고기 타는 냄새를 맡고, 아랍어 특유의 목구멍소리를 들으면서 앞으로 어떻게 해야 할지 막막해했다. 기온이 영하로 떨어진 겨울이 되자, 새로운 이웃들은 보일러 온도를 최고로 올린 채 창문을 열고 생활했다. 하랄트는 함부르크 시장에게 편지를 썼다. 재무부 장관에게도 편지를 보냈다. 하랄트는 쇼이블레 장관이 방송에서 난민 때문에 시민들이 추가로 부담할 돈은 1유로도 없을 것이라고 장담하는 말을 들었다. 하지만 헤르메스 부부는 난방비 500유로를 추가로 내야 했다.

하랄트는 독일에 외국인이 들어오는 것을 원하지 않았다. 자기 동네에 온 외국인들을 보면서 하랄트는 자신의 생각에 더욱더 큰 확신을 가졌다. 물론 처음에는 운이 좋았다고 생각했지만 말이다. 첫 번째 난민들이 주변 연립주택으로 들어왔을 때는, 헤르메스 부부의 집과 시끄러운 대가족 난민들이 사는 집 사이에 적어도 잔디밭 하나는 있었다. 헤르메스 부부가 사는 건물에 처음 이주한 난민은 그들보다 나이가 많은 아프가니스탄인 부부였다. 그들은 조용했고 언제나 친절하게 인사를 건넸다. 약 40년 동안 알브레히트 가족이 살았던 헤르메스 부부의 바로 윗 집은 여전히 비어 있었다.

4월의 어느 날, 크리스타는 베란다에서 이웃집 주변을 서성거리는 일가족을 보았다. 한 다부진 젊은 남자와 아기를 품에 안은 긴 검은 머리의 여성이 있었다. 그들 사이에는 허리춤에도 닿지 않는 아이 세 명이 더 있었다. 무언가를 찾던 낯선 이들의 시선이 크리스타의 머리 위 2층 베란다에 머물렀고, 그들이 서서히 잔디밭을 지나 크리스타 쪽으로 다가왔다. 크리스타는 베란다 문에 대고 소리쳤다.

"하랄트, 우리 건물에 집시들이 오려나 봐요."

그 가족은 크리스타의 베란다 앞에 멈춰 위를 올려다보았다. 하랄트가 밖으로 나왔다. 젊은 여성이 가족 모두를 소개했지만, 여섯 명의 이름을 크리스타는 곧바로 잊어버렸다. 헤르메스 부부는 이 가족이 대문을 통해 집으로 들어가는 모습을 보았고, 얇은 벽을 통해 계단 오르는 소리도 들었다. 즉시 위에서 아이들이 뛰어다니기 시작했다. 이 방에서 저 방으로 쿵쿵, 저 방에서 이 방으로 쿵쿵쿵. 그날 저녁 헤르메스 부부는 텔레비전 소리를 좀 더 키워야 했다.

다음 날 베란다에 물이 떨어졌다. 크리스타는 위로 올라가 초인종을 눌렀다. 한 아이가 문을 열었고, 검은 머리의 아이 엄마도 따라 나왔다. 크리스타가 베란다에 물이 떨어진다고 말했다. 하지만 아이 엄마는 이해하지 못했다. "Can you speak English?(영어할 줄 아세요?)"라고 아이 엄마는 물었지만, 이번 엔 크리스타가 이해하지 못했다. 크리스타는 집 안으로 들어가 아이와 엄마를 지나쳐 베란다로 바로 갔다. 베란다에는 마치 세 찬 소나기라도 맞은 듯 물이 뚝뚝 떨어지는 기저귀, 바지, 수건 이 널려 있었다. 크리스타가 말했다. "이러면 안 돼요."

아이 엄마는 크리스타를 욕실로 안내했고 그 안을 보여 주 었다. 크리스타는 모든 걸 알아차렸다. 이 집에는 세탁기도, 건 조기도, 빨래 건조대도 없었다. 어릴 적에 크리스타는 직접 손빨 래를 했기 때문에 그것이 얼마나 고된 일인지 잘 알았다. "우리 집 지하창고에 빨래 건조대가 하나 더 있어요. 가져가서 쓰실래 요?" "네." 아이 엄마는 대답했다. 무슨 말인지 확실히 이해했던 것이다.

문을 나서면서 크리스타는 집을 한 번 둘러봤다. 식탁 위 에 컵 두 개가 놓여 있었다. 전자레인지 위에는 땅콩 깡통이 놓 여 있었다. 이유식을 데우고 있었음이 틀림없었다. 식기도, 포크 와 나이프도 없는 것 같았다. 게다가 햇살 좋은 4월이라 하기에는 집 안이 너무 더웠다. 크리스타는 질문의 의미로 라디에이터를 가리켰다. 아이 엄마는 서툰 독일어로 설명했다. 아이들이 이불 과 베개도 없이 잠옷만 입고 자다 보니 밤에 너무 추웠다고 했다.

"그때 처음으로 뭔가를 깨달았던 것 같아요."

크리스타는 그 순간을 그렇게 기억한다.

그날 크리스타는 지하창고와 2층 사이를 계속해서 오르내렸다. 크리스타는 양털이불, 베개, 침대보를 가져다 주었다. 그런 건 집에 남아돌았으니까. 그리고 냄비, 프라이팬, 전기포트, 낡았지만 여전히 잘 돌아가는 커피머신을 한 아름 안고 올라갔다. 크리스타는 아이 엄마와 커피를 마셨고, 그녀의 이름이 로시*라는 걸 알게 되었다. 밀란이 크리스타의 무릎 위에 앉았다. 하랄트도 이 자리에 함께했다. 새로운 이웃 로버트도 세르비아에서 자동차 정비사 교육을 받았다는 걸 알게 되었다. 두 사람의 직업이 같았다.

그날 이후 로시는 잔디밭에 있는 헤르메스의 빨래 건조대를 이용했다. 크리스타는 시간이 있을 때, 빨래 널기를 도와주었다. 시간이 많았기 때문에 가끔 크리스타는 아이들과 놀기 위해 2층으로 올라갔다. 아이들이 크리스타를 '할머니'라 부르기 시작했다. 에너지가 넘쳤던 밀란이 집 안 곳곳을 뛰어다니면 로시는 말했다.

"쉿! 할머니가 1층에서 주무셔."

얼마 지나지 않아 로시와 로버트가 크리스타를 엄마라고 불렀다. 처음에는 당황스러웠지만 크리스타는 곧 이해했다. 두 사람 모두 폭력과 무관심이 지배하는 망가진 가정에서 성장했음을 알게 되었기 때문이다. 로시와 로버트 곁에 있던 사람들 가

---

* 이 책을 위해 로시와 로버트를 인터뷰할 때, 그들은 성을 밝히지 말아 달라고 부탁했다. 언론을 통해 이름이 알려져서 좋지 않은 경험을 했다고 밝혔다. 그들은 아이들과 자신들을 보호하고 싶어 했다.

운데 크리스타는 아이들에게 시간과 사랑을 기꺼이 주었던 유일한 사람이었다.

여름에 두 가족은 함께 엘베강가로 갔다. 날씨는 따뜻했다. 물속에 무릎을 담그고 있던 로시가 파도를 맞았고, 이 장면에 사람들이 웃음을 터뜨렸다. 로시는 매운 음식을 요리했는데, 매운 음식을 좋아하지 않았던 하랄트도 이 요리를 먹었다. 아나스타시아의 입학식 때 크리스타는 생딸기를 듬뿍 넣은 딸기 케이크를 직접 만들어 주었다. 몇 주 만에 '접시들'은 '사람들'이 되었고, 로버트, 로시, 밀란, 아나스타시아, 크리스티나, 모니카가 되었다. 어느새 그들은 헤르메스 부부의 가장 가까운 친구가 되었다.

3년 후 부부의 거실에서 그들을 인터뷰할 때, 하랄트는 여전히 믿을 수 없다는 듯이 고개를 흔들었다. "우리도 이 일을 어떻게 설명해야 할지 모르겠어요." 크리스타가 덧붙였다. "낯선 사람들에게 그렇게 온전히 애정을 줄 수 있다는 건 생각할 수 없는 일이었죠. 그 일은 미리 계획된 것이 아니라, 자연스럽게 그냥 그렇게 된 거예요."

헤르메스 부부는 로버트 가족을 "우리 세르비아 가족"이라고 불렀다. 그들은 그들의 세르비아 가족에게 부족한 부분을 채워 주었다. 헤르메스 부부는 세르비아 가족에게 함부르크를 보여 주었고, 독일에 대해 설명해 주었다. 세르비아 가족도 헤르메스 부부가 전혀 인지하지 못했던 삶의 부족한 부분을 메워 주었다. 헤르메스 부부는 자신들의 삶이 쓰임새가 있기를 갈망했었다. 만약 크리스타가 그날 2층으로 항의하러 올라가지 않았더라면 자신들의 삶이 어떠했을까 하고 하랄트는 가끔 자문한다. 만약 시 당국에 의해 이 집으로 이송된 이들이 몸에 걸치고 있는 옷 말고는 다른 의복이 거의 없다는 것을 보지 못했다면. 만약 그 이웃이 게으르거나 멍청해서 혹은 악의로 빨래를 베란다 위에 너는 게 아니라, 다른 방법이 없기 때문이라는 걸 이해하지 못했더라면.

8월 말에 하랄트는 로버트와 함께 시내에 있는 한 변호사를 찾아갔다. 이 사례는 망명자로 인정받지 못한다고 변호사가 말했다. 하랄트는 시청에 편지를 또 보냈다. 이번 수신자는 외국인 담당 부서였다. 독일은 로버트와 같은 기능공이 필요하고, 이 가족은 독일에 소속되어 독일의 가치를 받아들일 준비가 되어 있으며, 이런 사실을 자신이 보증할 수 있다고 썼다. 심지어 이 가족은 집 안에 독일 국기와 함부르크 프로축구팀 HSV의 깃발도 걸어 두었다고 편지에 덧붙였다.

하랄트는 이들의 추방을 막으려고 백방으로 노력했다. 반년 전이라면 그는 이들의 추방을 열렬히 지지했을 것이다. 그때였다면 이 새로운 이웃은 잠재적 사기꾼이자 싸움꾼이었을 것이다. 어찌 되었든 골칫거리였을 거란 말이다. 그러나 로버트가 열심히 일하는 기능공으로, 가족을 돌보는 가장으로 모습을 드러내면서 하랄트에게는 매우 사랑스러운 이웃이 되었다.

9월 초, 헤르메스 부부는 금혼 기념으로 오스트리아 여행을 떠났다. 돌아오는 길에는 베스터발트에 있는 하랄트의 누이 집에 들렀다. 그 집 앞 정원에서 커피를 마시고 있던 오후, 하랄트의 핸드폰이 울렸다. 크리스타는 전화기 너머로 들려오는 로시의 목소리를 들었다. 크리스타는 남편의 볼에 흐르는 눈물을 보았다. 그녀는 곧 바로 눈치챘다.

로시는 베오그라드에 있는 한 공원 벤치에서 전화를 걸었다. 밤에 경찰들이 찾아왔고 가족을 데려갔다고 했다.

헤르메스 부부는 함부르크로 돌아와 세르비아 가족의 짐을 쌌다. 많은 가재도구가 헤르메스 부부의 물건이었다. 그 물건을 여행용 가방과 박스에 담아 세르비아로 보냈다. 헤르메스 부부는 돈을 모으기 시작했다. 태블릿에 스카이프와 텔레그램을 설치하여 로버트 가족과 대화했다. 로버트 가족은 이제 벨그라드에서 북쪽으로 2시간 거리에 있는 시골에 살고 있었다. 지붕에서 비가 새고, 돼지우리가 딸린 작은 집이었다. 몇 달 후 헤르메스 부부는 비행기에 올랐다. 비행 공포증이 있었던 크리스타의 첫 번째 비행기 여행이었다. 부부는 로시의 집에서 일주일을 머물렀으며, 그 후 3년 동안 그곳에 여섯 번을 더 다녀왔다. 한 번은 함부르크에서 구매한 자동차를 '세르비아 가족'에게 가져다 주기도 했다. 이때 헤르메스 부부는 이틀 동안 1,700킬로미터를 운전했다. 세르비아 가족이 추방된 지 4년이 지난 지금도 그들은 생필품, 장난감, 가구를 위한 돈, 공구 또는 땔나무 등을 보내 주고 있다. 멀리 떨어져 있지만, 헤르메스 부부는 자식들보다 '세르비아 가족'과 훨씬 더 많은 연락을 주고받는다. "그들을 다시 볼 수 없게 된다면 어떻게 하지?" 얼마 전부터 크리스타는 이 생각을 되풀이하면서 밤잠을 설치곤 한다.

———

　나는 헤르메스 부부의 이야기를 담배 연기 자욱한 술집에서 처음 들었다. 한 친구가 나에게 그 부부 이야기를 들려주면서 말했다. "자신의 편견을 극복할 만큼 열린 사람을 그곳에서 만났다는 게 참 아름다운 우연 같지 않아?" 나는 고개를 끄덕였던 것 같다. '그렇지, 정말 아름답지.' 그러나 나는 사실 농부 게롤트 후버의 일화를 떠올리며 이런 생각을 하고 있었다.
　"이런 일이 진짜 우연이기만 할까?"

　술집에서 헤르메스 부부의 이야기를 듣기 몇 달 전, 이미 난민 위기는 절정에 도달했다. 그때 편집국은 나를 슈바벤 알프스 지역으로 파견했다. 바덴뷔르템베르크주는 비어 있던 병영을 망명 신청자 임시 거주지로 변환했다. 그 병영은 슈바벤 알프스 지역의 시골 마을 메스스테텐시 변두리에 있었다. 이 결정을 통해 잘 관리된 정원과 대형차들이 주차된 이 목가적인 단독주택 지역에 몇 주 전부터 망명 신청자 수천 명이 살게 되었다. 그후 인터넷에는 흉흉한 소식들이 떠돌아다녔다. 망명 신청자들이 여성들을 희롱하고, 염소를 훔쳐 심지어 도살까지 했다는 것이었다. 최신 소식에 따르면, 병영 바로 옆에 있는 농장의 주인이 자신의 쓰레기통에서 잘린 사람 머리를 발견했다고 한다.

게롤트 후버는 억센 악수와 함께 강한 슈바벤 사투리로 나에게 인사를 건넸다. 게롤트는 자신의 농장을 나에게 보여 주었다. 시동이 걸려 있는 트랙터와 연기가 나는 축사를 지날 때, 나는 울타리를 통해 난민들이 병영에서 산책하는 모습을 보았다. 나는 잘린 머리에 대해 물었고, 게롤트는 그런 것은 없다고 대답했다. 페이스북에 퍼져 있는 대부분의 이야기와 마찬가지로 그건 그저 헛소문에 불과했다. 그다음 게롤트는 나에게 자기 이야기를 들려주었다. 그날 함부르크 술집에서 내가 떠올렸던 바로 그 이야기를 말이다.

처음에 게롤트 후버는 난민들을 빈 병영에 수용하는 데 반대했다. 그는 군청에 자기 생각을 알렸다. 전쟁 트라우마가 있는, 심지어 다수가 이슬람신자인 난민 수천 명 때문에 당시 열두 살, 아홉 살, 여섯 살이었던 자신의 아이들이 걱정되었다고 썼다. 게롤트의 걱정과 반대에도 난민들은 왔다. 대부분 시리아와 이라크 출신이었으며, 실제 폭력에 파괴된 사회에서 온 사람들이었다. 가끔씩 시리아인들은 지나가며 우유를 청했다. 게롤트는 그들에게 우유를 주었다. 한번은 난민 브로커가 길가에 버려 두고 간 임산부를 자동차로 태워 주기도 했다.

게롤트는 난민들과 더 자주 이야기할수록, 그들이 대부분 친절한 사람임을 확신하게 되었다. 병영에서 두세 번의 경찰 출동이 있었지만, 그렇게 심각한 상황은 한 번도 발생하지 않았다. 곧 게롤트는 난민 아이들의 독일어 숙제를 도와주러 딸이 친구들과 함께 병영에 들어가는 것을 반대하지 않게 되었다. 아내도 난민들의 일에 관여하기 시작했다. 이쯤 되었을 때, 게롤트는 다시 군청에 의견을 제출했다. 이번에는 저번과는 다른 내용이었다. 그는 난민들이 2킬로미터 떨어진 마을까지 시장을 보러 갈 때 걸어가지 않도록 셔틀버스를 도입하자고 제안했다. 실제로 셔틀버스가 생겼다. 게롤트는 이를 자랑스러워했다.

하랄트 헤르메스처럼 게롤트 후버도 처음에 그가 거부했던 이들을 적극 지지하게 되었다. 하랄트처럼 게롤트도 이 사람들이 자기 눈앞에서 어떻게 변하는지 경험했다. 아이들에게 위험해 보이는 잠재적 범죄자들이 친절한 이웃으로 변화했다. 헤르메스 부부처럼 게롤트도 처음에는 낯선 것을 두려워하고 편견을 키웠다. 그리고 그들처럼, 자기 생각이 틀렸다는 것을 알게 된 후 편견을 수정했다.

이들의 변화에서 나는 강한 인상을 받았다. 이런 변화는 시대정신에 반하는 것처럼 보였기 때문이다. 난민 위기가 정점에 달했을 때, 대중들의 논쟁은 모든 사람에게 결정을 요구하는 것 같았다. 찬성과 반대 중 하나만을 택해야 하는 것처럼 보였다. 난민을 이해하려면 수식어가 반드시 필요해 보였다. 난민은 '도움이 필요한 존재'이거나 '위험한 존재'여야 했다. 한 번 결정한 사람은 그 결정에 머물러야만 하는 듯했다. 그러나 하랄트와 크리스타는 그러지 않았다. 게롤트도 그렇게 하지 않았다.

친구들에게 게롤트 후버 이야기를 했을 때, 그들은 함부르크 술집에서 만났던 친구와 비슷한 반응을 보였다. 그런 사람들이 존재한다는 게 얼마나 좋은 일인가! 친구들의 감탄은 이 이야기가 다른 사람보다 개방적이고 이해심이 많은 특별한 사람의 사례라는 생각을 드러내 준다. 드물게 공감력이 뛰어난 사람들이 우리 가운데 눈에 띄지 않은 채 살고 있다가 우연한 사건으로 드러나게 되었다는 것이다.

그런데 희한하게도 이런 특별한 공감력을 지닌 사람들이 내 앞에 더욱 자주 등장하기 시작했다.

나는 캘리포니아에 있는 어떤 낙태 반대론자의 이야기를 읽었다. 그는 사적인 대화 자리에서 한 여성의 낙태 이유를 직접 들은 후 자신의 생각을 바꾸었다. 나는 이스라엘과 팔레스타인의 청소년 이야기를 읽었다. 그들은 3주 동안 캠핑 여행을 한 후 서로 친구가 되었다. 나는 미국 흑인 음악가 대릴 데이비스(Daryl Davis)의 책을 읽었다. 데이비스가 한 바에서 피아노를 연주했는데, KKK 단원이었던 한 손님이 그의 연주에 감동하여 데이비스에게 말을 걸었다. 몇 주 후 그들은 친구가 되었으며, 그 손님은 KKK단을 탈퇴했다. 이들은 통상적으로 '타고난 적대 관계'라고 말할 수 있을 것이다. 이들의 만남은 흔히 혼란과 폭력으로 끝나곤 한다. 그러나 이 사례들에서는 언제나 그 반대 현상이 일어났다.

그 후 어느 뜨거운 여름날, 나는 비스마르에 있는 한 식당 테라스에 갔다. 그 테라스에 즈벤 크뤼거가 앉아 있었다. 건장한 체격, 문신으로 덮인 팔, 덥수룩한 수염, 그리고 대머리인 그는 네오나치*였다.

———

기자라는 직업 때문에 나는 가끔 극단적인 사람들을 만난다. 그날 나는 주간지에 실릴 예정인 한 기사를 위해 즈벤 크뤼거를 인터뷰했다. 즈벤은 10년 동안 감옥에 있었고, 2년 동안 지방의회에서 독일 국민민주당(NPD) 소속 의원으로 일했다. 크뤼거는 1992년 로스톡 리히텐하겐 폭동**에 참여했다고 밝히며, 여전히 이를 자랑스러워했다. 인터뷰에서 크뤼거는 자신의 민

---

* 제2차 세계대전 이후 나치즘을 신봉하고 그 부활을 도모하는 사람.

** 1992년 8월 22일부터 24일까지 독일 로스톡시 리히텐하겐 지구에 있던 망명 신청자 임시 숙소를 극우파와 지역 주민들이 공격한 사건. 처음 숙소 관리에 대한 불만에서 시작되었던 시위는 인종주의적 구호와 함께 과격화되면서 돌과 화염병 공격, 경찰에 대한 폭행으로 이어졌다. 4일간의 폭동으로 임시 숙소는 불탔고, 다수 차량이 파손되었다. 경찰관도 200여 명 부상당했다. 결국, 망명 신청자들은 거처를 옮겨야 했다. 외국인을 상대로 한 전후 최대 폭동으로 기록되고 있다.

타자

족관과 피와 혈통에 대해, 그리고 국가 사회주의 독일에 대한 자신의 전망을 이야기했다. 그의 이야기를 경청하는 일은 매우 곤혹스러웠다. 크뤼거는 미소를 머금은 채 햇빛을 받아 반짝이는 얼굴로 자신의 인종주의적 생각을 명료하게 표현했다. 그의 생각을 들으니 그가 네오나치라는 비난을 받는 게 전혀 놀랍지 않았다. 이런 인종주의적 생각을 확신에 찬 어투로 밝히는 사람을 실제로 나는 처음 만났다. 크뤼거는 자신의 생각에 대해 자부심이 가득했다. 그는 속삭이지도 않고 자신의 확신을 밝혔다. 그의 목소리가 너무 커서 나는 식당 테라스 위에서 당황스럽게 주변을 두리번거리곤 했다. 그렇게 곤혹스러운 시간이 약 1시간쯤 지났을 때, 대화가 갑자기 흥미로워지기 시작했다. 크뤼거가 자신의 감옥 경험담을 들려주기 시작하면서부터였다.

크뤼거의 감방에서 어느 정도 떨어진 방에 팔레스타인인이 갇혀 있었다. 크뤼거의 표현대로라면 그는 "외노자놈(Kanake)"이었다. 자유시간에 그들은 원수처럼 서로를 빤히 쳐다보았다. 당시 30대 중반이었던 크뤼거는 운동을 열심히 했는데, 특히 벤치프레스를 많이 했다. 교도소 체력 단련실에는 벤치와 기구가 마련되어 있었다. 벤치프레스를 할 때 필요한 파트너, 즉 역기를 놓쳤을 때를 대비한 보조자가 없다는 사실만 제외하면 모든 게 완벽했다. 그러나 크뤼거가 체력 단련실을 갔을 때 그곳에는 단 한 사람, 그 팔레스타인인만 있는 경우가 많았다.

그래서 크뤼거는 벤치프레스 대신 턱걸이와 팔굽혀펴기를 했다. 그 팔레스타인인이 벤치에 누워 거대한 무게를 혼자 들려고 하는 모습을 보기 전까지 그랬다. 무거운 무게로 벤치프레스를 혼자 하는 건 너무 위험한 일이었다. 크뤼거는 그에게 가서 손가락을 역기봉 아래 두었다. 무언가 잘못되었을 때 내가 여기에 있다는 신호였다. 그다음엔 크뤼거가 벤치 위에 누웠고 팔레스타인인이 도와주었다. 두 사람은 한마디도 하지 않았다. 얼마 후 두 사람은 같은 작업조에 편성되었다. 그들은 말없이 나란히 교도소 곳곳을 쓸고 닦았고 부엌을 청소했다.

누가 먼저 말을 했는지 크뤼거는 떠올리지 못했다. 단지, 휴게실에서 팔레스타인인이 이스라엘 욕을 했다는 것을 기억했다. 그가 자기 가족이 2대째 난민수용소에서 생활한 것을 불평했다고 한다. 크뤼거는 이렇게 대답했다. "유대인들은 나도 안 좋아해." 갑자기 원수의 원수가 친구가 되었다. 그리고 그 관계는 감옥에 있는 동안 지속되었다.

크뤼거는 이렇게 말했다. "그 일은 아주 획기적인 경험이었어요. 왜냐하면, 그는 내가 진짜 알게 된 첫 번째 사람이기 때문입니다. 1차대전 때 참호에 누워 있는 것 같았죠. 한쪽에는 독일인이, 반대쪽에는 프랑스인이 누워 있고, 때는 크리스마스 시즌이었고, 크리스마스트리가 가운데 세워져 있었죠. 어쩔 수 없는 상황에서 혼자 단독 강화를 맺고 있는 그런 기분이었어요."

나는 이 이야기의 진위를 제대로 확인하지는 못했다. 크뤼거의 팔레스타인 감방 동료를 찾지 못했기 때문이다. 그러나 비스마르에서 이 이야기를 들려주던 크뤼거는 내가 자신의 이야기에 감탄했다는 걸 알아챘다. 크뤼거는 2001년에 있었던 또 다른 이야기도 들려주었다.

비스마르에서 식당을 운영하던 요리사 페터 키프라는 당시에 말도 안 되는 계획을 세우고 있었다. 키프라는 비스마르 항구 축제 때마다, 그리고 가끔은 아무 이유도 없이 좌파와 우파가 도시를 휘저으면서 서로 싸움을 벌이는 데 화가 나 있었다. 나치 폭력과 관련된 일만 생기면 비스마르는 늘 신문의 머리기사를 장식했다.

키프라는 무슨 일이든 하고 싶었다. 극한 여행을 좋아하던 키프라는 좌파 펑크족 두 명과 네오나치 두 명을 데리고 나미비아로 날아갈 계획을 짰다. 그들과 함께 6주 동안 사막을 돌아다니기 위해서였다.

즈벤 크뤼거는 네오나치 두 명 가운데 한 명이었다. 다른 한 명은 그의 동료였다. 공항으로 가는 기차역에서 그들은 좌파 두 명을 만났다. 헝클어진 머리에 구멍 난 옷을 입은 펑크족이었다. 그중 한 명의 머리를 크뤼거가 샴페인 병으로 내리친 적이 있었다. 다른 한 명은 오토바이 헬멧으로 크뤼거의 얼굴을 때린 적이 있었다. 크뤼거는 어쨌거나 기차 안에서 상대에게 맥주와 담배를 나누어 주었다.

그들은 함께 사막을 돌아다녔다. 그늘에서 40도까지 올라가는 날씨에도 매일 30킬로미터를 걸었다. 저녁에는 낮의 피곤함을 달래며 모닥불 주변에 모였는데, 펑크족 두 명은 실제로는 매우 친절한 친구들이었다. 여행 가이드는 힘바족 족장의 아들인 하루엔도가 맡았다. 그는 허리에 요포를 걸친 채 허리끈을 찼다. 허리끈 안에는 단도가 들어 있었다. 말라리아 모기를 쫓기 위해 하루엔도는 쇠똥과 붉은 흙을 섞어 머리와 피부에 문질렀다. 그는 물웅덩이 위치를 아는 유일한 사람이었다. 그리고 근처에 물웅덩이가 없을 때 어디를 파야 하는지도 알았다. 그들은 하루엔도가 땅에서 뽑아 올린 갈색 흙탕물을 자주 마셔야 했다. 일주일이 지난 후 좌파 한 명이 피를 토하며 굴렀다. 그는 23세 청년 토마스 바니히였다. 바니히는 스스로 몸을 지탱하지 못했는데, 그를 돌본 사람은 펑크족 동료가 아니라 즈벤 크뤼거였다. 독일 북부의 가장 악명 높은 네오나치가 과거 적이었던 바니히의 배낭을 사막을 걷는 내내 메고 다닌 것이다.

어느덧 40대 중반이 된 토마스 바니히는 메클렌부르크에 있는 한 시골 마을에 살고 있다. 그는 나미비아 여행을 하기 전에 자신의 삶을 두 가지로 규정할 수 있었다. 첫째, 매일 충분한 맥주를 조달하기. 비상시에는 친구들과 함께 슈퍼마켓을 털기도 했다. 둘째, 나치를 폭행하는 일. 그러나 크뤼거와의 만남이 바니히의 삶을 바꾸었다. 여행이 끝난 후 바니히는 펑크족 친구들과 관계를 끊었고, 머리를 짧게 잘랐으며, 장화를 운동화로 바꾸어 신었다. 현재 그는 기혼으로 아이가 여섯이다. 여전히 바니히의 정치관은 왼쪽으로 크게 기울어 있지만, 그의 집에는 나미비아 사진들이 걸려 있다. 사진 속 문신을 한 대머리 아저씨는 누구냐고 아이가 물었을 때, 바니히는 그 사람은 네오나치이지만 자신을 도와준 사람이라고 설명해 주었다. 세상에는 친절한 나치도 있기 때문에 정치관으로 사람을 함부로 판단해서는 안 된다고도 덧붙였다.

처음에는 급진 좌파인 자신을 불편하게 했던 이 깨달음이 그 이후에는 자신의 생각을 규정했다. 일종의 해방이었다. 바니히는 이 깨달음을 한 사람의 인격에는 한 가지 차원만 있는 게 아니며 다양한 차원이 있는 것으로 정리했다.

인종주의와 타인을 기꺼이 돕는 마음, 둘 중에 무엇이 더 중요할까? 정치적인 것과 사적인 것 가운데 무엇이 더 중요할까? 바니히는 크뤼거에 대해 이렇게 말한다.

"정치적으로는 여전히 오늘날에도 스벤이 완전히 틀렸다고 생각합니다. 그러나 인간적으로 나는 그와 교감할 수 있습니다."

아프리카에서 돌아온 후 네오나치 동료들에게 아프리카 여행에 대해 이야기할 때, 크뤼거는 가끔 모닥불 앞에서 좌파 두 명과 함께 보낸 밤에 대해 언급했고, 자신이 본 아프리카인들의 모습도 알려 주었다. 크뤼거는 그곳에서 일은 하지 않고 게으르게 길가에 둘러앉아 있거나 오토바이에 기대어 있었던 아프리카인들을 보았다. 자신의 눈으로 직접 봤기 때문에 지금도 크뤼거는 이전보다 훨씬 더 확실하게 그들을 게으르다고 규정할 수 있었다. 그러나 예외가 있었다. 바로 사막에서 그들을 안내했던 족장의 아들 하루엔도이다.

당시에 그들은 일주일 이상을 걷고 있었다. 토마스 바니히는 지열, 오염된 물, 과로 때문에 탈진하여 사막 여행을 중단해야 했다. 그다음에 여행의 제안자였던 페터 키프라가 의식을 잃었다. 크뤼거와 하루엔도는 당나귀 위에 그를 눕혀 가장 가까운 병원으로 함께 길을 떠났다. 말라리아가 의심되었다. 키프라가 치료받는 동안 크뤼거와 하루엔도는 며칠을 함께 보냈다. 크뤼거의 기억에 따르면, 그들은 나무 그늘 아래 앉아 '나는 나대로, 너는 너대로 사는 삶'에 대해 철학했다. 하루엔도는 크뤼거를 스프링복 사냥과 메기 낚시에 데려갔다. 비스마르의 한 테라스에서 크뤼거가 17년 전의 하루엔도에 대해 이야기할 때, 마치 연락이 끊어진 청소년 시절 친구에 대해 말하는 것 같았다.

한 펑크족이 나치들을 폭행했다. 그랬던 그가 나치 중 한 명을 알게 되고 그를 좋아하게 되었다. 한 네오나치가 무슬림을 혐오하고, 좌파를 무시하며, 흑인은 열등하다고 생각했다. 그러나 그 네오나치는 팔레스타인인과 친교를 맺었고, 사막에서 한 좌파의 배낭을 들어 주었으며, 힘바족과 함께 낚시를 했다. 어떻게 이런 일이 가능할까? 즈벤 크뤼거에게 이 질문을 던졌을 때, 그는 말했다.

"문제는 어떤 사람을 진짜 알게 되면, 더는 그를 증오하지 못한다는 거죠."

크리스타와 하랄트, 게롤트 후버, 캘리포니아의 낙태 반대론자, 캠프에 참가했던 이스라엘과 팔레스타인 청소년들, 음악가 데릴 데이비스와 그의 KKK단 출신 친구, 뿐만 아니라 전 펑크족 토마스 바니히와 네오나치주의자 즈벤 크뤼거도 분명히 공감력이 뛰어난 사람에 속한다. 그런데 이런 사람들은 우리가 생각했던 것보다 많을 수도 있다.

그리고 어쩌면, 이 이야기들을 특별하게 만든 것은 '사람들'이 아니라 그 '특수한 상황'이었을지도 모른다.

―――

당신은, 당신과 완전히 다르거나 최소한 의견이 완전히 다른 사람과 마지막으로 언제 이야기를 나누어 보았는가? 여기서 말하는 이야기란, 지난 가족 모임에서 만난 삼촌과 나눈 잡담이나 계산대 건너편으로 건네는 친절한 인사를 의미하는 게 아니다. 좀 더 흥미로운 열린 대화를 말한다. 안타깝게도 이런 대화는 자주 일어나지 않는다. 우리의 닫힌 일상이 이런 대화를 전혀 허락하지 않는다.

자전거로 함부르크 시내에 있는 편집국에 출퇴근할 때, 나는 늘 같은 길을 이용한다. 그 길을 가다 보면 마치 나의 신진대사와 연결된 것 같은 신호등이 있다. 녹색불이 들어오면, 나는 깊이 생각하지 않고 정확한 속도로 달려 교차로에 도착한다. 이때마다 나는 기쁘다. 이 반복의 아름다움은 바로 신뢰성에 있다. 이런 경험은 나에게만 해당되는 일이 아니다. 우리는 현대 산업 사회에서 우리가 대단히 자유롭다고 굳게 믿는다. 그러나 실제 우리 존재는 끊임없는 반복에 배치되어 있다.

매일 아침 알람은 같은 시간에 울린다. 우리는 정체를 뚫고 출근해 제시간에 출근 기록기를 누를 수 있기를 기대한다. 우리는 축구 경기 휘슬이 울리기 전에, 저녁 데이트에 늦지 않기 위해, 그리고 잠자리에 드는 아이에게 제때 책을 읽어 주기 위해 서둘러 집으로 간다. 다가구 주택, 아파트, 시내, 변두리 상관없이 대부분 비슷한 상황이다. 우리의 일상은 소수를 위한 시간만을 허락한다. 아침 식사를 함께하는 가족, 출퇴근 길에서 스쳐 가는 사람들, 구내식당에서 함께 밥 먹는 동료들, 드물지만 저녁 때 함께 극장에 가는 몇몇 친구들.

이 소수의 사람들은 종종 비슷한 직업, 비슷한 수입, 그리고 같은 취미를 갖고, 의심 속에서도 같은, 혹은 비슷한 정당에 투표한다. 자신과 비슷한 사람들과 만나는 것은 이해할 만한 일이다. 모든 것이 다른 사람들과 관계를 맺는 일은 힘든 일일 것이다. 동시에 우리는 자동차 라디오에서 알고리즘에 따라 우리가 속한 집단에 맞추어진 음악을 듣는다. 더 나아가 유튜브는 우리에게 맞춤한 광고를 보낸다. 아마존은 어떤 책이 우리 마음에 들 수밖에 없는지 알고 있다. 이 모든 일은 편리하고 모순이 없다.

개인화된 현대에서 우리는 늘 같은 사람과 함께, 같은 의도로 매일, 매주, 매년, 같은 단계를 순서에 맞추어 실행한다. 마치 몽유병 환자처럼, 혹은 몸에 충분히 익은 안무를 보여 주는 전문 무용수처럼. 우리는 미지의 세계, 낯선 것, 모험을 일이 주 동안의 단절된 시기로 밀어 둔다. 이 시기를 우리는 휴가라고 부른다. 신뢰에서 나오는 이 무한 순환이 우리의 경험 지평을 현실로 착각하도록 현혹하지 않는다면, 사실 큰 문제는 아닐지도 모른다.

그러나 우리 일상의 쳇바퀴 안에 자리 잡지 않은 사람들도 현실의 일부이다. 구내식당에서 우리와 함께 밥을 먹지 않는 사람들, 우리보다 훨씬 더 많이 벌거나 적게 버는 사람들, 다른 라디오 방송을 듣는 사람들, 유튜브에서 다른 알고리즘이 뜨는 사람들, 아마존으로부터 다른 책을 추천받는 사람들, 또는 다른 정당에 투표하는 사람들 모두 우리 도시에, 우리나라에 살고 있으며, 같은 시민임에도 우리에게 낯선 이들로 머물러 있다. 가끔 우리는 이들의 존재를 너무 당연하게 무시하면서 투표일 개표 방송 그래프에 나오는 다양한 막대 색깔을 보고 묻는다.

저런 인간들은 도대체 누구지?

낯설고 다른 생각을 가진 사람들을 제대로 알게 되는 장소가 우리 사회에는 실제로 많지 않다. 이전에는 국적과 군복 말고는 공통점이 하나도 없는 징집병들이 내무반을 함께 썼다. 변호사의 아들도 민간 복무자*로 일하면서 사회에서 소외된 가족 출신들을 만났고, 그들도 그를 알게 되었다. 지역 축구 클럽에서는 모든 사회 계층의 아이들이 한 팀으로 뛰었다. 그때에는 텔레비전 채널이 3개밖에 없었으며, 토요일 저녁 손주들은 조부모와 함께 독일 제2텔레비전(ZDF)의 '베텐 다스…(Wetten dass…)?'**를 시청했다. 그 시절을 미화하려는 게 아니다. 나는 군복무를 하지 않았고, ZDF도 즐겨 보지 않는다. 넷플릭스가 생긴 이후로 더욱더 그렇다. 그러나 사회가 세분화될수록 우리가 필터 버블(filter bubble) 사회에 살게 되었다는 사실을 부정할 수는 없다. 디지털뿐만 아니라, 아날로그 세계에서도 마찬가지다. 중산층은 오늘날 골프를 더 즐기고, 노동자 거주지에서는 여전히 축구를 한다. 손주들은 학교 운동장에서 최신 유튜브 화젯거리에 관해 이야기하는 반면, 조부모들은 같은 세대를 만나 여전히 텔레비전 프로그램에 관심을 둔다. 오늘날 국회의원 아들은 대부분 자신과

---

* 2010년까지 징병제를 유지했던 독일은 병역 거부권을 넓게 인정하여 다양한 민간 영역에서 대체 복무를 수행할 수 있었다. 병역 의무자 거의 1/3 정도가 대체 복무를 수행했다. 독일어로는 이를 'Zivildienst'라고 부르는데, 한국에서는 대체 복무 이외에도 민사 복무, 민간 복무 등으로 번역되고 있다. 이 책에서는 병역 대신 수행하는 대체 복무라는 의미 외에도 민간 영역에서의 의무 복무라는 의미로 폭넓게 사용한다. 그래서 민간 복무로 번역하였다.

** 1981년부터 2014년까지 방영된 독일의 인기 버라이어티 프로그램. 특별한 재능이나 볼거리가 있는 일반인이 출연하고 이 일반인의 성공 여부에 유명인들이 나와 내기(wetten)를 하는 게 프로그램의 기본이다. 총 33시즌 215회가 제작되었고, 유럽에서 가장 성공한 주말 버라이어티 프로그램으로 꼽힌다.

비슷한 사람들 틈에서 군복무와 같은 휴지기 없이 바로 대학 공부를 시작한다.

정치 결정과 기술 진보만이 사회 환경의 단절을 촉진한 것은 아니다. 사회 진보 또한 이를 촉진했다. 소득과 교육 수준에서 여성 또한 뒤지지 않게 되면서 수석의사들은 더는 이전처럼 간호사와 결혼하지 않는다. 대신 같은 수석의사와 결혼하는 경우가 더 많다. 변호사는 더는 비서가 아닌 같은 변호사와 결혼한다.

이런 필터 버블 사회에서는 많은 집단들 사이에, 빈자와 부자 사이에, 노인과 젊은이 사이에, 이민자와 정주민 사이에 종종 거리와 침묵이 지배한다. 편견을 배양하기에 이상적인 토양이 생성된다. 헤르메스 부부는 자신들을 덮고 있던 이 필터를 거부하기 전까지 이 필터 버블에 속해 있었다. 게롤트 후버도 마찬가지였다. 그 필터 버블이 터지기 전까지 그러했다. 즈벤 크뤼거도 마찬가지다. 자신의 적과 함께 감옥과 사막에서 고립되기 전까지 그러했다.

그들 모두 그 일을 스스로 선택하지 않았다. 낯선 이들이 그들의 삶에 갑자기 밀려왔고, 처음 독주에 취했을 때처럼 두려움과 편견이 갑자기 무너졌다. 불편하지만 무시할 수 없는 현실이 그들 앞에 갑자기 나타났다. 우리를 둘러싼 필터를 터뜨리면, 우리 모두 이런 탈환상을 경험할 수 있지 않을까? 단지 그런 일이 드물게 일어나서 우리가 모르고 있었던 것은 아닐까?

—

1945년 3월 7일 아침, 숲에서 나와 레마겐시를 바라보던 미군은 자신들의 눈을 믿을 수 없었다. 라인강을 덮고 있던 새벽 안개 속에서 수많은 독일군이 루덴도르프 다리로 달려오고 있었다. 독일 진격의 마지막 장벽인 라인강을 막기 위해 다른 모든 다리는 나치가 후퇴하면서 폭파했다. 그러나 저 아래 곧게 뻗어 있는 300미터 철교로 달려오는 것은 분명 독일군이었다. 그들은 틀림없이 다리를 폭발시키려 하고 있었다.

미군 사령관들은 다리로 병사들을 출동시켰다. 병사들은 몸을 숙인 채 전진했다. 그들 사이로 포탄이 떨어졌고, 그들 위로 기관총이 콩 볶는 소리를 내며 전우들을 쓰러뜨렸다. 군인들은 시체 위를 지나갔다. 미군 몇 명이 강 건너편에 닿는 데 성공했다. 그 성공은 계속 이어졌다. 마침내 미군은 교두보를 확보했고, 에르펠러 레이(Erpeler Ley) 언덕을 정복했다. 안전을 확보한 후 그들은 지원군을 기다렸다.

히틀러는 미군을 다시 몰아내라고 명령했다. 며칠 동안 제 2차 세계대전의 막바지 거대한 전투가 불을 뿜었다. 독일군은 교두보를 둘러싼 전투에 부대를 하나씩 차례로 파견했다. 교두보는 미군 K 중대가 특별히 방어하고 있었다. 많은 미군이 이미 쓰러졌고, 부상당한 병사도 많았다. 지원군이 곧 도착하지 않는다면, 독일군이 그들을 무너뜨리고 말 것이다. 위기에 처해 있었던 1945년 3월 13일 오후, 미군은 저 아래 숲에서 들려오는 총성을 들었다. 나중에 참전용사들을 만나 당시 상황을 재구성했던 미국 작가 데이비드 콜리는 이 순간을 이렇게 묘사했다.

"병사들은 최악의 상황을 두려워하고 있었다. 참호 속에 웅크리고 앉아 무기를 껴안고 있었다. 그때 그들은 숲에서 절도 있게 한 줄로 걸어 나오는 군인들을 보았다. 올리브색 미군 군복과 냄비 모양의 철모를 착용한 군인들을 보고 참호 속 병사들은 안도의 숨을 쉬었다. 그런데 군인들이 점점 다가올수록 참호 속 K 중대원들은 그 군인들의 얼굴이 갈색임을 알게 되었다. 그 얼굴들은 마치 진흙색 철모에 융해된 것처럼 보였다. 안도감은 충격으로 바뀌었다. 자신들을 도우려고 온 미군은 흑인들이었다. 더욱 놀라운 건, 그들이 자신들과 함께 싸우기 위해 그곳에 왔다는 것이다."[1]

미국 독립 혁명이 일어난 지 162년이 지난 후, 제2차 세계 대전 말에 이르러 처음으로 미군은 인종 분리 정책을 철폐했다. 그러나 전체 미국 사회와 마찬가지로 군대에서도 역시 인종 분리가 통용되었다. 노예 제도는 19세기 중반에 철폐되었지만, 미국인 대부분은 계속해서 흑인을 백인보다 더 멍청하고, 폭력적이며, 성적으로 방종하고, 게으르고, 지저분하다고 생각했다. 흑인과 백인이 같은 학교에 다니고, 같은 버스를 타며, 같은 식당에서 밥을 먹거나, 같은 호텔에서 숙박하는 것을 법률이 막고 있었다. 당연히 함께 싸울 수도 없었다. 제2차 세계대전 미군 장성 조지 패튼은 아내에게 보낸 편지에 이렇게 썼다.

"유색인 병사는 무장한 채 싸우는 데 필요한 생각을 빨리 하지 못한다오."[2]

군대라는 관점에서 보면, 흑인과 백인 병사를 함께 싸우게 하는 일은 이 소대가 진정한 '전우(Band of Brothers)'가 될 수 없음을 의미하는 것이다. 죽음을 가르는 곳에서 불신이 지배하게 될 것이기 때문이다. 이런 상황 때문에 미군 전투 부대에는 소수의 흑인 병사만 복무했다. 이들은 독자적인 소대로 편성되어 있었다. 그러나 그날 라인강 동쪽 강변에서의 전쟁은 다른 선택의 여지를 주지 않았다. 전투의 손실이 너무 컸기 때문에, 유일하게 흑인 소대만이 참호 속 K 중대 백인 병사들을 도울 수 있었다.

당시 참전했던 흑인 병사 카메론 웨이드는 이렇게 회상했다. "우리는 함께 먹고 잤고 싸웠습니다. 어떤 소란도 없었습니다. 군대는 이를 믿을 수 없어 했지요."[3] 그들은 그렇게 강변을 지켜냈다. 그리고 승리를 향해 동쪽으로 진군했다.

이 전투는 사회적 실험 하나를 수행했다. 단순히 필요에 의해 미국 사회의 작은 일부는, 즉 라인 지역 진흙 언덕에 있던 미군 수천 명은 인종 분리를 포기했다. 이 인종 분리 포기가 낳은 결과를 찾기 위해 군대는 연구자들을 파견하여 군인들을 대상으로 설문조사를 했다. 설문 결과를 보고 조지 패튼 장군은 틀림없이 놀랐을 것이다. 흑인 병사와 함께 싸웠던 백인 병사 77퍼센트는 이제 흑인들을 더 좋아하고 더 존중하게 되었다고 말했다. 이전에 그들은 흑인들을 나약한 존재로 여겼다. 장교들은 총탄 아래에서 흑인들이 그냥 도망칠 것으로 생각했다. 그러나 흑인 병사와 함께 싸운 전투가 끝난 후, 흑인 병사들이 어떻게 싸웠는지 묻는 질문에 백인 군인 84퍼센트가 "매우 잘 싸웠다."라고 응답했다. 나머지 16퍼센트는 "잘 싸웠다."라고 대답했다.[4] 네바다 출신 중대장은 말했다. "제대로 되지 않을 거라 생각했겠지만, 아주 잘 되었다." 사우스 카롤리나 출신 중사는 이렇게 말했다. "싸우는 모습을 보고 나는 생각을 바꾸었다." 텍사스 출신 소대장은 이렇게 말했다. "우리 모두 어려움을 예상했지만, 아무 문제가 없었다."[5]

　　헤르메스 부부와 게롤트 후버의 이웃이 했던 일을 군인들에게는 전쟁이 해 주었다. 전쟁은 타자도 인간이라는 진실을 직시하도록 강요했다. 전쟁은 그들의 편견을 깨부수었다. 군대 설문조사 덕분에 우리는 알게 되었다. 자신의 생각을 바꾼 것은 특별한 개인이 아니다. 특별히 공감 능력이 뛰어난 소수 군인들이 생각을 바꾼 것이 아니라, 군인 대다수가 생각을 바꾸었다. 인종주의가 특히나 심한 남부 출신 군인들도 예외가 아니었다.

　　전쟁이 끝난 후, 군대의 설문조사 결과는 하버드 대학교 캠퍼스의 한 사무실에서 더 구체적으로 연구되었다. 그곳에서

20세기 가장 빛나는 사회심리학자 중 한 명인 고든 올포트(Gordon Allport)가 편견을 다룬 책을 집필하고 있었다. 오하이오에서 성장한 올포트는 10대 시절 학교에서 놀림을 받았다. 태어날 때 발가락이 여덟 개였기 때문이다. 그는 운동은 비록 서툴렀지만 학업 성적은 매우 우수한 학생이었다. 그는 최고 점수를 받았고, 교내 신문의 편집장이 되었으며, 졸업식 때 대표로 연설을 했다. 그 후 장학금을 받고 하버드로 진학했고, 그곳에서 교수가 되었다. 이후 올포트는 군대 연구에 몸을 던졌다. 전쟁 막바지에 군대 연구자들은 흑인 병사들과 함께 싸운 군인들뿐 아니라, 유럽 전역에 있던 1,700명의 군인들에게도 같은 질문을 던졌다.[6]

"당신 부대 안에 흑인 소대가 포함된다면 어떤 느낌이 들겠는가?"

사단, 연대, 중대, 소대별로 실시한 방대한 설문조사 결과를 한번에 조망할 수는 없기 때문에 좀 더 단순한 분류와 비교로 이해에 도움을 주겠다. 백인 군인을 네 집단으로 나누어 생각해 보자. 제1집단은 실제 레마겐에서 흑인 병사들과 함께 싸운 군인들이다. 제2집단은 직접 흑인 병사들과 싸우지는 않았지만, 망원경을 통해 전투를 볼 수 있었던 군인들이다. 제3집단은 전장에서 50킬로미터 떨어져 있던 군인들이며, 무전기를 통해 전투 상황을 들었다. 제4집단은 교육 등의 이유로 아직 미국에 있었던 군인들이다. 모든 집단이 같은 질문을 받았다고 가정하자.

"한 부대에 흑인 병사들과 함께 복무하는 건 매우 불쾌한 일일까?"

　미국에 있던 군인들인 제4집단의 62퍼센트는 이런 생각이 대단히 불쾌하다고 말했다. 이들은 흑인 병사들과 아무 일도 함께하지 않았다. 전장에서 50킬로미터 떨어져 흑인들의 전투를 들었던 제3집단에서는 여전히 24퍼센트가 그렇다고 말했다. 대다수는 이 생각에 불쾌감을 느끼지 않았음을 알 수 있다. 라인강 건너편에서 흑인 병사들의 투입을 보았던 제2집단에서는 단지 20퍼센트만이 이 생각에 불쾌감을 느꼈다. 그리고 흑인 병사들을 생생하게 경험했던 제1집단에서는 단지 7퍼센트만이 불쾌감을 느꼈다. 7퍼센트! 전장에서 그들의 편견은 깨졌다.

　더 많이 접촉하고 더 가까이 있을수록 편견은 줄어든다. 그렇다면, 이런 상관관계는 인종적 편견에만 유효할까? 이 명제를 일반화할 수는 없을까? 이 상황이 너무 특별했다고 할 수도 있다. 즉, 세계사에서 가장 참혹했던 전쟁에 참가한 병사들에게만 적용될 수도 있을 것이다. 공통된 적과 싸울 때 피부색은 상관없는 것이 정상 아니겠는가? 자신의 삶이 위협받을 때 피부색이 다 무슨 상관이겠는가? 사회심리학자 고든 올포트가 군대 설문 조사 결과를 읽고 정확히 이 질문을 던진다. 그리고 같은 문서에서 두 번째 설문 결과를 발견했다.

　군대 연구자들은 한 걸음 더 나아가 군인들에게 흑인 전우뿐 아니라, 다른 집단, 그들의 적인 독일인에 대해서도 같은 질문을 던졌다. 독일에 주둔한 적이 없었던 미군 74퍼센트는 독일인을 거부하는 태도를 보였다. 독일에 있었지만 시민들과 접촉한 적이 없었던 군인 51퍼센트도 같은 태도를 보였다. 설문조사 전까지 두 시간 정도 독일 시민과 만난 적이 있던 미군의 경우 43퍼센트만이 거부하는 태도를 보였다. 접촉 시간이 다섯 시간 이상인 경우에는 불과 24퍼센트에 불과했다.[7]

이 설문 결과를 깊이 생각해야 한다. 최전선에 있었던 군인들이 역사에서 가장 큰 전쟁을 치렀던 적국의 국민에게 대체로 더 호의적인 태도를 보였다. 여기서도 같은 규칙이 적용된다. 즉, 더 많은 접촉과 더 가까운 접근이 더 적은 편견과 더 많은 공감을 낳았다.

접촉이 또 이렇게 기능을 발휘했다. 공통의 적도 필요 없었고, 삶과 죽음의 상황도 필요 없었다. 여기서 이렇게 다시 반박할 수도 있겠다. 두 사례에서 편견을 내려놓았던 사람은 모두 군인들이었다. 시민 생활에서도 같은 구조가 작동할지 누가 알겠는가?

올포트는 이에 반박하기 위하여 오하이오주에서 나온 학급에 대한 한 연구를 찾았다.[8] 수학여행을 가기 전에 학생 27명에게 같은 반 친구들을 1점(가장 친한 친구들)에서 7점(전혀 모른다고 해야 할 것 같은 친구들)까지 분류하도록 요청했다. 그다음 시카고에서 일주일을 보내면서 연방 은행, 도축장, 자동차 공장을 방문했다. 학생들은 같은 호텔방을 사용했고 하루 세 번 함께 식사를 했다. 집으로 돌아온 후 그들은 친구 분류 작업을 다시 했다. 27명 가운데 20명이 이전보다 선호도가 올라갔다. 여기서도 접촉이 편견을 타파한다는 결과를 낳았고, 그 학급은 더욱 친밀해졌다.

1954년에 고든 올포트는 『편견』이라는 책을 출간했다. 거대한 정치적 파문의 시대였던 이 상황을 올포트는 서문에서 이렇게 묘사했다.

"이슬람교도들은 비이슬람교도들을 믿지 못한다. 이스라엘에 있는 유대인들은 반유대주의에 둘러싸여 있다. 난민은 황량한 땅을 방랑한다. 몇몇 적대감은 실제 이해관계에 근거를 둔 것처럼 보이지만, 대부분은 상상과 공포의 산물이다. 그러나 상상의 공포도 실제 고통을 낳을 수 있다."[9]

1950년대의 상황 묘사를 21세기에 옮겨 놓는 것은 그렇게 어려운 일이 아니다. 당시에 올포트는 자신이 찾아낸 연구와 설문조사에 기초하여 접촉가설(contact hypothesis)이라고 불리는 해답을 제시했다. 올포트가 내린 결론에 따르면, 군인들과 학생들에게서 관찰되었던 구조는 보편성을 띤다. 적대자들 사이의 접촉은 편견을 줄여 주며, 더 평화로운 관계로 이끈다. 그러나 올포트는 편견을 줄여 주는 대신 오히려 편견을 키워 주는 접촉 종류도 있음을 경고했다. 피상적인 접촉은 편견을 깨우기만 할 뿐 타파할 수 없다는 것이다. 네오나치 즈벤 크뤼거가 좋은 예가 될 수 있다.

즈벤은 나미비아 여행 중 거리에서 먼지 속에 앉아 있거나 오토바이에 기대어 있는 사람들을 보았다. 그는 그들이 게으르다고 결론 내렸다. 그렇게 그의 편견이 생겼다. 크뤼거가 가던 길을 멈추었다면, 먼지 속에 앉아 있던 많은 여성이 땅바닥에 작은 봉지들을 펼쳐 놓은 모습을 보았을 것이다. 그리고 그 봉지 위에 놓여 있는 망고 또는 바나나 몇 개도 보았을 것이다. 그가 그 여성들에게 말을 건넸다면, 그들은 정원에서 과일을 수확해 팔고 있다고 말했을 것이다. 오토바이에 기대어 있던 남성들과 이야기했다면, 그들은 자신들이 손님을 기다리는 택시운전사라고 말했을 것이다. 아마도 그들은 크뤼거가 알고 있는 것과는 완전히 다른 이야기를 해 주었을 것이다. 그러나 즈벤 크뤼거는 자신의 편견을 수정할 기회를 만들지 않았다. 크뤼거는 단지 그들을 지나쳤을 뿐이다.

또 다른 사례도 있다. 헤르메스 부부의 딸들이다. 부부가 세르비아 이웃과 더 친해질수록 딸들은 더 다급하게 경고했다. "그들에게 이용당해서는 안 돼요!" 딸들은 세르비아 이웃을 직접 만나려고 하지도 않았다. 하랄트는 과거에 두 딸에게 집시를 조심하라고 늘 주의를 주었고, 두 딸은 이 주의를 가슴 속에 깊이 새겼다. 비록 아버지는 오래전에 자신의 생각을 이웃 때문에 바꾸었지만 말이다. 이 집시 가족은 딸들의 생활에 피상적으로 등장했다. 그들은 계단을 오를 때 지나치는 얼굴이자, 부모님의 이야기 속에 등장하는 사람들이었다. 그러나 이런 만남은 그들의 편견을 깨는 데 충분하지 않았다. 고든 올포트는 이런 접촉을 '관광적'이라고 불렀다.

올포트에 따르면, 접촉은 훨씬 강력해야 한다. 접촉이 작동하기 위해서는 네 가지 조건이 있다.

· 대화 참여자는 동등해야 한다.(군인, 이웃)
· 공동의 목표가 있다.(적을 죽이기, 좋은 이웃 관계 만들기)
· 그 목표를 위해 함께 일한다.(참호에 나란히 웅크려 있기, 빨래 널기)
· 위로부터 지지받아야 한다.(사령관, 시대정신)

올포트는 이 책을 미국 변환기에 출판했다. 시민권 운동은 인종분리정책의 종말을 요구했고, 이를 위한 학술적 이론을 찾던 사람들은 올포트의 접촉가설을 발견했다. 미국 사회는 호텔, 식당, 버스, 학교, 군대까지 하나씩 흑인들에게 개방되었다. 이 개방 과정이 끝나자, 올포트의 생각은 다시 일상에서 사라졌다. 그의 생각은 이제 심리학 분야에서만 찾을 수 있게 되었다.

심리학에서 올포트는 세기를 넘어 여러 연구에 영감을 주었다. 여러 나라의 연구자들이 인종, 성, 정치, 종교의 편견에 대해 실험했다. 심리학자들이 현실 세계라고 부르는 실험실과 현장에서 실험했다. 그들은 올포트가 알지 못했던 수학적 방법론을 이용했다. 그들은 표본수를 확대하여 실험 결과에 신빙성을 높였으며, 올포트의 보잘것없는 수는 점점 의미 없는 일화로 축소되었다. 그렇게 전문 연구들이 너무 다양하고 혼란스러워지자, 사회심리학자 두 명이 500개가 넘는 실험 결과를 하나의 형식 아래 묶어 소위 메타 연구, 즉 연구에 대한 연구 형태로 요약했다.[10]

그들은 올포트의 가설이 옳았다고 다시 한 번 확인해 주었다. 접촉가설의 타당성은 원래 가정보다도 오히려 더 폭넓었다. 올포트가 제시한 4개의 조건이 채워지지 않아도 접촉은 영향을 미쳤기 때문이다. 접촉가설은 학술계의 만장일치 속에 가정에서 이론이 되었다. 다만, 전문가를 제외하면 소수의 사람들만 알고 있을 뿐이다.

3년 전 올포트의 생각을 처음 접했을 때 나는 감전된 듯한 느낌을 받았다. 그리고 오늘날까지도 그 감동은 여전하다. 지금 독일에 필요한 약이 바로 이것이라고 생각했다. 난민들을 모르는 사람들이 특히 그들을 두려워한다. 이슬람에 반대하는 페기다(PEGIDA)*는 무슬림이 거의 없는 작센주에서 활발하게 움직인다. 독일을 위한 대안에 투표한 사람들과 대화 한 번 해 본 적 없는 사람들이 그들을 나치라고 비난한다.

---

* 2014년 독일에서 결성된 우익 정치 단체로 서양의 이슬람화를 반대하는 애국 유럽인(PEGIDA: Patriotische Europäer gegen die Islamisierung des Abendlandes)을 의미한다.

나는 라이프치히 페기다 지부 집회에서 한 남성과 이야기한 적이 있다. 그는 커다란 독일 국기를 흔들며 거짓 언론과는 이야기하지 않겠다고 말했다. 그럼에도 우리는 대화를 시작했다. 곧 그는 지금껏 어떤 기자와도 이야기한 적이 없다는 게 드러났다. 우리는 30분 동안 이야기를 나누었는데, 마지막에 그는 내게 악수를 청하며 정치적으로는 비록 멀리 떨어져 있지만 대화는 매우 좋았다고 말했다.

취재를 하면, 멀리서 누군가를 단죄하는 사람을 끊임없이 만나게 된다. 특정 집단의 누구와도 이야기해 본 적도 없이 난민 지지자들을 민족 변환자(Umvolker)로** 해석하며, 난민 회의론자들을 나치로, 이슬람교도들을 테러리스트로 설명한다. 오해를 피하기 위해 덧붙이자면, 몇몇 이슬람교도는 테러리스트일 수 있고, 독일을 위한 대안 투표자의 일부는 나치이며, 몇몇 기자들은 거짓말쟁이일 수 있다. 그러나 결코 모두 다 그런 것은 아니다. 이런 이들은 소수에 불과하다.

어떤 집단을 극단적이고 위험한 집단으로 정의하는 사람은 사회를 파멸로 이끈다. 그는 편견으로 덮인 세계를 창조하며, 그 세계에는 실체가 분명하지 않은 역겨운 존재들, 즉 테러리스트와 극단주의자, 범죄자와 나치, 거짓말쟁이와 사기꾼들만 거

** 'Umvolkung'은 원래 나치 시대에 나온 개념으로, 기원과 언어를 잃어버린 게르만 민족 구성원의 재민족화 과정을 뜻하는 것이었다. 오늘날에는 우파 극단주의자, 우파 포퓰리즘 지지자들이 이민자들 때문에 독일 민족의 고유 정체성이 훼손된다고 주장할 때 이 개념을 사용하고 있다.

주한다. 그 세계의 많은 이들이 두려움을 느끼는 건 당연하다.

중세 시대의 지도가 생각난다. 당시 지도 제도사는 지도에 종종 바다에 사는 괴물을 그렸다. 수도원 작업실에서 한 수도자가 지도를 그리는 장면을 상상해 본다. 그 수도자는 자신이 지금 그리려는 곳에서 멀리 떨어져 있다. 믿을 만한 아무 정보도 없으면서 그는 확신에 찬 모습으로 잉크를 적신 깃털펜으로 거대한 뱀과 사자 얼굴, 그리고 번쩍이는 이빨에 팔이 여러 개 달린 괴물을 그려 넣는다. 우리의 정치 논쟁도 이런 바다 괴물로 가득 차 있다.

중세의 수도자에게 필요했던 건, 수도원 작업실을 떠나는 것이었다. 그는 작업할 때마다 해안선을 여행하고 배를 타고 나갔어야 했다. 그런 노력이 훨씬 더 필요했을 것이다. 다행히 오늘날 우리는 더 쉽게 여행할 수 있다. 난민, 독일을 위한 대안 투표자, 기자 등 좋아하지 않는 사람과 대화하는 일도 매우 쉽다. 이론상으로는 그렇다.

그럼에도 너무 많은 사람이 이런 여행과 만남을 갖지 않는다. 그럴 때 생길 수 있는 현상을 많은 곳에서 확인할 수 있다. 사례 하나를 보자. 기사를 위해 나는 미국 펜실베니아주 맥코넬스버그 마을을 여러 차례 방문했다. 이 마을에는 주민 천여 명이 살고 있고, 신호등 두 개와 교회 열한 개, 그리고 방문객이 아주 많은 총포사가 하나 있다. 이곳 주민들은 주로 낙농업자, 주부, 대형트럭 운전사, 자동차 정비공으로 일하는 자부심이 넘치는 노동자와 자부심을 잃어버린 실업자들이다. 2016년 대통령 선거에서 주민 84퍼센트가 트럼프를 찍었다. 이곳에 도착한 지 며칠이 지난 후 '저니의 만찬(Johnnie's Diner)'이라는 패스트푸드 식당 앞에 주차해 식당 안에 있는 빨간색 플라스틱 의자와 빛나는 네온등을 보았을 때, 마치 삼류영화의 한 장면 속에 들어와 있는 것 같았다. 야구 모자를 쓴 뚱뚱한 남자가 계산대에 앉아서 말했다. "힐러리 투표자를 찾는다면 여기는 없을 거요. 설령 있다고 해도, 스스로 밝히지는 않을 겁니다."

'저니의 만찬'에서 만난 사람들은 나에게 미국이 처한 거대한 위험에 대해 설명했다. 불법 이민자들, 자유주의에 취한 도시인들, 그리고 흑인들이 만드는 위험에 대해 말했다. 특이한 점은 맥코넬스버그에서 보내는 며칠 동안 나는 흑인을 거의 보지 못했다는 것이다. 이 동네 거주민 97퍼센트가 백인이다. 도시인들이 우연히 이곳을 방문하는 일도 매우 드물다. 불법 이민자도 거의 없다. '저니의 만찬'에 있는 사람들은 자신들이 모르는 사람들을 두려워한다. 그들은 자신들의 머릿속에 괴물을 창조했다.

며칠 후 나는 뉴욕 반대편에 있는 사람들을 만났다. 그들 가운데 트럼프 투표자는 찾을 수 없었다. 트럼프 투표자들은 너무나 당연하게도 파시스트, 인종주의자, 또는 나치주의자라고 여겨졌다. 트럼프 투표자를 개인적으로 몇 명 알고 있는지 물었을 때, 많은 이들이 한 명도 모른다고 대답했다. 대상과 표현만 달라졌을 뿐, '저니의 만찬'에서 만난 사람들과 다를 건 없다. 이들 또한 괴물을 창조했다.

거대한 동질성만이 문제를 해결할 수 있다는 위협과 강요의 분위기가 좌우 상관없이 지배하고 있다. 연구에 따르면, 오늘날 미국인들은 이사할 때 이웃들과 정치 견해를 공유할 수 있는 지역으로 옮기는 데 큰 관심을 기울인다.[11] 미국은 스스로 분열되었다. 과거처럼 흑인과 백인 사이가 아니라,(비록 이 분리가 여전히 존재하지만) 정치 진영 사이에 일차 분리선이 존재한다. 당시와 마찬가지로 이런 동질화된 사회 환경에서 타인에 대한 편견이 싹튼다.

한 설문조사에서 민주당원 33퍼센트, 공화당원 40퍼센트는 자녀가 다른 정당 당원과 결혼한다면 신경이 쓰일 것이라고 대답했다. 1960년에는 같은 질문에 5퍼센트 이하만 그렇다고 대답했다.[12] 양 정당에서 가장 열성적인 지지자들은 상대를 단지 "틀렸다."고 보는 게 아니라, "잘못된 길로 이끌어 국가의 번영을 위협한다."고 본다. 사회학자 앨리 러셀 혹실드(Arlie Russell Hochschild)는 자신의 책 『자기 땅의 이방인들』에서 이렇게 썼다. "우리는 서로를 더는 잘 모르기 때문에 혐오와 경멸을 만들기가 아주 쉽다."[13] 이 구조는 두 방향으로 작동하기 때문이다. 거리두기에서 편견으로, 그리고 다시 편견에서 거리두기로 나아간다. 이런 이중 나선의 가속화가 미국을 공포와 혐오 사회로 만들어 갔다.

미국은 멀리 떨어져 있기에, 유럽과 아시아 상황은 미국에 비해 그리 심각하지 않다고 말하고 싶다. 그러나 충분히 심각하다. 유럽과 아시아에서도 우리는 같은 현상을 관찰할 수 있다. 외국인을 향한 적대감은 외국인이 없는 곳에서 가장 크다. 이슬람을 향한 적대감도 이슬람교도가 없는 곳에서 가장 크다. 우파 포퓰리즘 정당 투표자에 대한 혐오 또한 그들이 거의 없는 대도시에서 가장 크다. 부재하는 자들이 공포를 유발하고 증오를 불러온다.

우리는 편견이 문제라는 것을 안다. 편견을 가진 이들이 접촉을 통해 편견을 줄일 수 있다는 사실도 이제 안다. 편견이 줄어들면 사회가 더 평화롭게 된다는 사실도 안다. 그럼에도 우리는 이 접촉을 예외로 둔다. 이 사실이 나를 절망하게 만든다.

나미비아에서 돌아온 후 즈벤 크뤼거는 다시 자신이 몸담았던 나치의 친구들, 나치의 이웃들, 그리고 나치의 일꾼들에게로 돌아갔다. 감옥에서 나왔을 때도 마찬가지였다. 즈벤은 토마스 바니히, 하루엔도, 팔레스타인 감옥 동료를 다시 만나지 않았다. 즈벤은 의도적으로 그렇게 했다. 자신이 미워하려는 이들과의 접촉을 피했던 것이다. 가까워지면 이해하게 된다고, 그렇기 때문에 대도시에는 그런 일이 더 많이 일어난다고 즈벤은 말했다. "대도시에서는 많은 사람들이 친절하게 아보카도를 파는 '터키 채소상'에 갑니다. 그리고 언젠가 '외국인을 반대하느냐?'

는 질문을 받죠. 그럼 그들은 대답합니다. '아니오. 나는 심지어 외국인을 많이 알고 있습니다.' 그래서 나는 의식적으로 거리를 둡니다. 제가 가는 채소상 주인은 터키인이 아니라 독일인입니다." 증오하기 위해 즈벤은 자신의 공감능력과 인간성을 회피한다.

사회는 즈벤의 회피를 더 쉽게 만들어 준다. 그러나 정확히 그 반대되는 일을 사회는 수행해야 할 것이다. 미국의 실수를 반복하지 않기 위해, 사회와 우리는 헤르메스 부부, 농부 게롤트 후버, 레마겐 앞에서의 백인 병사들, 그리고 즈벤 크뤼거도 우연히 경험했던 마법같은 순간을 제도화해야 하며, 의도적으로 이끌어야 한다. 우파와 좌파, 빈자와 부자, 동성애자와 이성애자, 젊은 이민자 여성과 늙은 백인 남성이 만날 수 있도록, 그렇게 오늘날 사방으로 흩어진 사회가 함께 성장할 수 있도록 사회를 조직해야 한다.

처음에는 이런 만남과 제도화가 제대로 이루어질 수 없다고 생각했다. 누가 이 일을 어떻게 실행할 수 있겠는가? 그런데 취재 활동을 하면서 이런 작업이 성공했던 곳을 우연히 만나게 되었다. 그 후 나는 의식적으로 그런 곳을 더 찾기 시작했다. 그러면서 또 다른 성공 사례들도 발견하게 되었다.

성공한 몇몇 지역은 아주 작았다. 다른 몇몇은 먼 대륙에 있거나 과거의 사건이었다. 접촉의 제도화를 위해 몇몇 사례에서는 일시적 정치 개입만으로 충분했지만, 어떤 사례에서는 수만 명의 생활을 바꾸는 급진적인 국가 프로그램이 필요했다. 어떤 경우에는 공무원들이 수고를 감당해야 했으며, 또 다른 경우에는 테러리스트들이 고통받았다. 그러나 두 경우 모두 전체 사회는 이익을 얻었다.

이어지는 장들에서 우리는 이런 장소들을 여행할 것이다. 그곳에 있는 사람들은 매우 다양하지만, 하나의 공통점이 있다. 그들은 괴물을 그리는 데 만족하지 않았다. 그들은 편안하진 않지만, 흥미로운 길을 택했다. 그들은 자신들의 공포와 대면했으며, 그런 자신에게 경탄했다. 이어지는 장에서 우리는 그들을 보게 될 것이다. 그 전에 우리는 짧지만 중요한 우회로 하나를 통과해야 한다.

먼저 시리아의 지하 고문실로 가 보자.

접촉의 힘은 언제
효력을 상실하는가?

편견에 기초한 갈등은 언제나 거대한 것, 군중을 찾는다.
이런 편견은 초신성처럼 외부로 뻗어 나가려고 하고,
갈등과 관계없는 불특정 사람들에게까지 확장된다.

테러리스트들은 눈을 가리고 손을 등 뒤로 결박한 뒤 픽업 트럭 짐칸에 그를 던졌다. 얼굴을 때리는 강한 바람 속에서 그는 까끌한 모래의 맛을 느꼈다. 그때 테러리스트들이 노래하기 시작했다. "쿨 아살리비야 아메리카 카베라크 비 수리야.(십자군들에게 말한다. 미국이여, 그대의 무덤은 시리아이다.)"

2012년 10월, 미국 기자 테오 파드노스는 시리아로 갔다. 1년 전부터 치열해지고 있는 전쟁에 관한 기사를 쓰기 위해서였다. 터키에서 시리아로 넘어가자마자 이슬람 전사들이 그를 납치했다. 트럭 짐칸에 던져진 그는 이제 곧 죽겠다고 생각했다.

테러리스트들이 눈가리개를 벗겨 주었을 때, 파드노스는 자신이 한 지하실에 있음을 알게 되었다. 가로 7미터 세로 4미터 크기에 나무문이 있는 방이었다. 천장 밑에 작은 창문이 달려 있었지만, 그 앞에 모래주머니들이 놓여 있어서 빛이 거의 들어오지 않았다. 하루걸러 감시자들이 왔고 두꺼운 전선으로 파드노스를 때렸다. 그들은 말했다.

"타쿨!(처먹어!)"

아랍어를 할 줄 알았던 파드노스는 자신이 알카에다 지역 조직인 누스라 전선에게 잡혀 와 있음을 알게 되었다. 그들은 파드노스를 알레포에 억류시켰다.

가끔씩 테러리스트들은 '구르파 알무트'라고 부르는 방으로 파드노스를 데려갔다. '죽음의 방'이라는 뜻이었다. 천장 아래로 난방관이 지나갔는데, 거기에 사람들이 비명을 지르며 매달려 있었다. 테러리스트들은 파드노스의 눈을 가렸고, 무릎에 타이어를 끼운 다음 오금 뒤로 막대기를 집어넣었다. 그다음에 파드노스를 거꾸로 매달았다. 파드노스의 얼굴은 차가운 시멘트 바닥에 닿았고, 발바닥은 하늘을 향해 떠 있었다. 그들은 전선으로 파드노스의 발을 때렸다. 그들은 파드노스의 방으로 와서 음식을 바닥에 던졌다.

"여기 쓰레기가 있다! 혀로 바닥을 청소해!"

몇 킬로미터 떨어지지 않은 곳에서 다른 미국인 한 명이 카메라 뷰파인더를 통해 전장을 바라보고 있었다. 사진기자 매튜 슈리어는 전장 근처에서 자유 시리아군과 동행했다. 슈리어는 3주 동안 사진을 찍으면서, 이름 있는 신문 1면에 자기가 찍은 사진 하나쯤은 실리기를 기대했다. 사진 취재를 마친 후 터키 국경으로 돌아가는 길에 얼굴을 가린 사람들이 택시를 세우고 슈리어를 데려갔다. 슈리어도 어둡고 차가운 지하방에 감금되었다. 밖에서는 비명소리가 들렸다. 파드노스가 얼마 떨어지지 않은 방에 있다는 것을 슈리어는 알지 못했다.

며칠 후 테러리스트들은 노트북을 하나 들고 슈리어에게 왔다. 슈리어는 그들에게 이메일과 신용카드 비밀번호를 알려주었다. 그들은 슈리어의 돈 1만 7000달러로 컴퓨터, 태블릿, 메르체데스 부품, 그리고 라이방 선글라스를 샀다. 납치된 지 3주가 지났을 때, 테러리스트들은 슈리어를 방에서 데리고 나와 복도로 끌고 가다가 어떤 문을 열고 말했다. "아므리키(Amriki), 아므리키." 미국인이란 뜻이었다. 슈리어는 어두운 방 안에서 누군가 깜짝 놀라는 모습을 보았다. 그는 지저분하고 덥수룩한 수염에 고약한 냄새를 풍기고 있었다.

파드노스는 친구가 한 명 생겼다고 생각했다. 석 달 동안 고문 집행자 이외에는 누구와도 이야기를 나누지 못했다. 파드노스는 기뻤다. 첫날밤, 두 사람은 몇 시간 동안 이야기 꽃을 피웠다.

인간의 의사소통 욕구는 매우 커서 독방에 갇힌 사람은 괴롭히러 오는 감시자의 방문마저 기다리게 된다. 이 두 사람은 큰 행운을 얻었다! 적의에 차 있는 고립되고 폭력적인 시리아의 한 지하 감옥에서 몇 주 동안 고문의 고통과 죽음의 공포, 그리고 외로움을 겪은 후 같은 처지에 있는 감금된 동료를 만난 것이다. 더욱이 같은 나라 사람이었다. 더더욱이 같은 기자이기도 했다. 이제 뜻이 같은 사람이 두 명이 되었다. 이제 그들은 서로의 이야기를 들어 줄 수 있고, 용기를 주고, 희망을 줄 수 있을 것이다. 심지어 탈출 계획도 도모할 수 있을 것이다. 그러나 이런 일이 그렇게 쉽게 되는 게 아니라는 걸 파드노스와 슈리어는 곧 알게 되었다.

누군가 문 앞을 지나가면, 파드노스는 공포심에 몸을 움츠렸다. 슈리어는 그런 파드노스에게 웃음을 주려고 노력했다. 슈리어는 파드노스에게 고등학교 때 있었던 이야기를 하나 들려주었다. 가장 친한 친구와 함께 교사의 악보책를 숨겼던 일화였다. 그 교사는 이 장난에 과민하게 반응하여 두 사람을 개자식이라고 욕하고 당구채로 머리를 내리쳐 당구채가 쪼개졌다. 보통 이 지점에서 사람들은 웃었다. 그러나 파드노스는, 매우 적은 급여를 받으면서 엉망인 아이들을 돌봐야 했던 교사가 안타깝다고 말했다. 슈리어가 대꾸했다.

"아니, 바보야, 그 선생이 개자식이라고. 이해가 안 돼?"

며칠 후 파드노스가 아랍인들처럼 해바리기씨로 이빨을 청소하고 있었다. 이때 나는 틱틱거리는 소리가 슈리어의 신경을 거슬리게 했다. "당장 그만둬!" 슈리어가 말했다. 파드노스가 계속했을 때, 슈리어는 주먹을 쥐어 보이며 이빨이 하나도 없으면 이빨 청소가 힘들어질 거라고 소리쳤다. 한동안 두 사람은 서로 말을 하지 않았다.

테오 파드노스는 문예학 박사였다. 그는 릴케의 시를 독일어로 읽었고, 오랫동안 파리에서 살았으며, 러시아어 또한 매우 잘했다. 매튜 슈리어는 영어 이외에 다른 한 가지 언어를 할 줄 알았다. 바로 거리의 언어였다. 슈리어는 고등학교를 중퇴했고 16살 때 범죄를 저질러 두 달 동안 감옥에 있었다. 파드노스가 청소년 도서를 읽고 있을 때, 슈리어는 감옥의 법칙을 배웠다. 그것은 바로 스스로 방어하지 않으면 '죽는다'는 것.

슈리어는 감방에서 이를 더 깨끗하게 죽이는 방법을 고안해 냈다. 그는 물병에 붙어 있는 라벨을 떼어 내어 접었다. 그다음 이 라벨 안에 이들을 넣은 다음 눌러 죽였다. 파드노스는 손가락으로 바닥에 있는 이를 그냥 눌러 죽였다. 한번은 파드노스가 신발을 신고 그 더러운 곳을 그대로 지나 매트리스 위에 올라왔다. 슈리어는 자제력을 잃고 파드노스 얼굴에 주먹을 날렸다.

가끔씩 그들은 영화 대사 맞추기나 스무고개 놀이를 했다. 스무고개는 한 사람이 어떤 인물을 생각하면 다른 사람이 스무개의 질문 안에 그 인물을 맞추는 게임이다. "내 작은 친구에게 인사해.(Say hello to my little friend.)"라는 대사를 모르는 파드노스를 슈리어는 이해하지 못했다. 파드노스는 영화 「스카페이스」를 본

적이 없었고, 텔레비전을 가져 본 적도 없었다. 아는 랩퍼도 없었고, 연속극 주인공도 몰랐다. 대신 슈리어가 전혀 들어 본 적 없는 르네상스 예술가와 시인을 알았다.

　두 사람은 이런 지옥 같은 3개월을 함께 보냈다. 3월이 왔다. 테러리스트들은 또 다른 한 명을 그 감방에 데려왔다. 족히 120킬로그램은 되어 보이는 뚱뚱한 이 모로코인은 지하디스트였다. 자의로 시리아에 왔는데, 누스라 사람들의 의심을 받고 있었다. 그는 다리에 총상을 입었지만 치료를 전혀 받지 못했다. 그는 미국에 산 적이 있었고 영어를 할 줄 알았다. 파드노스 이외에 말할 수 있는 다른 사람이 생겼다는 데 슈리어는 기뻤다. 모로코인은 슈리어의 그 교사 이야기에 배꼽이 빠지도록 웃었다. 그들은 영화에 대해 이야기했으며, 심지어 매트리스도 함께 썼다. 파드노스는 그들과 거리를 두려고 했다.

　2013년 6월 9일, 슈리어는 35세가 되었다. 모로코인은 축하했지만 파드노스는 그러지 않았다. 몇 주 후 테러리스트들은 그들을 다른 감옥으로 옮겼다. 알레포에 있는 옛 자동차 등록소였다. 새 감방도 지하에 있었다. 약 2미터 높이의 천장 아래 깨진 유리창 두 개가 뒷마당을 향해 있었다. 창문에 창살이 있었는데, 벽돌이 부스러지면서 창살 몇 개가 헐거워져 있었다. 창살은 연필의 절반 정도되는 두께였다. 좋은 기회였다. 그러나 모로코인은 절대 통과하지 못할 것이다. 어느 날 감시자들이 그를 데

려갔다. 모로코인이 사라지자마자 슈리어가 파드노스에게 제안
했다.

"우리라면 여길 통과할 수 있을 것 같지 않아?"

3일 동안 파드노스는 네 발로 기어 다녔다. 파드노스의 등
위에서 슈리어는 부서진 벽에 붙어 있는 쇠창살을 제거하려 애
썼다. 쇠창살 몇 개는 한쪽만 벽에 단단하게 고정되어 있었다.
이런 쇠창살을 슈리어는 밖으로 구부렸다. 두 사람은 티셔츠를
묶어 매듭 사다리를 만들었다.

라마단 기간인 6월 말의 어느 날, 감시자들이 아침 일찍 먹
을 것을 가져다주었다. 아직 어둠이 가시지 않은 새벽이었다. 슈
리어는 창을 통해 앞마당을 살펴보았다. 어떤 감시자도 보이지
않았다. 오로지 앞에 있는 담만 보였다. 담 한쪽에 출구가 있었
고, 그 뒤로는 바로 거리였다. 거리의 고요함이 마치 초대장 같
았다. 해뜨기 직전 슈리어는 창문을 뜯었다.

파드노스는 손깍지를 끼고 밑에서 슈리어를 올려 주었고,
슈리어는 창을 통해 처음에는 머리를, 그다음에는 어깨를 내밀
었다. 말랐던 슈리어는 머리와 어깨를 밖으로 빼낼 수 있었지만,
여전히 몸통은 창문에 걸려 있었다. 파드노스는 밑에서 계속 밀
어 주었다. 슈리어는 있는 힘을 다해 상체를 흔들었고, 마침내
그곳을 통과했다. 녹슨 쇠창살이 그의 가슴을 이리저리 할퀴어
피가 났다. 밖으로 나온 슈리어는 쪼그려 앉았다. 그 위로 다시
창문이 있었다. 창문은 열려 있었고, 그 안에서 불빛이 새어 나

오고 있었다. 테러리스트들이 그곳에 있는 것이 틀림없었다.

파드노스는 슈리어의 스니커즈, 티셔츠, 그리고 모자를 감방에서 밖으로 던져 주었다. 그다음 파드노스는 티셔츠 사다리에 올라 손을 밖으로 뻗었다. 슈리어가 파드노스의 손을 잡아당겼다. 파드노스도 창문에 걸렸다. 슈리어가 밖에서 당겼지만 파드노스는 슈리어가 마지못해 하는 듯한 느낌을 받았다. 올라가는 데 아무 도움이 되지 않았다.

파리에 있는 테오 파드노스와 뉴욕에 있는 매튜 슈리어는 몇 시간 동안 자신들의 이야기를 나에게 설명했다. 6월의 어느 날 새벽에 있었던 몇 분 동안의 이 사건이 두 사람의 이야기에서 근본적으로 다른 유일한 장면이었다.

슈리어의 말을 먼저 들어보자. 그는 파드노스를 꺼내기 위해 1분 동안 필사적으로 노력했다. 그러나 파드노스는 한 손만 밖으로 뻗었을 뿐이다. 그걸로는 충분하지 않았다. 슈리어는 이렇게 속삭였다.

"안으로 들어가서 셔츠를 벗은 다음 두 손으로 나와."

파드노스는 바로 그렇게 했지만, 이미 많은 피를 흘렸다. 슈리어는 발을 벽에 댄 채 힘껏 당겼다. 얼마나 오랫동안 당겼는지 정확하지는 않지만, 3~4분 정도는 그렇게 했을 것이다. 그렇게 해도 도무지 당겨지지 않자, 슈리어가 도울 사람들을 데려오겠다고 했다. 그러자 파드노스가 대답했다.

"오케이."

이 오케이라는 대답이 없었다면 자신은 갈 수 없었을 것이라고 슈리어는 말했다.

파드노스에 따르면, 슈리어는 발로 벽을 밀지 않았고, 그래서 충분한 힘을 얻지 못했다. 슈리어는 자신의 한 팔만, 그것도 바깥쪽 팔만 내밀었다. 그것만으로는 충분하지 않았다. 그다음 슈리어가 이렇게 말했다.

"너는 안 돼, 친구야."

파드노스가 대답했다.

"아니야, 거의 다 되었어. 조금만 더 하면 돼."

그러나 슈리어는 도움을 요청하겠다고 했고, 파드노스는 포기하듯 중얼거렸다.

"오케이."

이 모든 일은 1분도 채 걸리지 않았다. 곧 슈리어는 떠났고, 파드노스는 혼자 감방에 남았다.

나는 이 두 사람의 기억을 메히틸트 벵크-안존(Mechthild Wenk-Ansohn)에게 설명했다. 벵크-안존은 베를린에서 활동하는 정신과 의사로, 몇 년 동안 전쟁 트라우마가 있는 환자들을 돌보았다. 뱅크-안존은 이렇게 설명했다. "기억은 영사기가 아닙니다. 경험은 설명할 때마다 재구성되죠." 예를 들면, 생명이 위협받는 위급한 스트레스 상황에서 시간 감각이 크게 달라진다.

"짧은 순간이 가끔 영원으로 느껴지기도 합니다. 경험과 인지에 구멍이 생기기도 하지요." 그러므로 두 사람의 묘사가 서로 다르다고 해서 한 사람이 반드시 거짓말을 하는 것은 아니다. 단순히 그들은 그 상황을 다르게 경험했다고 할 수 있을 것이다. 그러나 서로 다르게 기억하는 세부 내용이 두 사람에게는 실존과 관계된 중요한 문제이다. 매튜 슈리어가 최선을 다했는지, 아니면 테오 파드노스를 위험에 방치했는지가 두 사람에게는 무엇보다 중요하다.

슈리어는 파드노스를 홀로 남겨 둔 후 텅 빈 거리를 30분 정도 달렸다. 동이 터올랐다. 슈리어를 만난 주민들은 그를 자유 시리아군에게 데려다 주었다. 슈리어는 자신이 어디서 왔는지 설명하면서 여전히 그곳에 파드노스가 있다고, 그를 구할 수 있느냐고 물어보았다. 자유 시리아군은 슈리어의 요청을 거부했다. 구출은 너무 위험하며, 슈리어가 탈출한 것도 기적이기 때문이었다. 그다음 날 자유 시리아군은 슈리어를 터키 국경으로 데려갔다. 가는 길에 슈리어는 자신이 납치당했던 지점을 지나쳐 갔다. 4명의 무장 군인이 그와 함께 차를 타고 이동했다. 그들은 칼라시니코프 소총을 창문 밖으로 내밀면서 검문소를 통과했다. 며칠 후 슈리어는 뉴욕에 착륙했다.

저녁때 돌아온 감시자들은 파드노스를 괴롭혔지만 죽이

지옥

지는 않았다. 며칠 동안 파드노스는 음식을 받지 못했다. 그 상황에서 파드노스는 오바마 대통령이 자신을 구출하기 위해 CIA를 파견할 거라고 기대했다. 자신이 어디 있는지를 슈리어가 정확하게 설명했을 거라고 확신했던 것이다. 그러나 보름이 지난후 테러리스트들은 파드노스를 사막으로 데려가 그를 엄청나게 뜨거운 작은 방에 가두었다. 그렇게 몇 달이 흘렀다. 시간이 흐르자, 파드노스는 자유롭게 움직일 수 있게 되었다. 사막이라 도망이 불가능했기 때문이다. 어느 날 한 감시자가 말했다. "그들이 곧 너를 풀려나게 해 줄 거야. 우리는 돈이 필요하거든." 슈리어가 도망간 지 1년이 넘은 2014년 8월, 총 22개월의 억류 생활끝에 테러리스트들은 파드노스를 이스라엘 국경에 풀어 주었다. 카타르 정부가 그의 몸값을 지불했다.

테오 파드노스에게 그의 억류 생활에 대해 물으면, 그는 테러리스트보다 매튜 슈리어에 더 분노한다. 슈리어와 함께 보낸 7개월은 고문과 죽음의 공포보다도, 혼자 있을 때 느끼는 고독감보다도 더 끔찍했다고 한다.

———

이 만남은 특이한 사례일까? 그렇지는 않은 듯하다. 파드노스와 슈리어의 만남은 마치 고든 올포트의 교과서에 나오는 전형적인 사례 같다. 마치 두 사람만 존재할 수 있을 법한 상황에서 그들은 7개월 동안, 매일 매시간을 가깝게 붙어 있었다. 마치 그들의 삶에는 그들 외에는 아무도 없는 듯이 그들은 서로를 잘 알게 되었다. 심지어 그들의 만남은 올포트가 반세기 전에 정식화했던 조건을 충족했다. 파드노스와 슈리어는 동등한 인질이었다. 그들은 공통된 하나의 목표가 있었다. 생존과 탈출. 이 목표보다 더 근본적이고, 의미 있으며, 그들을 더 잘 묶어 주는 것이 또 있을까? 이 목표에 도달하기 위해서 그들은 협력해야 했다. 한 명은 하루 종일 네 발로 버티고 있어야 했고, 다른 한 명은 그의 등에 서 있어야 했다.

올포트의 법칙에 따르면, 이 두 사람은 분리될 수 없는 팀으로 성장했어야 한다. 레마겐의 흑인과 백인 병사들보다, 혹은 헤르메스 부부와 그들의 세르비아 이웃보다도 서로를 더 잘 이해했어야 하지 않을까?

그러나 완전히 정반대 현상이 일어났다. 더 많은 시간을 보낼수록 서로를 더 미워했다. 접촉가설에 모순된다.

그러나 실제로 이 만남은 접촉가설의 기능을 보여 주는 대표 사례이다. 더욱이 이 만남은 본질적이지만, 가끔은 간과하는 측면을 묘사해 주고 있다. 근접은 고정관념을 파괴한다. 부정적인 고정관념뿐 아니라, 긍정적인 고정관념도 마찬가지다.

헤르메스 부부가 이웃의 외모와 출신으로 적이라고 결론 내렸듯이, 파드노스와 슈리어도 외형과 출신으로 친구가 틀림없다는 결론을 내렸다. 백인, 미국인, 기자인데 어떻게 친구가 안 될 수 있겠는가? 그러나 헤르메스 부부처럼 파드노스와 슈리어도 틀렸다. 그들은 고정관념 안에서 생각했고, 그 생각 안에서 스스로 속았다.

감방의 일상은 각자의 얼굴에서 전형성이라는 마스크를 강제로 벗겨 냈다. 그 뒤에 나타난 모습은 기대했던 것과 완전히 달랐다. 감옥 안에서 문화적 특성은 제거되었고 각자의 인성으로 돌아가면서 현실이 새롭게 배열되었다. 갑자기 뉴욕의 젊은이와 모로코에서 온 지하디스트가 미국인보다 더 비슷해졌다. 미국인 두 사람은, 물과 기름처럼 따로 놀았다.

이는 고든 올포트가 다루었던 오하이오주 학생 27명의 실험 결과와도 비슷하다. 그들 중 20명은 학급 여행 이후 호감도가 이전보다 올라갔다. 그러나 학생 4명은 호감도가 더 떨어졌다. 다른 학생들이 부정적 선입견을 가지고 있었듯이 이 학생 4명은 파드노스와 슈리어처럼 긍정적 선입견을 가지고 있었다.

그러므로 접촉이 늘 공감을 불러온다고 오해해서는 안 된다. 또한 한 사회에서 접촉이 많아졌다고 평화와 우정이 넘치는 행복한 세계가 생겨나는 것도 아니다. 유감스럽게도 세계는 그렇게 단순하지 않다. 파드노스와 슈리어 사례에서 보듯이, 심지어 접촉은 새로운 갈등을 유발하기도 한다. 만약 두 사람이 이런 접촉을 해야 했던 상황에 빠지지 않고 계속해서 각자에 대한 긍정적인 고정관념을 유지할 수 있었다면 그들의 세계는 더 평화로웠을 터이다.

그러므로 다른 생각을 가진 사람들 사이의 접촉을 제도화하려는 사회는 지속되는 갈등을 각오해야 한다. 특히 상상에 따른 갈등이 아니라, 실제 차이에 기초한 갈등을 생각하고 있어야 한다. 상상으로 만들어졌든 실제 존재하든 상관없이 갈등은 갈등이며 증오는 증오라고 반박할 수도 있을 것이다. 그러나 둘은 엄연히 다르다. 실제 차이에 기초한 갈등은 눈에 띄게 드물기 때문이다.

심리학자 메히틸트 벵크-안존은 파드노스와 슈리어 사이에서 생긴 것과 같은 역학 관계는 21년 동안 활동하면서 단 한 번도 없었다고 말한다. 실제로 극단적 상황에 있는 수감자들은 서로 도움을 준다. 심지어 깊은 이념적 간극도 뛰어넘는다. 쿠르드인들은 터키인을 돕고, 수니파 사람은 시아파 사람을 돕는다. 파드노스와 슈리어는 예외였다. 오하이오의 학급 사례도 다르지 않았다. 학생 20명은 더 친해졌지만, 학생 4명은 더 멀어졌다. 사라진 옛 갈등이 새로 생겨난 갈등보다 많았다. 통계적으로 종합하면, 결과는 긍정적이었다.

그밖에도 사실에 기초한 갈등은 근본적인 장점이 있다. 이 갈등은 개인에게 향한다. 잔디를 깎지 않는 이웃, 외도를 한 배우자, 양치를 시끄럽게 하는 동료 수감자와의 갈등이지 이웃 전체, 모든 배우자, 모든 동료 수감자와의 갈등이 아니다. 사실에 기초한 갈등은 사소한 것을 찾는다.

편견에 기초한 갈등은 다르다. 아랍인들은 민주주의를 할 수 없다, 남자들은 방탕하다, 혹은 유대인들은 믿을 수 없다, 같은 편견들이 대표적이다. 이런 편견이 인종주의, 성차별주의, 반유대주의 등 어떤 이념의 표출인지는 상관없다. 편견에 기초한 갈등은 언제나 거대한 것, 군중을 찾는다. 이런 편견은 초신성처럼 외부로 뻗어 나가려고 하고, 갈등과 관계없는 불특정 사람들에게까지 확장된다.

접촉 사회에서도 갈등은 계속 존재한다. 그러나 전체적으로 그 갈등은 좀 더 평화적이고 고요할 것이다.

한 방에 함께 있던 3명의 인질과 학급 여행을 함께한 학생들 사이에서 작동했던 원리를 어떻게 8300만 독일인에게 성공적으로 적용할 수 있을까? 또는 3억 3000 미국인에게는?

만약 어떤 독일인이 모든 시민과 접촉하여 한 시간씩 이야기하려고 한다면, 그는 거의 10년 동안 쉬지 않고 말해야 할 것이다. 그는 잠도 못 잘 것이고, 더는 일도, 독서도 하지 못할 것이다. 그리고 10년 후 대화를 마쳤다고 해도 '외국인'이나 '난민'처럼, 다른 사람들로부터 편견 어린 시선을 받는 집단의 사람과는 한마디도 하지 못했을 것이다.

당연히 모든 사람을 만날 필요는 없다. 하랄트 헤르메스도 단지 롬족 한 가족만을 알게 되었을 뿐이다. 그렇다면 하랄트가 집단에 대한 그의 편견을 올바르게 잡아 줄 수 있는 대표자들을 만난다면, 즉 그가 오버바이에른 지역, 니더라우지츠 지역, 마인 지역 프랑크푸르트 또는 오더 지역 프랑크푸르트, 슈바벤, 샬케, 동성애자, 이슬람 신도, 유대교 신도, 거리 청소부, 투자 은행가, 고양이에 미친 사람, 개를 혐오하는 사람들을 한 명씩 만난다면 그의 편견은 영으로 수렴하게 될까?

바로 이것이 문제이다. 그렇게 되지는 않을 것이다. 올바름에 대한 문제에 있어서 많은 사람이 상당히 고집스럽기 때문이다. 하랄트도 예외는 아니었다.

———

헤르메스 부부를 그들의 거실에서 인터뷰할 때, 두 사람은 몇 시간 동안이나 "우리 세르비아인들"이 자신들에게 준 감동에 관해 설명했다. 또한 자신들이 끊임없이 지적하지만, 여전히 편견에 머물러 있는 이웃들에 대한 불만도 토로했다. 무뚝뚝하지만 정감 있는 남자인 하랄트가 이렇게 부드럽게 세르비아 이웃에 대해 말했기 때문에, 대화의 말미에 나온 하랄트의 한 대답을 나는 이해할 수가 없었다. 나는 하랄트에게 평생 갖고 있던 롬족에 대한 생각이 얼마나 변화되었는지 물었다. 그는 어리둥절한

지옥

표정으로 나를 쳐다보더니 롬족에 대한 자신의 생각은 전과 크게 다르지 않다고 말했다. 단지 그들을 더는 집시라고 부르지 않는다고 했다.

하랄트 헤르메스는 롬족이 여전히 위험하고 정직하지 못하다고 생각했다. 세르비아 가족과의 만남은 이런 생각과 모순되지 않느냐고 묻자, 하랄트는 그렇지 않다고 대답했다. 올바른 롬족인 "우리 세르비아인들"을 만난 건 단지 우리 부부의 행운이었다는 것이다. 말하자면, 헤르메스 부부는 윗집에 살았던 여섯 명에 대해서만 생각을 바꾸었다. 그 여섯 명이 속한 집단에 대한 생각은 바뀌지 않았다.

이런 사고 유형들을 사회심리학자들은 끊임없이 관찰했다. 인간은 자신의 편견을 기꺼이 포기하지 않기 때문에 방해하는 정보를 종종 예외로 설명한다. 하랄트는 롬족을 여전히 나쁘다고 생각하지만, "우리 세르비아 가족"은 최고라고 여긴다. 네오나치인 즈벤 크뤼거는 여전히 아프리카인들을 좋아하지 않지만, 사냥 동료였던 하루엔도는 훌륭하다고 생각한다. 이렇게 세계관은 약간 다양한 색채를 띠게 되지만 오류는 변함없이 유지된다.

나는 이런 상황을 이해할 수 있다. 종종 나의 친구들은 나와 같은 생각을 할 뿐 아니라 편견도 공유한다. 편견과 의견은 결합되어 있다. 즈벤 크뤼거가 그 대표적인 사례이다. 그의 이웃과 친구들은 나치이며, 그의 철거 회사에서 일하는 사람들도 나치이다. 그의 사회적 삶은 인종주의 편견에 기초한다. 즈벤이 갑자기 아프리카인들이 열등하지 않다고 주장하면, 그는 계속해서 그 주장을 정당화해야 한다. 그의 이웃과 친구, 동료는 물을 것이다. 또 다른 이유는 없어? 이전에는 편안한 일치가 지배했던 곳이 싸움터가 될 것이다.

이처럼 편견을 거부하는 일은 삶을 더욱 복잡하게 만든다.

한 집단에 대한 편견을 바꾸기 위해 그 집단의 구성원 하나를 만나는 것만으로 충분하지 않다면, 그리고 모든 구성원을 만나는 게 불가능하다면, 이젠 어떻게 해야 할까? 어떻게 하랄트 헤르메스나 즈벤 크뤼거가 자신들의 편견을 완전히 떨치도록 만들 수 있을까?

자신의 농장 옆으로 난민 2,000명이 이주했던 게롤트 후버처럼 그들의 경험을 예외로 설명할 수 없을 만큼 많은 구성원을 만나면 될 것이다. 또는 단지 한 사람을 만나도 될 것이다. 아주 특별한 사람, 롬족 가족과 하루엔도는 하지 못했던 것을 할 수 있는 사람을 만나면 될 것이다. 이와 관련된 여러 사례를 다음 장에서 제시하고자 한다.

덧붙여 제도화된 접촉 형태라는 세 번째 가능성도 있다. 이 방법은 새롭게 만들어 낼 필요가 없다. 약간 고치기만 하면 된다. 말하자면, 이 방법은 오래전부터 존재해 왔으나 단지 제대로 활용되지 못했다. 대중 사회는 이미 오래전에 이 제도를 창조했다. 예를 들어, 이 제도는 하랄트가 바이에른, 슈바벤, 작센 또는 베를린으로 가야 하는 수고를 덜어 준다. 이 제도의 임무는 그 장소와 사람을 하랄트가 있는 함부르크로 가져오는 것이다.

이 제도가 바로 '미디어'이다.

미디어는 왜 상황을
더 나쁘게 만들까?

언론은 사회 안에서 편견을 제거하는 게 아니라 강화하고 있다.
진상을 밝히기보다는 잘못된 히스테리를 만들어 낸다.

퀼른 신년 전야 집단 성폭력* 사건이 일어난 지 두 달이 채 안 된 어느 날, 15세, 16세, 17세 소녀 3명이 퀼에 있는 쇼핑센터 소피엔호프를 돌아다니고 있었다. 이 소녀들이 이탈리아 패스트푸드 식당 챠오 벨라에 앉았을 때, 이민자 출신 남자 몇 명이 그들을 희롱하기 시작했다. 남자들은 외설적인 행동을 취하면서 핸드폰으로 소녀들을 촬영하여 소셜 미디어에 그 영상을 올렸다. 이 모습을 보고 이민자 출신 20~30명의 남성들이 더 몰려들었는데, 이들 또한 소녀들을 희롱했다. 남자들은 도망가는 소녀들을 뒤쫓았다. 곧 경찰이 몇몇 용의자를 체포했다고 그곳을

* 2015년 12월 31일과 2016년 1월 1일 사이에 퀼른 중앙역 부근에서 북아프리카와 중동 출신 이민자 1,000여 명이 새해 축제에 나온 여성들을 대상으로 성폭력과 강도, 절도 행각을 벌인 사건. 용의자 가운데 난민과 망명 신청자들도 포함되어 있었다. 이 사건을 계기로 난민 정책을 둘러싼 논쟁이 가열되었다.

지나던 한 행인이 전했다. 목요일 19시 51분에 일어난 일이었다.

훌륭한 신문에는 무슨 일이 일어나면 신속하게 소식을 전하는 기자들이 있다. 킬러 나흐리히텐에도 그런 기자가 있었다. 다음 날 금요일 10시 15분, 이미 편집국은 홈페이지에 다음 제목으로 기사 하나를 올렸다.

"킬에서 집단 성폭력."

몇 분 후에 통신사인 DPA가 이 사건을 보도했다.

14시 20분, 빌트(Bild)* 온라인에 이런 제목의 기사가 올라왔다.

"킬의 폭도는 이 피자집에서 시작했다."

15시 45분, 언론 보도 때문에 불려 나온 슐레스비히홀슈타인주 슈테판 슈투트(Stefan Studt) 내무부 장관이 마이크 숲 앞에 서서 말했다.

"이런 사건은 용납할 수 없습니다."

16시 21분, 슈피겔 온라인은 이런 기사를 올렸다.

"남성 무리들이 쇼핑센터에서 소녀들에게 성폭력을 가하다."

17시 40분, 영국 신문 데일리 메일이 독자들에게 킬에서 일어난 사건을 알렸다.

17시 50분, 트위터 유저 '@achimasche'가 트윗을 올렸다.

"이런 곳은 더 이상 내 조국이 아니다! #sophienhof"

---

* 독일 전역에서 발행되는 대표 황색지로 발행 부수가 가장 많은 일간지이자, 선정적인 보도로 유명한 신문이다.

19시 1분, 자유민주당(FDP) 정치인 볼프강 쿠비키(Wolfgang Kubicki)가 킬러 나흐리히텐을 통해 법치 국가의 단호한 대처를 촉구하면서 이렇게 덧붙였다.

"할 일이 별로 없는 젊은 남성들은 공격성을 띠는 경향이 있다."

19시 49분, '@nohmixx'가 트윗을 올렸다.

"국경을 강화하고 범죄를 저지른 이민자를 독일에서 쫓아내라. #Merkel #Sophienhof"

19시 51분, 주간지 슈테른의 사이트(stern.de)에 다음 기사가 올라왔다.

"남성 30여 명이 쇼핑센터에서 소녀들을 사냥하다."

20시 8분, 타게스샤우(Tagesschau)** 에서 앵커 유디트 라커스(Judith Rakers)는 수백만 독일인들에게 이렇게 알렸다.

"킬에 있는 한 쇼핑센터에서 젊은 여성 세 명이 여러 명의 이민자 남성들로부터 심각한 성폭력을 당했습니다."

00시 12분에 '@klingeldraht'는 트윗을 올렸다.

"언제 이 패거리가 수용소에 감금되어 마침내 국민이 보호받게 될까? #sophienhof"

2시 13분, 폭스 뉴스도 이 사실을 미국인들에게 알렸다.

"독일에서 외국인 남성 집단이 소녀들에게 성폭력을 가

** 독일 공영 방송 ARD에서 매일 저녁 8시에 방송하는 가장 오래된 뉴스 프로그램. 한국의 KBS 9시 뉴스를 생각하면 된다.

하다."

하루도 지나지 않아 소피엔호프 사건은 독일과 전 세계에 전파되어 수백만 명의 머릿속으로 들어갔다. 나도 그 뉴스를 읽었고, 다른 사람들과 마찬가지로 충격을 받았다. 사건이 일어난 지 몇 주가 지난 후, 당시에 내가 일하고 있던 북부독일방송(NDR)은 이 사건의 배경 취재를 위해 킬로 나를 파견했다.

사건의 배경을 취재하면서 나는 계속해서 충격을 받았다. 소피엔호프에서 일어난 일 때문이 아니라, 그 사건 이후 언론과 미디어에서 일어났던 일 때문이었다. 뉴스 보도가 사실과 전혀 맞지 않았다.

실상은 다음과 같았다.

소녀 세 명이 탁자에 앉아 있었고, 17세 아프가니스탄 난민 두 명이 지나가다가 그 탁자 앞에 서서 그들을 보고 웃었다. 소녀들은 그 행동이 부적절하다고 생각했다. 소년들이 외국어로 뭐라고 말했다. 소녀들은 우리를 귀찮게 하지 말라고 했다. 한 소년이 에어키스를 날렸다. 그런 실랑이가 한동안 계속되었다. 그곳을 지나가거나, 같은 식당의 다른 탁자에 앉아 있었던 남성들도 그 광경을 구경하기 시작했지만, 소녀들을 희롱하지는 않았다. 소녀 두 명은 담배를 피우기 위해 자리를 떴다. 아무도 그 두 명을 쫓아가지 않았다. 담배를 피운 후 그들은 한 친구가 여전히 남아 있던 자리로 돌아왔다. 아프가니스탄 소년 두 명은 여전히 거기 있었으며, 가끔씩 그들을 힐끗 쳐다보고 웃으면서 소녀들을 자극했다. 이 상황을 지켜보던 한 사람이 경찰을 불렀다.

사냥은 없었다. 동영상 촬영도 없었고 소셜 미디어에 아무것도 올리지 않았다. 남자 폭도도 없었다. 단지 부적절한 행동을 한 불량 청소년 두 명이 있었을 뿐이다.

나중에 내가 소녀 세 명에게 이 진술에 대해 물었을 때, 거짓말을 한 건 아니라고 그중 한 명이 말했다. 그러나 경찰에 진술했던 자신들의 피해자 증언이 부분적으로 틀렸다는 점을 그 소녀는 인정했다. 소녀들은 불편한 상황에서 감정적으로 반응했고, 흥분 상태에서 어떤 상상을 했을 것이다. 더욱이 외국인에 대한 그녀들의 시선이, 조심스럽게 표현하자면, 편견에서 완전히 자유롭지는 않았다.

그러나 잘못된 진술의 출처보다 더 중요한 것은 그 결과이다. 이 사건과 비슷한 일들은 독일 학교 운동장에서 매일 일어난다. 그러나 이번 사건에서는 10대 소녀 세 명의 잘못된 설명이 바로 언론을 통해 수백만 명의 머릿속에 들어갔다.

어떻게 이런 일이 일어날 수 있었을까?

의사들이 사회 구성원의 건강을, 경찰이 사회 구성원의 안전을 돌보듯이, 기자들도 사회와 대중을 위한 임무를 수행한다. 기자들은 그 나라에서 무슨 일이 일어나는지 사람들에게 정보를 제공한다. 연방 의회가 법률을 제정했다거나 바이에른 뮌헨이 또 독일 챔피언이 되었다는 소식만을 전하는 게 아니다. 기자들의 과제는 그보다 훨씬 근본적인 데 있다.

예를 들어, 나는 뤼겐섬에 한 번도 가 보지 않았다. 그렇지만 내 머릿속에는 뤼겐섬 백악암의 아름다운 모습이 펼쳐진다. 또한 루르 지방 광부들의 모임에 한 번도 간 적이 없지만, 필스너 맥주에 취한 그들의 거친 대화를 듣는다. 언젠가 틀림없이 관련된 방송 프로그램을 보았기 때문이다. 당신은 작센주에 대한 생각과 바이에른에 대해 느끼는 짜증, 그리고 발리섬에 대한 흥분을 틀림없이 내게 말해 줄 수 있을 것이다. 그 세 곳 모두 당신이 가 본 적이 없음에도 말이다. 한 친구가 당신에게 무언가를 설명했을 수도 있고, 인스타그램에서 그 사진을 봤을 수도 있다. 텔레비전을 보고 라디오를 듣고 기사나 책을 읽었을 때, 당신 머릿속에 이 이미지들이 생겨났다. 그런데 이런 이미지들은 종종 어느 한 기자가 만들어 낸 것도 있다.

바로 여기에 기자들의 책임이 있다. 기자들은 현실과 가능한 한 일치하고, 진실과 가능한 한 가까운 이미지를 창조하려고 노력해야 한다. 그런데 이 책임과 임무에는 문제가 하나 있다.

기자들은 인간이며, 본디 인간은 범주와 고정관념이라는 틀로 생각한다. 진화는 이런 사고방식을 우리 안에 깊이 뿌리내렸다. 밀림 속 좁은 길을 가다가 길다랗게 꼬여 있는 어떤 것을 보면 우리는 놀란다. 길고 꼬여 있는 것은 뱀이며, 뱀은 위험하다고 우리의 뇌가 0.0001초 만에 경고하기 때문이다. 낯선 도시에서 술집을 찾을 때 우리는 할머니가 아닌 젊은 사람에게 길을 묻는다. 할머니들은 술집에 잘 가지 않지만, 젊은이들은 즐겨 간다고 생각하기 때문이다.

우선 이런 사고에는 장점이 있다. 인류 역사에서, 밀림에서의 '놀람'은 많은 생명을 구했다. 할머니를 무시했기 때문에 파티광들은 (틀림없이) 많은 시간을 절약했다. 그런데 밀림 속 꼬여 있는 것이 뱀이 아니라 덩굴식물이었다면? 그냥 지나친 할머니는 주변에 있는 모든 술집을 꿰고 있지만, 하필 길을 물어본 젊은 사람은 하나도 모른다면? 이럴 때 우리의 고정관념은 우리를 잘못된 판단으로 이끌게 된다. 이 사례들은 그렇게 심각한 문제는 아니다. 밀림에서는 전혀 놀라지 않는 것보다 많이 놀라는 게 더 낫다. 그 젊은이가 모른다면, 그다음 사람에게 물어보면 된다.

문제는 삶의 다른 영역에서도 우리의 사고는 고정관념에 따라 똑같이 작동한다. 분홍은 여자아이, 파랑은 남자아이. 케빈은 하층계급, 다부진 체격의 대머리는 나치. 여기서 오판은 더 이상 무해한 것이 아니다. 갓 태어난 여자아이가 단지 파란색 옷을 입었다는 이유로 우리가 남자아이로 생각하고 이야기하면, 그 엄마는 어떤 느낌을 받을까? 피아노에 재능이 있는 케빈은 어떨까? 또는 대머리인 좌파는?

이런 오해를 피하려고 모든 사람이 모든 만남에서 자신의 편견을 점검한다면, 이는 당연히 좋은 일일 것이다. 그러나 이런 점검은 너무 많은 것을 요구한다. 그렇더라도 기자들은 선택의 여지 없이 이런 점검을 해야만 한다.

기자들은 보도하기 전에 취재하는 게 기자의 직업이라고 배운다. 기자들은 전문적인 편견 제거자가 되어야 한다고 배운다. 취재는 접촉과 다르지 않다. 단순하게 말하면, 기자는 보도하려는 사람들과 이야기를 나누면서 그들이 누구이며 무슨 생각을 하는지 물어야 한다. 독자와 시청자를 대표하여 기자는 스스로의 편견을 파괴해야 한다.

몇 년 전 나는 한 남성을 인터뷰하기 위해 미국에 갔다. 그 남자는 죽은 사람을 냉동해 주는 일을 했는데, 그 남자와 고객들은 과학자들이 미래에 다시 자신들을 살려 낼 것이라는 희망을 갖고 있었다. 그의 고객들은 이 냉동을 위해 2만 8000달러를 지불했다. 그 사람은 불사에 대한 인간의 꿈으로 돈을 버는 방법을 찾았다. 그러나 나는 그가 대가 없이 미국 전역을 다니고, 낡은 소파 위에서 잠을 자는 모습을 직접 보았다. 심지어 그는 내게 회계장부도 보여 주었다. 그에게 돈은 목표가 아니었다. 그것은 한 과학 신봉자의 신념이자 활동이었다. 무엇이 옳고 그르다는 말을 하려는 게 아니다. 다만 내가 미국에 가지 않았더라면, 나는 전혀 다른 내용의 기사를 썼을 터이다.

또 다른 사례를 들면, 라이프치히의 레기다(Legida)* 집회에서 나는 큰 독일 국기를 들고 있는 공격적인 눈빛의 한 남성을 보았다. 나는 그가 굳건한 우파이자, 아마도 나치일 거라고 생각

---

* 페기다의 라이프치히 지부.

했다. 그러나 그는 앞선 네 번의 선거에서 서로 다른 정당에 투표했지만 언제나 같은 정치를 경험했다고 말했다. 그는 나치도 아니었고, 강건한 우파도 아니었다. 그 이후 나는 '분노하는 시민(Wutbürger)'이라는 단어를 들을 때마다 그를 생각한다.

기자들에게 '모든 모순'과 '다른 의견'은 '하나의 진보'이다. 모든 역설, 양보, 대립은 또 다른 진실에 한 걸음 다가가게 한다. 자신의 세계관을 이렇게 재조정하는 일, 이 일이야말로 내가 보기에 우리 직업의 핵심이다. 무엇보다 스스로를 보도 대상에 노출할 때에만 이런 상황에 도달할 수 있다.

기자의 일상에서 나는 이 과정을 취재 계단으로 상상해 본다. 처음 시작할 때 나는 가장 아래 계단에 있다. 기사에서 다루려고 하는 사람과 나는 아직 아무 접촉도 하지 않았다. 고정관념에 깊이 박혀 있다. 그 사람과 이메일로 연락할 때 나는 첫 번째 계단에 오르게 되며, 내 생각도 조금 변한다. 두 번째 계단은 전화통화이다. 그의 목소리를 듣고, 그와 이야기를 나누면서 편견을 밀어낸다.(가끔은 나의 편견을 확인해 주기도 하는데, 그러면 편견은 사실이 된다.) 며칠 안에 그 사람과 개인적으로 만나게 되는 세 번째 계단에서 편견은 얼마 남아 있지 않게 된다. 진실에는 언제나 완벽하게 도달할 수는 없지만, 그럼에도 그 진실이 목표여야 한다. 가능한 만큼 가까이 가려고 하고, 최대한 그 계단에 닿으려고 해야 한다. 이 과정은 돈, 인내, 노력을 요구한다. 무엇보다도 시간이 필요하다.

킬러 나흐리히텐의 한 기자는 소피엔호프 사건을 들은 후 경찰서에 전화를 걸었다. 금요일 아침 10시 직전이었다. 킬 경찰서의 대변인 올리버 폴(Oliver Pohl)이 전화를 받았다. 폴은 가르텐슈트라세에 있는 경찰서에서 방금 독일 제2방송(ZDF)과의 인터뷰를 마친 상태였다. 금요일 아침에 폴은 전날 밤 있었던 소피엔호프 사건에 대한 짧은 보고서를 읽었는데, 그 보고서는 세 소녀의 진술 요약에 불과했다. 폴은 기자에게 자신이 읽은 내용을 알려 주었다. 물론 아직 그걸 검증할 시간은 없었다고 덧붙였다.

그때부터 기자는 직접 취재를 할 수 있었을 것이다. 소녀들을 찾을 수도 있었을 것이다. 또는 30명이 넘었다는 소위 용의자 가운데 몇 명 정도는 찾을 수 있었을 것이다. 또는 편집국에서 750미터 떨어져 있는 소피엔호프로, 안드레아스 가이크 거리를 걸어서 갈 수도 있었을 것이다. 아마도 이 방법이 가장 쉬운 해결책이었을 것이다. 그곳에서 그는 에스컬레이터를 타고 2층으로 올라가 챠오 벨라 식당에 있는 목격자들과 이야기를 나눌 수도 있었을 것이다.

이 모든 행동들 대신 그 기자는 그 내용을 취재 없이 기사로 작성했고, 그렇게 전 세계에 오보를 전파했다. 그는 취재 계단의 가장 아래에 머물렀던 것이다. 그가 왜 그랬는지 나는 모른다. 이 책을 위해 여러 차례 인터뷰를 요청했지만, 그는 응답하지 않았다.

그의 기사가 킬러 나흐리히텐 홈페이지에 올라온 다음에, 올리버 폴이 근무하는 경찰서 홍보국 전화는 불이 났다. 전국에 있는 기자들이 도대체 무슨 일이 있었는지 알기를 원했다. 폴과 그의 동료들은 신경이 날카로워졌다. 사실 그들도 여전히 무슨 일이 있었는지 자세히 몰랐다. 그러나 폴에 따르면, 당시 슐레스 비히홀슈타인 경찰들은 "난민과 관련된 사건들은 미리 공개"하라는 독려를 받고 있었다고 한다. 몇 달 전부터 난민 용의자에 대해서는 경찰이 침묵한다고 우파 포퓰리스트들이 비난했기 때문이다.

걸려 오는 전화를 받기 위해 동료 한 명을 배치한 후, 폴은 보도자료를 쓰기 위해 조용한 사무실로 돌아갔다.

12시 41분, 폴은 경찰서 홈페이지에 보도자료를 올렸다. 이 보도자료에는 의심의 여지 없이 다음과 같이 적혀 있었다.

"세 명의 젊은 여성이 심각한 성폭력을 당했다."

심각한 실수였다고 나중에 폴은 고백했다. 그러나 실제 그 파급력은 그렇게 크지 않았다. 누구도 이런 보도자료를 찾아 읽지 않기 때문이다. 물론 기자들을 제외하고. 기사를 보도하기 위해서는 하나의 출처만으로 충분하지 않다. 경찰의 보도자료 하나만으로 충분하지 않다는 뜻이다.

그러므로 이 보도자료를 읽은 기자들은 취재를 했어야만 했다. 그러나 금요일 아침에 기사를 썼던 킬러 나흐리히텐의 기자와 마찬가지로 그들은 그렇게 하지 않았다. 물론 많은 기자들이 취재하기는 어려웠을 것이다. 그들은 킬에서 일하지 않기 때문이다. 그러나 그들은 챠오 벨라에 전화는 할 수는 있었다. 그랬더라면, 아마도 그날 저녁 모든 것을 목격했던 직원 켄드레사 뷔튀키와 통화할 수 있었을 것이다. 뷔튀키는 틀림없이 나에게 해 준 이야기와 똑같은 말, 자기가 보기에 그것은 성폭력이 아니었다고 말해 주었을 것이다. 그러나 많은 기자들이 아무 취재 없이 그냥 기사를 썼다. 몇몇 기사들은 경찰 보도자료에 나온 내용을 더욱 부풀렸다. 인터넷 빌트는 "폭도"라는 단어를 썼고, 인터넷 슈테른은 "사냥"이라고 했다. 경찰 대변인 올리버 폴은 두 단어를 사용하지 않았다.

온라인 신문사 편집국에서 일하는 한 친구의 말에 따르면, 기자당 하루에 5~7개 기사를 발표하는 게 보통이라고 한다. 킬 경찰서 때처럼 보도자료나 통신사 제공 기사를 이용하기도 하고, 이런 기사를 쓸 때는 이 주제를 더 잘 아는 동료와 한두 번 통화하는 것이 취재의 전부라고 했다. 나는 물었다. "그렇다면, 너는 네가 쓴 기사에 등장하는 사람과는 거의 말을 하지 않는다는 거네?" 내 친구는 대답했다. "그래. 그럴 시간이 없어."

이 상황은 개별 신문사나 개별 기자의 문제가 아니다. 디지털 세계의 법칙은 하루에 기초한 저널리즘을 분 단위에 기초한 저널리즘으로 가속화했다. 치열한 경쟁, 더 빨리 되려는 욕

경쟁

심, 첫 번째 푸시 알림이 되기 위한 경주는 종종 최소한의 취재만을 허락한다. 소피엔호프 사건에서 취재와 질문이 의미했던 일은 가끔 아래와 같은 담당 편집국의 신빙성 측정으로 축소된다. '그런 일이 일어날 수 있을까? 실제 그렇지 않을까? 쾰른 사건도 얼마 지나지 않았고 난민 범죄에 대해 온 나라가 논의하고 있으니 이 사건은 지금 상황과 딱 맞는다. 그리고 곧 경찰이 사실임을 밝혀 줄 것이다.'

만약 이민자 남성 30명이 소녀 세 명을 성폭행한 게 아니라, 소녀 30명이 이민자 남성 세 명을 성폭행했다는 소식이 전해졌다면 무슨 일이 생겼을까? 나는 확신한다. 모든 기자들이 다음처럼 생각했을 것이다. '잠시만, 경찰 발표와 상관없이 이건 확인을 해 봐야겠네.' 기자는 취재에 나섰을 것이다. 왜냐하면, 보도자료가 자신의 고정관념과 맞지 않기 때문이다.

보도 대상자와 직접 접촉할 충분한 시간도 없이 매일 기사 수백 개가 쏟아진다. 다시 말하자면, 어느 정도는 고정관념에 기초한 기사가 매일 수백 개씩 쏟아진다.

2015년, 북아프리카에서 불법 이주 브로커들이 배가 떠나기 전에 이탈리아 해안으로 자동 운행을 설정한 후 난민들을 소위 유령선에 가두었다고 여러 거대 언론이 보도했다. 이 보도는 틀렸다. 선원들은 여전히 배에 있었다.

2016년, 베를린에 치외 법권 지역이 있다고 언론들이 보도했다. 아랍의 대가족 한 세대가 졸디너 거리에 있던 경찰에게

돌진했기 때문이다. 이 또한 사실이 아니었다.(이런 치외 법권 지역도, 대가
족의 돌진도 존재하지 않았다.)

2018년, 베를린에서 키파를 쓴 한 남성이 허리띠로 공격
받는 일이 있었다. 많은 미디어가 이 남성을 유대인 피해자로 칭
하면서 기사를 썼다. 이 피해자는 나중에 팔레스타인 출신의 무
신론자로 밝혀졌다.

이 세 경우 모두 선입견에서 기사가 나왔다. '난민 브로
커→양심도 없는 파렴치한 사람들, 아랍 출신의 대가족→자신
들의 법에 따라 사는 사람들, 키파를 쓴 남성→유대인.' 이런 선
입견이 맞는 경우도 있지만, 이 세 사례에서는 모두 틀렸다. 기
자가 사건이 일어난 곳을 방문만 했더라도 해명될 수 있었을 것
이다. 이 세 오보는 최소한 몇몇 매체들에 의해 나중에 정정되었
지만, 첫 번째 보도에서 만들어진 기사의 홍수와 비교하면, 정정
보도의 양은 너무 보잘것없어 눈에 잘 띄지도 않았다.

오해를 피하기 위해 덧붙이면, 전 세계에서 매일 매우 훌
륭한 보도물이 생산된다. 감동적인 르포 작품들, 깊이 있는 탐사
보도들, 멋진 영화와 라디오, 다큐멘터리 작품들이 사회의 진실
을 발견하는 데 기여하고 있다.

그러나 무엇보다 중요한 건 평균과 전체에 대한 질문이
다. 소피엔호프 보도들도 여기에 포함된다. 모든 보도를 통해
사람들이 머릿속에서 그리는 세계의 그림은 현실과 얼마나 일치
할까?

지금부터 다음 여섯 개의 질문에 대답해 보라.

1. 독일에서 이슬람 신도는 몇 퍼센트일까?

2. 독일에서 대체로 매우 행복하거나, 행복하다고 말하는 사람은 몇 퍼센트일까?

3. 독일에서 15~19세 여성 가운데 아이를 낳은 사람은 몇 퍼센트일까?

4. 독일에서 동성애를 도덕적으로 받아들일 수 없다고 생각하는 사람은 몇 퍼센트일까?

5. 독일 인구에서 이민자의 비율은 얼마일까?

6. 독일에서 낙태를 도덕적으로 받아들일 수 없다고 생각하는 사람은 몇 퍼센트일까?

이 질문들은 입소스 모리(Ipsos MORI) 연구소가 독일을 포함한 40개국 총 3만 명에게 조사했던 설문지의 일부[14]로, 대답과 실제 숫자를 비교했다. 연구자들에 따르면, 이 차이가 클수록 사람들의 인식이 더 크게 왜곡되어 있다. 언론 보도의 질도 더 나쁘다. 왜냐하면, 이런 인식의 상당한 책임이 언론에 있기 때문이다.(이런 인식에서 그들의 기여도를 높이고 있는 소셜 미디어도 마찬가지다.) 이 차이가 클수록 저널리즘 필터를 통해 더 많은 편견이 만들어졌다. 여기에 그 결과가 있다.

1의 답. 독일인들은 인구의 21퍼센트가 이슬람 신도라고
생각한다. 그러나 실제로는 5퍼센트이다.

2의 답. 독일인들은 국민 45퍼센트가 행복하다고 말할 거라고
추측한다. 그러나 실제로는 84퍼센트가 그렇게 말했다.

3의 답. 독일인들은 이 나이대 여성 16퍼센트가 출산한다고
생각한다. 실제로는 0.6퍼센트만이 출산한다.

4의 답. 독일인들은 시민 33퍼센트가 동성애를 도덕적으로
받아들일 수 없다고 생각한다. 실제로는 8퍼센트가
실제 그렇게 생각한다.

5의 답. 독일인들은 국민 26퍼센트가 이민자 출신이라고
생각한다. 실제로는 12퍼센트가 이민자 출신이다.

6의 답. 독일인들은 국민 43퍼센트가 낙태를 도덕적으로
받아들일 수 없다고 생각한다. 실제로는 19퍼센트이다.

중간 결과가 그리 만족스럽지는 않을 거라고 생각한다. 그
렇다면 사람들은 세계를 어떻게 보고 있을까? 두 번째 테스트를
해 보자. 이번 테스트는 세 가지 보기가 주어진 객관식 설문이
다. 관심이 있으면 답해 보기 바란다.

1. 저소득 국가에서 초등학교를 졸업하는 여자아이의 비율은 얼마로 예상하는가?

　①20퍼센트

　②40퍼센트

　③60퍼센트

2. 절대 빈곤 상태에 살고 있는 세계 인구는 지난 20년 동안 어떻게 변화했을까?

　①거의 두 배로 늘었다.

　②대략 비슷하다.

　③거의 절반으로 줄었다.

3. 전 세계 기대 수명은?

　①50세

　②60세

　③70세

4. 0세부터 15세 사이의 어린이는 전 세계에 20억 명이 살고 있다. 유엔은 2100년에 이 숫자를 얼마로 예측할까?

　①40억

　②30억

　③20억

5. 태어난 지 1년이 안 된 전 세계 유아 가운데, 최소한 하나 이상의 예방 접종을 받은 유아의 수는 얼마일까?

　①20퍼센트

②50퍼센트

③80퍼센트

6. 전 세계에서 30세 남성들은 평균 10년 동안 학교 교육을
받았다. 같은 나이의 여성은 몇 년을 받았을까?

①9년

②6년

③3년

7. 전 세계에서 전기를 사용하는 사람은 얼마일까?

①20퍼센트

②50퍼센트

③80퍼센트

이 질문들은 스웨덴 의사 한스 로슬링(Hans Rosling)의 갭마인
더 테스트(Gapminder Test)에서 나왔다.[15] 로슬링은 몇 년 동안 독일
을 포함한 세계 곳곳에서 수만 명에게 이 질문을 던졌다.

정답은 다음과 같다.

1. 60퍼센트

2. 거의 절반으로 줄었다.

3. 70세

4. 20억

5. 80퍼센트

6. 9년

7. 80퍼센트

틀린 답이 있는가? 심지어 많이 틀렸다고?

걱정할 필요 없다. 당신은 모범 시민에 속한다. 질문 두 개만 생각해 보자. 지난 20년 동안 전 세계에서 절대 빈곤에 처해 있는 사람은 절반으로 줄었다. 로슬링은 이 변화가 혁명적이며, 제2차 세계대전 이후 세계에서 가장 중요한 발전이라고 생각했다. 독일에서 이 질문에 정답을 맞힌 사람은 얼마나 될까? 오직 6퍼센트이다.

이번에는 질문 5번을 보자. 전 세계 유아의 80퍼센트가 하나 이상의 예방 접종을 맞는다. 그러나 여기서도 독일인 6퍼센트만이 정답을 맞혔다.

로슬링의 테스트는 모두 12개의 질문으로 구성되어 있다. 2017년에 전 세계에서 모두 1만 2000명이 이 테스트에 응답했다. 그러나 정답을 모두 맞힌 사람은 한 명도 없었다. 한 스웨덴인이 11문제를 맞혔다. 6명 중 한 명은 0점이었다. 사람들은 평균 2개를 맞혔다. 12문제 가운데 2문제. 17퍼센트에도 미치지 못하는 정답률이다.

심지어 침팬지가 더 나은 점수를 받는다고 로슬링은 말한다. 예를 들어, 각각 A, B, C라고 적힌 바나나 세 개를 원숭이 우리에 던져 주고, 원숭이가 가장 먼저 어떤 바나나를 집는지 기록한다. 당연히 원숭이는 알파벳을 모르지만, 가끔 우연히 맞추기도 한다. 이 실험을 충분히 반복하면, 정확히 33퍼센트 정답률을 얻게 될 것이다.

인간의 점수가 더 낮다. 독일인만 그런 것이 아니다. 로슬링 테스트를 시행한 모든 나라에서 늘 원숭이가 이겼다.

로슬링은 이제 특정한 사람들에게 질문했다. 이들은 직업덕분에 세계를 잘 알고 있어야 하는 사람들, 이를테면 지식인, 기자, 국가와 정부의 지도자, 기업가, 심지어 노벨상 수상자가여기에 포함되었다. 그러나 침팬지가 또 이겼다.

우리는 세계를 체계적으로 잘못 인식한다. 우리는 세계를 많이 알고 있다고 생각하지만, 이건 착각이다. 그 착각은 언제나같은 방향이다. 우리는 세계를 부정적으로 본다. 그것도 너무 많이 부정적으로 본다.

가난한 사람의 숫자를 과대평가하고 교육받은 여성의 숫자를 과소평가한다. 생각보다 더 많은 사람이 전기를 이용하며더 적은 사람이 에이즈로 고통받는다. 심지어 우리는 독일에서행복을 느끼는 3200만 명을 무시했고, 1800만 명을 동성애 혐오자로 상상했다. 로슬링은 이 현상과 그 의미를 설명한『팩트풀니스』[16]에서 우리 인식의 부정적 변환에 미디어도 공동 책임이 있다고 비판한다. 그 이유도 하나 밝혔는데, 그것은 바로 시간 압박때문이다.

로슬링은 한 스웨덴 병원에서 초보 의사로 일할 때의 경험담을 들려준다. 1975년 10월, 비행기가 추락하여 부상당한 조종사가 병원으로 이송되었다. 환자는 진녹색 군복과 얼룩무늬 구명조끼를 입고 있었다. 환자의 팔과 다리에서 심한 경련이 일어났다. 로슬링은 구명조끼를 벗겨 바닥에 떨어뜨렸다. 상하의가 붙어 있는 조종사 옷을 막 자르려고 할 때, 바닥에 피가 있는 것을 알아차렸다. 바닥이 피로 흥건했다.

로슬링이 환자에게 물었다.

"어디가 아파요?"

환자는 대답했다.

"야체 쉬샤… 나 아드예치차 차 …"

그의 대답은 러시아어처럼 들렸다. 로슬링은 이 환자가 스웨덴 상공에서 격추된 소련 전투기 조종사임에 틀림없다고 생각했다. 소련이 제3차 세계대전을 시작한 게 틀림없었다. 그는 겁이 났지만, 자신의 환자를 돌봐야 했다. 로슬링은 서툰 러시아어로 환자에게 말했다.

"동지, 모든 게 조용해졌습니다, 스웨덴 병원."

환자의 눈에는 충격과 놀람이 드리워졌다.

이때 수간호사가 와서 로슬링에게 말했다.

"구명조끼에서 내려오세요. 지금 컬러 캡슐 위에 서 있는 바람에 바닥이 온통 빨갛게 되었어요."

그다음 수간호사는 환자에게 몸을 숙이고 스웨덴어로 말

했다.

"환자분은 23분 동안 얼음장 같은 물속에 있었어요. 그래서 지금 하시는 말씀을 우리가 전혀 이해할 수가 없어요."

로슬링은 몇 초 안에 대단히 중요한 사항을 잘못 이해했다. 그 피는 잉크였다. 러시아 환자는 스웨덴인이었다. 전쟁은 없었다. 격추는 일상 비행에서 일어난 추락이었다. 시간 압박 속에 로슬링은 편견에 사로잡히고 말았던 것이다. 그 편견들은 공포와 상상을 통해 최악의 시나리오로 발전했다. 정글에서 덩굴을 보고 도망을 가듯이 로슬링은 제3차 세계대전을 상상했다.

2016년 2월, 킬에서 같은 사고 구조가 작동하여 경찰과 기자들은 섹스에 빠진 이민자 폭도라는 환상을 만들어 냈다. 취재할 시간이 부족할수록 기자들의 보도는 부정적이 된다.*

그러나 이것이 전부는 아니다. 비록 우리가 모든 기사 작성에서 취재의 가장 상위 계단에 도달할 수 있는 충분한 시간이 있다고 해도, 이 부정성 문제는 완벽하게 해소되지 않을 것이다. 비록 편견에서 많이 정화된 보도들이 나오겠지만, 사실과 비교할 때 모든 보도의 합은 언제나 틀림없이 매우 부정적일 것이다. 기자들은 선천적으로 극단적인 것, 도를 넘어서는 사건, 찬란하

---

* 해결책은 간단할 것이다. 더 느려지면 된다. 취재를 위해 더 많은 시간을 갖고, 보도가 될 때까지 몇 시간, 혹은 며칠을 기다리면 된다. 당연히 이런 기다림은 엄청나게 힘들다. 이미 몇 분만 지나도 정보를 요구하는 소셜 미디어 때문이다. 언론사들이 서로 부추기는 경쟁 압력 때문이다. 가짜 뉴스 선동가들 때문이다. 여러 압력을 받고 있는 미디어 분야와 빠른 속도가 이 압력을 헤쳐 나가는 데 도움이 될 것이라는 생각 때문이다.

게 빛나는 것을 선호하며, 온건한 일, 평범한 사건, 희미한 것을 거부한다.

함바흐숲에서 시위하는 나무집 소유자 90명 가운데 87명은 평화롭게 경찰에게 연행되었지만, 기자들은 배설물을 던진 나머지 3명에 대해서만 보도했다.** 켐니츠에서 수천 명이 집회를 할 때, 기자들의 카메라는 히틀러 인사를 하는 수십 명에게만 초점을 맞췄다. 함부르크에 있는 수백 개의 어린이집 가운데 한 어린이집이 카니발 때 인디언 복장을 금지했을 때, 기자들은 그 한 어린이집에 대해서만 기사를 썼다. 언론 분야에 이런 격언이 있다.

When it bleeds, it leads.(피를 흘릴 때, 헤드라인이 된다.)

당연히 극단적인 사례가 훨씬 흥미롭다. 틀림없이 언론인 대부분은 나처럼 생각할 것이다. 또한 보도자들만 그렇게 보는 것이 아니라, 독자들도 그렇게 보고 있다는 점이 더욱 중요하다. 독자들도 기자들과 마찬가지로 생각한다.

다음 그림을 관찰해 보자.

** 독일 에너지 기업 RWE가 원시림인 함바흐숲에서 광산 개발을 시도하였다. 이에 반대하여 환경 운동가들이 이 숲 나무 위에 집을 짓고 광산 개발 반대 시위를 하였다. 2018년 경찰의 나무집 철거가 있었으며, 이 과정에서 충돌이 발생하였다. 이후 RWE는 2020년까지 광산 개발을 유예했다.

이 그림은 인간 편도체 반응에 대한 연구에서 실험참가자들에게 보여 준 그림이다.

지금부터 왼쪽 그림을 보자. 당신의 심장 박동은 더욱 빨라진다. 당신의 뇌가 '이 그림은 두려움을 느낀 사람의 눈'이라고 판단하기도 전에 당신의 심장이 먼저 반응한다.

과학자들은 뇌 스캐너 안에 누워 있는 실험 참가자들에게 이 그림을 0.017초 동안 보여 주었다.[17] 너무 짧은 시간이라서 실험 참가자는 무엇을 보았는지 전혀 알 수가 없었다. 그러나 인간 뇌 안에 있는 '위험 감지 시스템'인 편도체를 활성화하는 데는 충분한 시간이었다. 위협이 될 수 있는 아주 작은 신호도 이렇게 빨리 감지할 수 있도록 진화는 인간을 훈련시켰다. 오른쪽 그림을 볼 때 뇌 스캐너 안에 있는 실험 참가자들의 심장 박동은 변화가 없었다. 이 눈은 행복한 사람의 눈이다.

행복한 얼굴을 한 군중 속에서 분노에 찬 얼굴 하나를 우리는 즉시 인식한다. 반면, 분노하는 대중의 얼굴들 속에서 기뻐

경쟁

하는 얼굴은 쉽게 찾지 못한다.[18] 우리는 '전쟁'과 '범죄' 같은 부정적 단어를 '사랑'과 '평화'와 같은 긍정적 단어보다 더 빠르게 인지한다.[19]

이 부정의 레이더 덕분에 선사 시대 우리 조상들은 배고픈 사자와 독 오른 뱀으로부터 더 멀리 도망갈 수 있었다. 이 작동 구조는 우리 종의 생존을 보장해 주었다. 그러나 현대 대중 미디어 세계에서 이 작동 구조는 점점 더 충격적인 보도를 요구하게 되었다. 사람들은 최근에 있었던 테러 공격에 대한 특별 방송을 본다. 부정적 헤드라인을 단 신문들이 긍정적 제목을 단 신문들보다 더 많이 팔린다.[20] 이 요구(그리고 자신들의 본능)를 만족시키라는 이 압박에 기자들이 더 많이 굴복할수록, 그들은 우리 사회의 편도체에 더 강한 불을 지피게 되며, 우리 사회는 더욱더 히스테리에 빠지게 된다. 그럴 이유가 전혀 없는데도 말이다.

헤르메스 부부가 좋은 사례이다. 함부르크에서 그들을 인터뷰할 때, 하랄트는 당연하다는 듯이 이런 말을 했다. "이슬람 신도들은 우리나라에 좋지 않은 영향을 미쳐요." 그렇게 말할 수는 없다고 나는 반박했다. 이런 논박이 몇 번 오가면서, 나는 매분 마다 점점 더 짜증을 내고 있는 나 자신을 발견했다. 다음 날 인터뷰 녹음을 문서로 만들면서 그 이유를 이해하게 되었다. 약간 다듬은 우리의 대화는 다음과 같다.

하랄트: 독일에 있는 이슬람 신도들은 극단주의자요.

나: 독일에 있는 이슬람 신도를 몇 명 알고 계세요?

하랄트: (곰곰이 생각해 보며) 대략 일곱, 여덟, 아홉 명 정도. 회사 다닐 때 몇 명 있었죠.

나: 그들이 극단주의자였나요?

하랄트: 아니요, 그들은 극단주의자가 아니었어요. 그들은 사회에 통합되려고 노력했었죠.

나: 독일에 있는 이슬람 신도들은 극단주의자라고 말씀하셨습니다. 선생님이 개인적으로 알고 있는 이슬람 신도 가운데 한 명도 그런 사람이 없는데도 말이죠?

하랄트: 그렇게 일반적으로 알려져 있잖아요.

나: 일반적으로 알려져 있다는 게 무슨 말인가요?

하랄트: 언론을 통해 알려져 있다는 말이지요.

크리스타: 우리는 매일 텔레비전에서 그 이야기를 들어요. 텔레비전을 통해 사람들은 완전히 부정적인 일을 알게 되고, 거기서 사람들은 우리에게도 그 모든 일이 생길까 봐 두려워하게 되죠.

하랄트: 이슬람 국가 전체를 보세요. 곳곳에 폭력과 테러지요. 독재 아닌 나라가 없어요.

크리스타: 그곳에는 평화가 없어요.

하랄트: 이슬람 신도들이 있는 곳에는 평화가 없어요.

크리스타: 그들은 사원에 앉아 그리스도인을 죽여야 한다는 이야기를 듣고 있죠.

이 녹음을 문서로 옮기면서, 자신감 없는 목소리로 튀니지는 독재 국가가 아니라고 지적하는 내 목소리를 들었다. 오만이

경쟁

나 이란에는 전쟁이 지배하지 않는다고, 또는 독일에 있는 소수의 이슬람 사원에서만 성전을 설교한다고 덧붙일 수도 있었을 것이다. 나는 많은 이슬람 국가들을 방문했고 그들에 관한 많은 책을 읽는 게 내 직업의 일부라는 사실을, 그리고 당신들이 생각하는 것보다 그곳들은 훨씬 평화롭다고 말해 줄 수도 있었을 것이다. 그러나 나는 이런 이야기를 하나도 하지 않았다. 하랄트의 반박을 이미 알고 있었기 때문이다.

'이 모든 사실을 당신 같은 기자들이 알고 있다면, 왜 아무도 그 사실을 보도하지 않는 거죠?'

언론 평가 기관인 메이다 테너(Media Tenor)는 19개의 독일 유력 언론이 3년 넘게 보도한 이슬람 관련 기사 약 90만 개를 분석했다.[21] 4분의 3 이상이 부정적 기사로, 대부분이 테러와 전쟁에 대한 기사였다. 독일에는 이슬람 신도 500만 명이 살고 있다. 그 중에서 4만 명이 이슬람 급진주의자로 여겨진다. 전체 신도의 0.8퍼센트이다. 그러나 이 0.8퍼센트가 언론 보도를 지배한다.

헤르메스 부부는 거실 소파에 앉아 브라이트샤이트 광장의 암살범*을 본다. 시리아의 처형과 이라크의 폭발, 사우디아라비아의 한 기자가 자국 사람들에 의해 토막 난 사건도 본다.

---

* 2016년 12월 20일 베를린 브라이트샤이트 광장 크리스마스 시장에서 튀니지 출신 테러범이 대형 트레일러로 사람들을 덮친 테러 사건. 이 테러로 12명이 목숨을 잃었고, 수십 명이 다쳤다.

그리고 그들은 독일에 있는 한 이슬람 사원의 폭력 호소 연설에 대해 듣는다. 일상에서 이슬람 신도를 전혀 모르거나 주변에 있는 소수만을 알고 있다면, 그들이 이슬람에 대해 무엇을 생각하게 되겠는가?

외계인이 우주선을 타고 백악관 대통령 집무실 앞 잔디에 우연히 착륙했다고 가정해 보자. 그 외계인은 도널드 트럼프를 만난 후 다시 자신의 행성으로 돌아갔다. 그 외계인은 외계인 친구들에게 인간에 대해 어떻게 설명하게 될까?

헤르메스 부부는 텔레비전에서 본 것을 실제를 온전하게 묘사한 그림으로 받아들인다. 바로 기자들의 희망대로이다. 낯선 나라에 대해 알기 위해 그 나라를 여행하고 관련 도서를 읽을 필요까지는 없다. 바람직한 일이지만, 반드시 그럴 필요는 없다. 텔레비전을 켜거나 신문을 펼치는 것만으로도 충분해야 한다.

미디어 테너는 이렇게 평가한다. "지난 몇 년 간 미디어가 묘사하는 이슬람의 이미지는 점점 더 나빠지고 있다. 이런 이미지가 유럽과 미국의 민족주의 운동의 활성화에 엄청나게 큰 기여를 했다. 이슬람 혐오는 외국인 일반과 중동 출신 난민들에 대한 공포를 증가시키는 본질 요소이다."[22] 이 평가에 따르면, 기자들은 우리가 비판하는 인종주의에 자양분을 주고 있다.

이렇게 반박하는 사람도 있을 것이다.

'이런 언론 비판은 말이 안 된다. 미디어가 부정적으로 보도하는 건 분명하지만, 사람들은 그 부정적 보도가 모든 것을 대

표하는 게 아니라고 스스로 생각할 줄 안다.'

이런 반박을 하는 이들에게 나는 대니얼 카너먼에 대해 알려 주고 싶다.

———

대니얼 카너먼은 로어맨해튼에 있는 자신의 펜트하우스에서 나에게 인사를 건넸다. 23층에 있는 이 펜트하우스에서 엠파이어 스테이트 빌딩까지 아무런 장애물 없이 전망이 트여 있었다. 정작 카너먼 자신은 늘 컴퓨터만 보고 있어서 그런 전망을 거의 즐기지 못한다고 했지만. 그는 새로운 책을 집필하는 중이었다. 그의 작품, 『생각에 관한 생각』은 세계적 베스트셀러가 되었다.

카너먼은 자기 분야인 사회심리학뿐만 아니라 경제학에도 큰 영향을 미쳤다. 2002년에 카너먼은 노벨 경제학상을 수상했다.

1970년대에 카너먼과 그의 동료 아모스 트버스키는 학생들에게 다음 과제를 제시했다.[23]

영어 단어에서 알파벳 'R'은 어디서 더 자주 등장할까?
단어의 첫 번째일까?
아니면 단어의 세 번째일까?

내가 생각하는 등장 비율은 ( ):1이다.

학생 대부분은 2:1이라고 응답했다. 즉, 그들은 R로 시작하는 단어가 세 번째 철자가 R인 단어보다 2배 많다고 생각했다. 그러나 실제로는 정확히 반대이다. 카너먼은 학생들이 늘 같은 과정으로 예측한다는 것을 관찰했다. 그들은 기억 속에서 Road 또는 Car처럼 각각에 해당하는 단어들을 찾았다. 첫 번째 철자를 찾는 일이 더 쉽기 때문에 그들은 더 많은 단어들을 떠올릴 수 있었다. Ring, Rat, Rust, Rabbit, Run, Rough, Rule… 등등 너무 많은 단어들이 생각나다 보니 자신들의 기억이 전형성을 갖는 게 틀림없다고 생각하게 되었다. 그러나 실제로는 그렇지 않았다. 그들의 대답은 틀렸다.

또 다른 실험에서 카너먼은 학생들에게 이름 39개를 읽어 주었다. 그 가운데 여자 이름은 20개, 남자 이름은 19개였다. 몇몇 이름은 엘리자베스 테일러나 리처드 닉슨 같은 유명인사였다. 목록에는 유명인 남자가 더 많았다. 그다음에 카너먼은 자신이 불러 준 이름 가운데 남자와 여자 중 누가 더 많았는지 물었다. 학생 대부분은 남자 이름이 더 많다고 대답했다. 학생들은 착각했다. 학생들은 유명인을 기억했고, 그 유명인 다수는 남자였던 것이다.

카너먼은 실험을 바꾸었다. 이번에는 남자 이름 20개와 여자 이름 19개를 불러 주었다. 지난번 실험과 같은 숫자의 유명인 이름이 들어 있지만, 이번에는 남성보다 여성 유명인 이름이 많았다. 학생들은 여자 이름이 더 많다고 대답했다. 또 틀렸다. 학생들은 여성 유명인들을 기억했던 것이다.

이 착각에 적용된 원리가 다음 사례들에서도 작동한다. 심각한 교통사고를 목격한 후에 천천히 차를 몰게 된다. 상어의 공격에 관한 글을 읽고 난 후 물가에 가지 않는다. 한 자살 테러범이 버스정류장에서 자폭한 것을 텔레비전에서 보고 난 후 버스를 타지 않는다. 이처럼 우리의 기억이 우리의 행동을 결정한다. 우리의 기억이 사물과 인간에 대한 우리의 생각을 정한다. 카너먼과 트버스키는 이를 가용성 편향(Availability Bias)이라고 불렀다.

카너먼과 트버스키가 이러한 연구를 하던 1970년, 미국인들은 천식보다 토네이도로 죽는 사람이 더 많고, 소시지 식중독보다는 벼락을 맞고 죽은 사람이 더 많다고 생각했다. 그러나 실제로는 천식 사망자가 20배, 소시지 식중독 사망자가 52배 더 많았다. 이런 죽음은 보도되지 않았다. 하지만 벼락과 토네이도는 거의 매일 저녁 뉴스에 나왔다.[24] 카너먼은 "미디어 보도를 통해 평가가 왜곡된다."고 말한다.

이슬람에 대한 생각을 물어보면, 사람들은 당시 카너먼의 학생들이 반응했던 것과 비슷한 반응을 보인다. 이 질문에 답하는 데 도움을 줄 수 있을 것 같은 실마리와 일화를 기억 속에서 살핀다. 개인적으로 아는 이슬람교도가 없으면, 떠오르는 기억은 미디어가 전한 이야기들일 것이다. 그렇게 독일에서 80퍼센트가 넘는 사람이 이슬람을 부정적으로 보게 된다. 하랄트 헤르메스의 말에 놀랄 일이 아니다.

이제 소피엔호프에 있는 세 소녀의 입장이 되어 보라. 소녀들이 그곳에 앉아 있었고 외국인 소년 두 명이 농을 던지기 시작했다. 그들이 계속해서 추근거렸다. 이 소녀들은 기억 속에서 가장 먼저 어떤 그림을 떠올렸겠는가? 쾰른의 신년 전야 성폭력 사건이 일어난 후 몇 주 동안 모든 채널은 난민들을 지나치게 과도하게 다루었다. 그 소녀들은 추근대는 두 소년 뒤에 이민자 남성들이 있는 것을 보았다. 쾰른과 같은 상황일까? 틀림없이 소녀들은 패닉에 빠졌을 것이다. 실제로는 덩굴 한 줄기였지만, 뱀을 보았다고 도망가는 것과 같은 상황이었을 것이다.

기자로서 이 부분을 인정하는 게 고통스럽기는 하지만, 오늘날 언론 보도는 자신들의 역할과 정반대의 기능을 하고 있다. 언론은 사회 안에서 편견을 제거하는 게 아니라 강화하고 있다. 진상을 밝히기보다는 잘못된 히스테리를 만들어 낸다.

언론인을 통한 대리 접촉은 제대로 작동하지 않는다. 사회를 편견에서 해방하기 위해서는 구성원들 사이의 직접 만남이 더 많이 필요할 것이다. 베란다에서 크리스타 헤르메스가 했던 것이나 교도소 체력 단련실에서 즈벤 크뤼거가 했던 경험의 순간이 더 많이 필요할 것이다.

이 책의 나머지 부분은 이런 만남의 순간을 의도적으로 만든다. 그리고 다른 사람들과의 접촉을 제도화하는 데 성공했던 사회들을 다룬다. 이 사회들은 이런 접촉을 강제했던 게 아니라 장려했다. 우리가 살펴보게 될 장소들은 모두 각자 다른 방식으로 성공을 거두었다. 접촉은 다양한 형태와 크기로 드러날 수 있는 도구이다. 가끔 이 도구는 모루채처럼 크고 강력하게 사용되기도 한다. 가끔은 메스처럼 정밀하고 조심스럽게 이용되기도 한다.

예를 들어, 몇 년 전, 소박하고 평화로운 덴마크의 작은 도시 오르후스에서 적을 발견했을 때처럼 말이다.

웃음이
무기가 되는 방법

공감은 우리가 이전에 멀리서 붙여 두었던
라벨을 상대의 육체에서 떼어 내 버린다.
적, 롬족, 난민, 외노자놈, 이 모든 것이 단 하나,
사람만 남을 때까지 그 의미를 잃는다.

한 소년이 메카 여행에서 돌아왔을 때 사건이 시작되었다. 여기서는 이 소년을 자말이라고 부르겠다. 18세 자말은 덴마크의 작은 도시 오르후스에 있는 학교에서 종교 수업에 참여하고 있었다. 한 여학생이 이슬람교는 석기 시대 종교처럼 야만적이고 여성에 대해 비인간적이라고 말했다. 자말은 메카에서 이슬람 신도 수십만 명과 함께 카바 신전을 돌았었다. 그 이슬람교도들은 전 세계에서 왔다. 아랍의 봄을 꽃피웠던 이집트와 튀니지, 민주주의 국가 미국, 권위주의적인 중국, 그리고 여전히 전쟁이 지배하고 있는 자말의 옛 고향 소말리아와 자말의 새 고향 덴마크에서 온 사람들도 있었다. 자말은 다섯 살 때 가족들과 함께 덴마크로 탈출했다. 어려서는 자신의 종교에 흥미가 없었지만,

메카에서 생전 처음으로 신앙 공동체의 고귀함을 경험했다. 그런데 지금, 이 교실에서 이 여학생이 그 고귀한 느낌을 모욕하고 있었다.

자말은 뛰어나가 그 여학생 앞에 서서 소리쳤다.

"너처럼 말하는 사람은 돌에 맞아 죽어야 해!"

교실이 일순간 조용해졌다.

"이슬람은 평화이자 조화야."

자말은 소리쳤다.

"이슬람교도들은 바로 너희 같은 인간들과 전 세계에서 싸우고 있어!"

"이제 그만해!"

교사가 말했다.

그날 저녁, 친구들과 함께 길을 가고 있는데 자말의 전화기가 울렸다. 자말은 아버지의 목소리를 듣고 비상 상황임을 알아차렸다. 자말은 집으로 왔다. 비상 상황일 때 늘 그렇듯이 조용히 소파에 앉았다. 이런 상황은 자주 일어나지 않았다. 자말은 부모님 말씀을 잘 듣는 소년이었기 때문이다.

"내가 무슨 짓을 했지?"

경찰이 왔었다고 아버지가 말했다. 이유는 말하지 않고 자말을 찾았다고 한다. 세 시간 동안 아버지는 자말을 추궁했다.

"무슨 짓을 한 거냐? 누굴 때렸어? 무얼 훔쳤냐?"

"아니요."

"무슨 짓을 했어?"

"몰라요."

2018년 여름, 자말은 8년 전 그날을 내게 설명해 주었다. 그의 목소리는 무척 부드러워서 교실에서 크게 소리치는 모습을 상상할 수 없었다. 그는 당시의 일을 매우 생생하게 기억하고 있었다. 마치 머릿속에서 필름이 돌아가는 것 같다고 했다. 그 이후 자기 존재를 규정했던, 그래서 목숨을 잃어버릴 뻔했던 일이 그날 시작되었기 때문이다.

밤을 지새운 자말은 다음 날 아침 아버지의 지시대로 버스를 타고 시내에 있는 경찰서로 갔다. 경찰서는 항구에서 그리 멀지 않았다. 경찰은 그를 강력 범죄부가 있는 3층 상담실로 안내했다. 책상 위에는 라벨이 붙어 있었는데, 'PET12'라고 쓰여 있었다. 덴마크 정보기관을 뜻하는 약어였다.

"이슬람 신도니?"

경찰이 물었다.

"예."

"수니파지?"

"예."

"메카에 있었네. 자폭하려고 했던 거야?"

"아니요. 메카 순례는 이슬람교의 다섯 기둥 가운데 하나예요."

종교 수업이 끝난 후 몇몇 친구들이 자말이 소리칠 때 무서웠다는 이야기를 교사에게 했다. 종교 교사는 교장에게 갔고 교장은 경찰을 불렀다. 지금 자말은 정보국 문서를 들고 있는 경찰 앞에 앉아 있고, 그 경찰은 자말의 메카 여행에 대해 묻고 있다. 자말은 패닉에 빠졌다.

몇 년 전, 자말은 텔레비전에서 아무 죄 없이 납치되어 미국의 비밀감옥에 갇힌 독일과 이탈리아 출신 이슬람교도들의 뉴스를 봤었다. 자말은 그때의 심정을 이렇게 말했다.

"다음은 내 차례라고 생각했어요. 관타나모로 가는 다음 비행기에 틀림없이 내가 앉아 있을 거라고 생각했죠."

경찰은 서류 하나를 내밀며 자말에게 서명하라고 했다. 달리 어쩔 도리가 없었다. 그 후 어깨에 덴마크 왕국 왕관이 달린 청색 제복을 입은 경찰관 두 명이 자말을 데리고 집으로 왔고, 자말의 집을 압수수색했다.

자말은 어머니의 충격도 생생히 기억한다. 경찰들이 서랍장 서랍들을 당기고, 옷장 문을 열고, 동생 컴퓨터를 검열하는 모습을 가족들은 함께 지켜보았다. 자말의 분노는 점점 커졌다. 지금 이 사람들은 자신뿐만 아니라 가족까지 모욕하고 있었다. 경찰은 자말의 소셜미디어 비밀번호를 물었다. 자말은 알려 줄 수밖에 없었다.

보름 동안 자말은 잠을 거의 자지 못했다. 아주 조금만 먹었다. 학교에도 가지 않았으며, 중요한 기말시험도 놓쳤다. 매일 숲을 혼자서 돌아다니면서 많은 생각을 했다.

'왜 나는 국가로부터 이런 취급을 받아야 할까?'

'이 사회는 나를 원하지 않는다.'

'그렇지 않다면 왜 이 사회가 나를 이렇게까지 모욕하겠어?'

그 후 경찰서에서 아무것도 두려워할 필요가 없다는 전화가 왔다. 자말은 다시 기말시험을 치기를 원했다. 교장은 이를 허락하지 않았다. 자말에게 1년 유급을 하든지, 아니면 학교를 옮기라고 했다. 자말은 아버지에게 말했다.

"이 사람들은 인종주의자예요. 우리가 어떻게 이런 나라의 일부가 될 수 있겠어요?"

얼마 후, 자말의 어머니가 세상을 떠났다. 그리고 자말의 세계는 의미를 잃었다.

집에 있는 형제들이 울었다. 심지어 아버지도 울었다. 자말은 다시 숲으로 갔다. 공허는 분노로 바뀌었다. 덴마크 의사들은 어머니를 구했어야 했다. 교장은 인종주의자였다. 경찰들은 자말을 비롯해 가족까지 모욕했다. 사회 전체가 자신을 향해 소리치고 있었다.

'너는 우리 안에 속하지 않아!'

자말은 그때가 바로 다음과 같은 생각이 떠오른 순간이었
다고 회상한다.

'너희가 테러리스트를 그다지도 원한다면, 내가 너희에게
테러리스트 하나를 선사해 주마.'

며칠 후 자말은 이슬람 사원에서 기도했다. 누군가 그의
어깨를 두드렸다. 예전에 한 코란 수업에서 알게 된 나이 많은
친구였다. "그동안 어디 있었어?" 친구가 묻자, 자말은 울기 시
작했다. 그 친구는 말했다. "걱정하지마. 너만 그런 거 아니야.
다른 사람들도 너와 똑같은 일을 당했어."

그는 자말을 시 외곽으로 데려갔다. 한 아파트에 젊은이
세 명이 기다리고 있었다. 그들은 수염을 기른 채 이슬람 복장을
하고 있었다. 그들은 자말을 안아 주었다.

"환영한다, 형제여. 뭘 좀 먹어. 이것도 좀 마셔."

두 사람은 자말처럼 소말리아 출신이었다. 한 명은 팔레스
타인에서 왔다. 세 명 중 한 명은 아무 일을 하지 않았는데도 경
찰이 그의 뒤를 쫓는다고 했다. 또 다른 한 명은 누군가 히잡을
쓴 자신의 누이에게 침을 뱉었다고 했다.

가끔씩 사원에서 보기도 했지만, 그들은 주로 그 아파트에
서 만났다. 그들은 함께 요리를 해 먹고 유튜브를 봤다. 가장 좋
아하는 영상은 미국 이슬람 설교자 안와르 알아울라키가 나오
는 것들이었다. 그는 예멘 산악 지대에 숨어 있다가 미국 정부에

귀환자들

사냥당했다. 올라온 지 몇 달밖에 안 된 한 비디오에서 알아울라키는 말했다.

"이슬람교도로서 나는 오래전부터 내가 미국에 사는 것을 스스로 용납하지 못했습니다. 나는 미국과의 성전(聖戰)이 나의 의무라는 결론을 내렸습니다. 모든 이슬람 신도가 그렇습니다."

자말은 이렇게 기억한다.

"알아울라키는 우리처럼 서양에 살고 있었습니다. 그로부터 이해받는다는 느낌을 받았어요. 알아울라키는 해답을 알고 있었습니다. 그 해답을 쉽고 분명한 영어로 제시했지요."

그 모임에서 알아울라키의 호소를 따르자는 계획이 나왔다.

"서방 세계가 우리 이슬람 형제자매를 가만히 두지 않는다면, 나는 기꺼이 칼라시니코프 소총을 들고 그들을 위해 싸우려고 했지요."

항구 근처 경찰서 뒷마당에는 작은 별관이 하나 있다. 2012년 여름, 이 별관에 전화벨이 울렸다. 26년째 경찰로 일하고 있는 토르라이프 링크가 수화기를 들었다. 한 남성이 보름 전에 자기 아들이 사라졌다고 말했다. 링크는 그 소년이 다니고 있던 학교에 전화를 걸었다. 학교에서도 보름 동안 아무도 그를 보지 못했다고 했다. 얼마 지나지 않아 링크의 전화가 또 울렸다. 또 다른 아버지였다. 3일 전부터 아들을 보지 못했단다. 오르후스는 33만 6000명이 사는 덴마크의 작은 도시로, 여기서 청소년 실종은 거의 일어나지 않는다. 짧은 시간에 두 명이 사라지는 일은 더더욱 그렇다. 그때 누군가 링크의 사무실 문을 두드렸다. 세 번째 아버지였다.

"쓰나미와 같았죠."

링크는 말한다. 실종 청소년은 세 명에서 다섯, 열, 열둘, 스물일곱 명이 되었고, 마침내 서른여섯 명이 되었다. 모두 이슬람 신도였다. 가족들은 아이들이 시리아로 갔을 거라고 의심했다. 시리아에서 반정부 항거가 시작되었고, 시간이 지나가면서 이 저항 운동은 이슬람 극단주의 세력의 강력한 지배를 받게 되었다. 처음에는 아프가니스탄이, 그 후에는 이라크가 그러했듯이, 시리아는 지하드 국제주의의 자석이 되었다. 링크가 들은 소문이 사실이라면 그 자석은 오르후스에서도 청소년을 끌어당겼을 것이다.

링크가 일하고 있는 경찰서의 범죄 예방부는 이미 몇 년 전부터 자생 테러(Homegrown Terrorism)에 대항하는 프로그램을 개발하고 있었다. 덴마크 출신으로 덴마크를 공격하려는 테러리스트에 대응하기 위한 프로그램이었다. 예방부는 이슬람 공동체와 소통하고 있었고, 이슬람 사원들과도 연락하고 있었다. 그래서 링크는 사라진 청소년 대부분이 한 이슬람 사원 주변에 있음을 재빨리 파악할 수 있었다.

귀환자들

그림호이 이슬람 사원은 시 외곽의 자동차 정비소와 모터 사이클 클럽이 있는 거리에 있었다. 여기서 수니파 이슬람의 특별히 엄격한 사상인 살라피즘을 설교하고 있었다. 이 이야기를 들은 미디어들은 청소년들이 이 사원에서 급진화되어 지하드로 보내졌다고 보도했다. 그러나 링크는 그 사원의 이맘 및 신도들과 이야기를 나눈 후 이들 또한 다른 국민들처럼 놀라고 충격을 받았다는 것을 알 수 있었다. 그 청소년들은 그곳 사원의 이맘을 서방의 유혹에 넘어간 부패하고 변절한 노인으로 보았다.

많은 부모들이 아마도 자기 아들은 그저 난민들을 돕는 선한 일을 하기 위해 시리아로 갔을 거라고 믿고 싶어 했다. 링크는 믿지 않았다. 그는 서른여섯 명 모두 테러리스트 교육을 받을 거라고 확신했다. 아마도 그들은 폭탄 제조법이나 칼라시니코프 소총 사용법을 배웠을 것이다. 그리고 최소한 몇 명은 자신이 안전을 책임지고 있는 오르후스로 돌아올 것이라고 생각했다. 그것은 큰 문제가 생겼다는 뜻이기도 했다.

이런 위협에 대다수 정부들은 이렇게 반응한다. 전화를 도청하고, 가족들을 심문하며, 요원들을 파견하고, 공중에 드론을 띄운다. 정부는 이 잠재적 테러리스트를 체포하고 심지어 죽이려고 한다. 그러나 여기는 휘게(Hygge)의 나라 덴마크이다. 토르라이프 링크는 오르후스에 있는 경찰이다. 그에게는 요원도, 드론도 없었다.

그 후 링크는 전쟁 지역에서 한 명이 돌아왔다는 소문을 들었다. 그 소년은 링크가 사원에서 알게 되었던 한 아버지의 아들이었다. 문제는 경찰이 아무 증거도 갖고 있지 않다는 것이었다. 이 소년은 아무런 구체적인 혐의도 없었기에 경찰은 그를 체포할 수 없었다.

그때 링크의 사무실 전화가 또 울렸다. 돌아온 소년의 아버지였다. 그는 아들이 집으로 돌아왔는데, 아들을 데리고 한 번 들려도 되는지 물었다.

링크는 말했다. "그럼요. 내일 바로 오세요." 하지만 링크는 머릿속은 복잡했다. '이 소년이 폭탄을 가득 채운 배낭을 메고 오지 않을까? 혹은 돌격소총을 갖고 오지 않을까?' 다른 한편으로 링크는 그 아버지를 믿었다. '이 소년이 실제 전투에 참여하지 않은 한 명일 수도 있지 않을까?'

다음 날 아버지와 아들이 경찰서로 왔다. 검은 머리를 한 그 소년의 팔은 야위었고, 어깨에 총상이 있었다. 링크는 물었다.

"차, 아니면 커피?"

소년은 시리아에서 필리핀 구조단의 환자 수송차를 몰았다고 말했다. 우연히 이슬람 급진주의자들이 차단한 도로에 들어서게 되었고, 그곳에서 총격전이 있었으며, 총알이 튀어 자신의 어깨를 스쳤다고 했다. 링크는 소년의 말을 믿지 않았다. 지금 여기에, 자신을 드러내지 않으려는 한 전사가 앉아 있다고 링크는 직감했다.

그럼에도 링크는 이 소년이 실제 전투를 했는지, 테러 캠프에 있었는지, 혹은 그의 설명이 진실인지 아닌지, 이 모든 것이 자신의 업무에서는 중요하지 않다고 링크는 스스로를 납득시키려 애썼다. 그런 사실은 자신이 아닌, 수사 부서에 있는 동료들이 찾아내야 한다. 과제는 이 소년이 오르후스에서 더는 멍청한 짓을 하지 않도록 돌보는 일이었다. 이 소년이 사회에 가능한 한 더 잘 재통합할 수 있게 도울 때, 자신의 임무를 가장 성공적으로 수행한 거라고 그는 곱씹어 생각했다. 그래서 링크는 상처를 제대로 치료할 수 있게 이 소년을 병원으로 보냈다. 그리고 심리 치료사와의 약속을 잡아 주었다.

며칠 후 그 소년이 링크에게 전화를 걸었다. 시리아에 함께 있었던 친구가 하나 있는데, 그 친구도 한번 방문해도 괜찮겠느냐고 물었다. 링크는 대답했다. "당연하지." 그 친구가 왔다. "커피, 아니면 차?" 그 친구가 설명하는 것을 얼마나 믿어도 되는지 링크는 또다시 혼란스러웠다. 그러나 자신의 적인 한 경찰관이 친절하고, 개방적이며, 재미있으면서도 기꺼이 도움을 주는 모습에 이 젊은 친구가 놀라고 있음을 링크는 다시 한 번 느끼고 있었다.

그 후 총상을 입었던 소년에게서 두 번째 전화가 왔다. 시리아에 친구가 한 명 있다고 했다. 그 친구는 1년째 시리아에 있는데, 집으로 돌아올 엄두를 내지 못하고 있다고 했다. 덴마크 사람들이 자신 같은 사람들에게 매우 분노하고 있다는 것을 이미 인터넷에서 보았기 때문이다. 링크는 시리아에 있는 친구에게 전화를 걸어 자신이 기꺼이 환영할 것이라는 말을 전해 달라고 부탁했다. 며칠 후 시리아에 있던 그 친구가 링크의 사무실에 앉았다. "차? 아니면 커피?" 링크는 그를 돌보았다. 링크는 당시이 청소년들이 출구를 찾고 있는 게 느껴졌다. 그리고 자신이 이들에게 그 출구를 보여 주고 싶었다. 짧은 시간 안에 이 청소년들 사이에 소문이 돌았다. 경찰관이 한 명 있는데, 편견을 갖고 자신들을 대하지 않고, 먼저 커피부터 올려놓은 뒤 자신들의 이야기를 경청해 준다는 내용이었다. 그 후로도 링크의 전화벨은 계속해서 울렸다. 시리아에 갔던 많은 청소년들이 돌아왔고, 모두가 토르라이프 링크와 이야기하고 싶어했다.

모르는 번호로 전화가 걸려 왔을 때, 자말은 부엌에 있었다.
"안녕하세요, 제 이름은 토르라이프 링크입니다. 경찰서에서 일하고 있는데요, 당신 사건에 대해 들었어요. 저희 사무실에 들러서 커피 한 잔 하실래요?"
자말은 아직 오르후스에 있었다. 링크의 전화를 받고 잠시 정신을 모을 시간이 필요했다. 그다음 소리쳤다. "꺼져요! 당신들은 내 삶을 망가뜨렸어요!" 링크는 말했다. "경찰이 당신을 부당하게 대우했어요. 미안해요." 자말은 할 말을 잃었다. 자신을 배척하고 모욕하며 자극한다고 느꼈던 사회의 대리인인 경찰이 사과를 하고 있었기 때문이다. 자말은 파키스탄에 있는 코란 학교에 가려고 결심했었다. 친구 하나는 이미 그곳에 가 있었다.

"커피 한 잔하게 들려요." 그 경찰은 말했다. "아니오." 자말이 대답했다.

그러나 그 경찰관은 고집스럽게 반복해서 제안했고, 결국 자말은 받아들였다. "좋아요." 링크는 자말의 호기심을 자극하는 데 성공했다. 경찰서로 가는 버스 안에서 자말은 마치 영화에 나오는 요원이 된 것 같은 느낌이 들었다. 자말은 적을 염탐하기로 했다. 경찰의 계획을 찾아낼 생각이었다. 당연히, 이건 함정일 수도 있었다. 경찰은 자신을 체포할 수도 있을 것이다. 그러나 그런 경우에도 최소한 친구들은 이 소식을 들을 것이다. 그것은 자신들이 올바른 길을 가고 있다는 확실한 증거일 것이었다.

지난번과는 달리 자말은 3층에 있는 취조실로 가지 않았고, 작은 별관에 있는 예방부로 갔다. 그곳에서 어깨가 넓고, 인상이 편안해 보이는 한 남자가 웃으면서 자신을 맞이했다. 이 모습은 자말에게 큰 인상을 남겼다. 시스템의 얼굴이 자신을 향해 처음 웃고 있었다.

"어서 와요. 자말. 이렇게 보게 되니 정말 좋군요. 커피, 아니면 차?"

링크는 자말의 안부를 물었다. 자말은 불평했다. 그러나 링크는 그냥 계속해서 말을 했다. 링크는 다시 한 번 자기 동료들의 행동에 대해 사과했다. 자말은 생각했다. '이건 틀림없이 연극이야. 경찰은 나쁜 적이야. 경찰은 웃지 않아.' 자말은 당시를 이렇게 기억한다. "누가 나를 안아 주려고 하면 나는 계속해서 거기서 벗어나려고 했죠."

파키스탄에 가는 일은 금지된 일이 아니기에 그 누구도 자신을 막을 수 없다고 자말이 말했다. 링크는 맞는 말이라고 대답했다. 그들은 한 시간 정도 대화를 나누었다. 대화가 길어질수록 자말에게 불가능하다고 여겨졌던 시나리오가 더 구체화되어 나타나기 시작했다. 어쩐지 이 경찰은 진심인 것 같았다. 마지막에 링크가 말했다. "파키스탄에 가기 전에 한 가지 부탁만 들어줄래요? 한 번만 더 사무실에 들려 줘요. 내가 덴마크 이슬람 신도 한 명을 소개해 줄게요."

덴마크 이슬람 신도. 자말은 그런 사람은 존재할 수 없다고 생각했다. 이슬람 신도이거나 시스템의 일부가 되거나 양자택일 뿐이었다. 자말은 배신자의 얼굴이 보고 싶었다.

며칠 후 자말이 다시 링크의 사무실에 들어섰을 때, 그의 옆에 중동 출신으로 보이는 30대 한 남자가 앉아 있었다. 자말은 링크에게 인사했다. 그다음 그 남자에게 몸을 돌려 말했다.

"살람 알라이쿰."

자말은 이 인사를 시험으로 생각해 냈다. 이 남자가 제대로 응대할 수 있을까?

"알라이쿰 살람"

남자가 응답했다.

에르한 킬리치는 안도했다. 에르한은 자말에 대해 크고 덥수룩한 수염에 공격적으로 말하는 사람으로 상상했다. 이런 인물이 에르한이 그리는 이슬람 급진주의자의 모습이었다. 그러나 지금 자신의 눈앞에 불안한 눈빛으로 방을 두리번거리다가 조용하고 떨리는 목소리로 인사를 건네는 한 소년이 있었다.

"살람 알라이쿰."

며칠 동안 에르한은 밤잠을 설쳤다. 에르한이 신뢰하고 있던 토르라이프 링크는 에르한이 멘토가 될 예정인 그 소년이 그리 위험하지 않다고 말했다. 세 사람이 자리에 앉았다. 링크가 에르한을 자말에게 소개했다. "여기 있는 에르한은 독실한 이슬람 신도예요. 원래는 터키 출신입니다. 얼마 전에 법학 공부를 마쳤고, 부업으로 잠시 학교에서 보조 교사로 일하고 있지요."

에르한은 자말의 불안한 웃음을 보았다. 자신의 이력이 자말에게 큰 인상을 남긴 것 같았지만, 자말은 이를 드러내고 싶어 하지 않는 것으로 보였다. 자말이 에르한에게 물었다. "이 사람들이 나에게 한 일을 당신은 알고 있나요?"

"아니, 내게 이야기해 줘."

자말은 큰 목소리로 빠르게 말했다. 에르한은 그의 말을 끊지 않았다. 언젠가부터 자말의 목소리는 작아졌다. 자말이 이야기를 끝냈을 때, 에르한이 말했다.

"의심의 여지 없이 너는 부당한 대우를 받았어. 그러나 너의 행동으로 상처 입을 수 있는 유일한 사람은 바로 너 자신뿐이야."

에르한은 자신 역시 덴마크에서 인종 차별을 경험했고, 그 때문에 더욱 열심히 일했다고 설명했다. 그는 자신의 가족과 가정에 대해 이야기했으며, 꿈을 이루기 위해 곧 변호사로 일하게 될 것이라고 말해 주었다. 에르한 킬리츠는 행복한 사람처럼 보였다.

"너가 원하면, 파키스탄으로 갈 수도 있어." 에르한은 말했다. "그러나 생각해 봐. 그곳에는 어디에나 이슬람 신도가 있어. 무에친은 그들에게 기도 시간을 알려 주지. 모든 사람이 함께 기도해. 모두 라마단 단식에 참여해. 그러나 여기 덴마크에는 소수 이슬람 신도만 있지. 무에친도 없어. 라마단 때 단식하는 사람도 적어. 이 모든 것을 한 번 생각해 봐. 어디가 이슬람 신도가 되기 쉬운 곳이니?"

"파키스탄이요." 자말이 대답했다. "생각해 봐. 이슬람 신도로서 쉬운 길을 가는 것과 어려운 길을 가는 것 가운데 신은 무엇을 더 높게 평가할까?" "어려운 길요."

몇 분 만에 에르한은 자말의 편안한 종교 공간에 진입하는 데 성공했다. 자말은 어떤 반박도 할 수 없었다. 몇 가지 질문으로 지금까지 바위처럼 단단했던 자말의 결정에 의문을 제기할 수 있었다. 두 사람이 대화하는 동안 토르라이프 링크는 대부분의 시간을 침묵하면서 자신의 책상에 앉아 있었다. 어느 정도 시간이 흐른 후, 링크는 이제 다른 일을 해야 하므로 서로 전화번호를 교환하는 게 좋겠다고 말했다.

귀환자들

며칠 후 시내 카페에 에르한이 도착했을 때, 자말은 문 앞에서 기다리고 있었다. 자말은 에르한에게 비행기 탑승할 때 보안 검색을 받는 것처럼 팔을 좌우로 벌려 줄 것을 요구했다. 자말은 에르한의 몸을 수색했다. 마이크도, 카메라도 없었다. 두 사람은 카페 안으로 들어갔다. 카페에는 오직 두 사람만이 검은 머리를 한 유일한 손님이었다.

자말은 집 근처에 여러 군데 있던 샤와르마 식당에서 친구들을 만났다. 그곳에서 차를 마시고 두름케밥을 먹었다. 그런 케밥집이 자말에게 익숙했다. 지금 앉아 있는 시내 카페 같은 곳에는 한 번도 와 본 적이 없었다. 이곳에서 사람들은 와인을 마시면서 백인 음식을 먹는다. 자말의 친구와 가족, 그리고 자신은 여유롭게 누리지 못했던 것들이었다. 외투를 어디에 놓을지 고민하면서 자말은 에르한을 봤고, 에르한처럼 자기 옆에 있는 의자 위에 올려 두었다. 무엇을 먹을지 고민하다가 에르한이 주문한 것을 따라 주문했다. 초콜릿을 얹은 와플. 손으로 먹으려고 하다가 에르한처럼 나이프와 포크를 집어 들었다.

카페 안을 가리키면서 자말이 물었다.

"당신은 저들의 일부예요? 아니면, 우리 편이에요?"

에르한이 대답했다.

"나는 나 자신일 뿐이야."

두 사람은 그날 그들이 동시에 결합되어 있으면서도 분리되어 있는 이슬람 종교에 대해 이야기했다. 두 시간, 아마 세 시간쯤 대화를 했을 것이다. 카페를 나와 항구를 따라 산책을 했다. 그 후 두 사람은 일주일에 두세 번씩 만났다. 카페에서, 식당에서, 그리고 극장에서. 그들은 이슬람에 대해, 덴마크에 대해, 그리고 자말이 보았던 액션영화에 대해 대화했다. 자말은 에르한과 만난 후 친구들에게 말했다. "그럴싸한 주장을 좀 줘 봐. 그 사람에게 뭐라고 반박해야 할까? 논쟁에서 또 졌어."

"힘을 준 주먹을 푸는 데 약 6개월이 걸렸지요."

자말은 이렇게 기억했다. 과거에는 흰색과 검은색밖에 없었던 곳에서 자말은 다채로운 색깔을 보게 되었다. 아마도 교장은 인종주의자였을 것이다. 그러나 그것이 전체 사회가 인종차별적이라는 것을 의미하는 것은 아니다. 그렇다. 당시 경찰들은 그를 부당하게 대우했다. 그러나 첫째, 당시 그들이 악의로 그렇게 했다는 뜻은 아니다. 둘째, 모든 경찰이 그렇다는 뜻도 아니다. 그리고 실제로 덴마크에는 이슬람 신도가 존재했다. 에르한이 그 예이다.

시간이 흐르자, 대화의 주제가 바뀌었다. 에르한과 자말은 자말이 다시 다니는 학교에 대해 더 자주 이야기했다. 학교를 졸업하고 무엇을 할 것인지에 대해서도 대화했다. 어느새 자말은 시 외곽에 있는 친구들을 거의 만나지 않게 되었다. 한 친구를 거리에서 만났을 때, 그가 말했다. "우리를 잊지마, 브라더." 그 친구는 곧 시리아로 떠났다. 자말은 대학에서 경영통제를 공부하기 시작했다. 나중에 자말은 이슬람국가(IS)가 북시리아를 점령했을 때 그 친구가 죽었다는 소식을 들었다. 그때 자말은 이미 덴마크인이 되어 있었다.

　2015년, 덴마크가 새로운 의회를 선출할 때 23세가 된 자말은 시청에서 개표 자원봉사를 신청했다. 자말은 한때 격렬하게 미워했던 자신의 국가를 도왔다. 자말은 결혼을 했으며, 대학 공부도 마쳤다. 그리고 어느 날, 링크가 자말에게 전화를 해서 멘토가 될 수 있는지 물었다. 에르한이 자말을 위해 했던 일을 다른 청소년을 위해 할 수 있는지 물었던 것이다. 자말은 당연히 할 수 있다고 대답했다. 얼마 전부터 자말은 17세 소년을 만나고 있다. 그 소년은 과거 자신의 고독, 완고함, 사회를 향한 분노를 상기시킨다.

　자말은 그 소년에게 말한다.

　"사회 전체가 인종차별적이라고 말하지는 마. 모든 이슬람 신도가 위험하다는 말을 너도 원하지 않잖아. 분노에 차 있을 때는 어떤 결정도 하지 마. 그 결정은 가족들을 고통으로 이끌 거야."

　가끔 자말은 소년에게 자신에 대해 설명해 준다. 자신은 분에 넘치는 행운을 가졌으며, 만약 자신이 선택했던 그 길을 계속 갔다면 틀림없이 죽임을 당했을 거라고. 그리고 그 소년에게 말한다.

　"핸드폰이 울리고, 거기에 모르는 번호가 있으면 언제나 받아."

———

　미국 정부가 벌인 테러와의 전쟁에서 맞닥뜨린 한 이슬람 급진주의자를 상상해 보자. 아마도 그는 드론과 같은 무기의 공격을 받고 죽임을 당했을 것이다. 아마도 그는 관타나모나 아부 그라이브 교도소 같은 곳에서 고문을 당했을 것이다. 만약 그가 다시 풀려났다면, 자기 삶을 어떻게 설명할까? 틀림없이 미군들의 야만성에 관해 이야기할 것이다. 인권의 허구성과 자신이 겪은 고통에 대해 전해 줄 것이다.

　이제 이 이슬람 급진주의자의 가족과 친밀한 친구, 그리고 지인들에 대해 상상해 보자. 이 사람들은 무엇을 이야기하게 될까? 비록 그 사람이 테러리스트였다 하더라도 이 사람들에게 그는 아들이자 아버지였으며 친구이자 동료였다. 과거에 그들은 반미 성향이 아니었지만, 그들 중 몇몇은 반미주의자가 되었을 것이다.

　만약 죄 없는 사람이 이런 일을 당했다면 그 영향이 얼마나 더 크겠는가? 오작동된 미군 폭탄이 테러리스트 모임 대신 결혼식 하객들에게 떨어지는 바람에 가족을 잃은 파키스탄의 목동은 무엇을 생각하겠는가? 미결제금을 정산받으려는 이웃의 무고 때문에 아부 그라이브에서 전깃줄에 묶여 전기 고문을 받았던 한 아들의 어머니는 또 어떻겠는가? 미군의 점령 전에는 평화로웠지만, 지금은 폭격 때문에 불안에 떨고 있는 바그다드의 상인은?

테러와의 전쟁에서 미국이 펼친 모든 공격은 물속에 던져진 돌멩이와 같다. 물결은 모든 방향으로 퍼진다. 증오의 물결, 분노의 물결, 그리고 복수심의 물결이 일어난다. 언제나, 어느 곳에서나 새로운 테러리스트가 성장한다.

이제 자말처럼 토르라이프 링크의 반테러 전략이 적용된 이슬람 급진주의자를 생각해 보자. 그는 자신의 삶에서 무엇을 주로 설명하게 될까? 덴마크가 보여 준 인간애와 자신이 느낀 감사함을 말하지 않을까?

마찬가지로 그의 가족과 친구, 지인들에 대해서도 생각해 보자. 자말의 아버지는 덴마크에 분노가 아니라 감사를 표한다. 아들을 다시 얻었다는 데, 자말의 결혼식에 춤출 수 있었고, 자말의 대학 졸업식을 축하할 수 있다는 데 감사하고 있다. 아마도 이들 중 많은 이들이 덴마크에 과거보다 더 큰 유대감을 느낄 것이다. 자말의 가족들은 어쨌든 그러하다. 테러에 대항했던 덴마크의 전략도 물에 던져진 돌멩이와 같다. 그 돌멩이 또한 모든 방향으로 물결을 보낸다. 감사와 공감의 물결이 일어난다. 테러리스트 대신 믿을 만한 시민들이 생겨난다.

2018년, 브라운 대학교의 학자들은 대단히 폭넓은 연구를 통해 미국의 반테러 전쟁을 결산했다.[25] '전쟁의 비용(Costs of War)' 이라는 이름의 그 결산에서 연구자들은 911에 대한 미국의 대응, 아프가니스탄과 이라크에서의 전쟁, CIA의 활동, 비밀 감옥, 드론 전쟁, 그리고 모두 합쳐 76개국에서 이루어진 조치에 최소한 5조 9000억 달러가 들었다고 계산했다.[26] 이 돈이면 미국 정부는 미국의 모든 도시에 함부르크 오페라하우스 엘브필하모니를 하나씩 지을 수 있다.

이런 비용을 지불한 결과는 무엇인가? 오늘날 2001년 9월 11일 당시보다 4배 많은 수니파 지하디스트가 활동하고 있다.[27] 두 숫자 사이의 연관이나 인과 관계를 증명하기는 어렵다. 그러나 안보 전문 연구 기관인 수판 센터(The Soufan Center)의 한 연구 결과에 따르면, 17년 동안 진행된 반테러 전쟁의 결과는 "기껏해야 절반의 성공"이라고 한다. 그 연구자들은 그 결과를 이렇게 분석한다. "좋은 소식은 2001년 9월 11일 이후 미국에서 911과 같은 거대한 규모의 공격이 더는 없었다는 것이다. 나쁜 소식은 미국이 반테러 전쟁을 펼친 20년이 채 안 되는 시간 동안 비행기를 빌딩으로 날리고 자동차를 군중 속으로 몰게 하는 이념은 더 널리 퍼졌다는 사실이다."[28]

이제 시리아에서 칼리프 열풍은 잠잠해졌고, 이슬람국가는 시리아에서 자신의 영토를 거의 잃어버렸다. 그 이후로는 오

귀환자들

르후스 출신 청소년이 전쟁 지역으로 가는 일이 없었기 때문에, 토르라이프 링크도 결산을 했다. 청소년 서른여섯 명이 오르후스에서 시리아로 갔다. 스무 명이 돌아왔고 대부분 다양한 직업에 종사하면서 평범하게 살고 있다. 그들은 현재의 자신과 어린 시절 실수로 여기는 행동 사이에 거리를 두려고 한다. 링크에 따르면, 자말을 제외하고 그 누구도 인터뷰를 하고 싶어 하지 않았다고 한다. 열 명은 전쟁 중에 목숨을 잃었다. 여섯 명은 여전히 시리아나 이라크에 있다.

덴마크를 떠나려 했지만, 자말처럼 아직 실행하지 않았던 이슬람 급진주의자 수십 명도 성공적으로 사회에 재통합되었다. 경찰의 예방 프로그램을 거쳐 간 청소년 가운데 한 명이 목숨을 잃었다. 멘토와의 많은 대화에도 이 소년은 시리아로 갔고, 그곳에서 죽었다. 다른 사람은 모두 오르후스에서 평범한 시민으로 살고 있다.

가끔씩 링크는 국제회의에 참가하여 자신의 활동을 이야기한다. 청중석에는 경찰, 비밀요원, 정치가들이 앉아 있다. 링크가 말할 때 많은 이들이 고개를 젓는다. 그리고 그들은 말한다. "그들은 테러리스트입니다. 그들과 대화를 할 수가 없을 텐데요?" 링크는 이렇게 대답한다.

"왜 못하나요? 대화는 잘 됩니다."

———

　미국의 사회심리학자 니컬러스 애플리는 자신의 책『마음을 읽는다는 착각』에서 아들과 함께 갔던 캠핑 여행을 설명한다.[29] 아들이 주머니칼로 나뭇가지를 다듬고 있을 때 애플리는 모닥불을 피우고 있었다. 칼날이 미끄러지면서 아들이 손바닥을 베었다. 애플리는 아들로부터 6미터 떨어져 있었기 때문에 사고를 보지 못했다. 아들과 서로 등을 지고 있었기 때문이다. 그러나 비명을 들었을 때, 순식간에 애플리는 무슨 일이 일어났는지 알아차렸다. 어떻게 이런 일이 가능했을까?

　애플리는 초능력자가 아니며, 매우 평범한 인간의 뇌를 가졌다. 몸을 돌릴 때 자동으로 애플리의 시선은 아들의 눈으로 향했다. 아들의 눈은 아래를 가리켰다. 애플리의 시선은 그 방향을 따랐고 아들의 손바닥에서 멈추었다. 손목, 엄지, 검지가 아니라 바로 손바닥. 애플리는 충분한 시간을 들여 각도기를 들이댄다고 해도 그 각도를 정확히 잴 수는 없을 거라고 한다. 그러나 그런 상황에서 그의 뇌는 짧은 시간에 아무 노력도 없이 아들의 시선을 소수점까지 정확하게 파악했다.

　상처를 본 지 1초도 되지 않아서 그는 마치 자기 손을 벤 것처럼 몸을 움찔했다. 애플리는 아들이 느끼는 고통을 그대로 느꼈다. 이 또한 초능력이 아니라 대단히 평범한 일이다. 우리의 몸이 다른 사람의 몸과 동기화하는 이런 상황들이 있다. 누군가 당신에게 미소를 보낼 때 미소로 응답하지 않으려고 해 본 적이 있는가? 누군가 당신에게 손을 흔들 때 손을 흔들어 화답하지 않으려고 해 본 적은? 누군가 당신 옆에서 하품을 할 때 하품을 하지 않으려고 한 적은 있는가? 또는 록 콘서트장에서 당신 주위에 있는 수천 명이 춤출 때 조용히 가만히 있으려고 시도한 적은 있는가? 눈을 감고 1초만 이런 상황을 상상해 보라. 장담하건대, 당신은 큰 불편함을 느낄 것이다.

애플리는 이런 현상을 계속해서 묘사한다. 아들의 축구팀이 훈련할 때 애플리는 터치라인에서 다른 사람들과 거리를 유지해야 한다. 경기장에서 한 선수가 슛을 시도하면 자신도 가끔 다리를 내뻗기 때문이다. 한 선수가 파울을 당하면, 트레이너도 고통을 느낀다. 이를 변연계 동조(limbic synchrony)*라고 부른다. 동기화라는 특징은 이처럼 우리 몸에 생물학적으로 깊이 자리 잡고 있다.

예를 들어 아기는 엄마 배 속에서 엄마의 심장 박동에 자신의 심장 박동을 동기화한다. 한 사람을 좋아하면 그의 행동을 거울처럼 따라한다. 우리는 보통 이를 알아차리지 못한다. 소위 거울 신경이라 불리는, 뇌에 있는 특정 신경 세포가 이를 담당한다. 거울 신경은 이탈리아 연구자 지아코모 리촐라티가 1992년에 마카크 원숭이를 통해 처음 발견했다. 원숭이가 직접 땅콩을 집을 때, 그리고 다른 원숭이가 땅콩을 집는 것을 볼 때 모두 이

---

* 변연계 공명, 변연계 동시성, 변연계 동기화라고 부르기도 한다.

원숭이의 뇌에 있는 특정 뉴런에 같은 방식으로 불이 들어오는 것을 알게 되었다. 나중에 이 세포는 인간에서도 발견되었다.[30]

애플리가 캠핑에서 아들과 경험했던 것처럼, 한순간에 먼저 눈이 동기화하고, 그다음에 몸이, 그다음에 마음이 동기화한다. 인간들은 이렇게 함께 느낀다. 애플리는 아들의 고통을 함께 느꼈다. 동료 선수의 슛이 골이 되면 기뻐하고, 빗나가면 실망한다. 우리는 이를 '공감'이라 부른다.

공감은 종종 사람들이 서로 충분히 가까이 있을 때 자동으로 생겨난다. 로시가 욕실을 보여 주었을 때, 크리스타는 빨래를 하면서 손에 생겼을 굳은살을 느낄 수 있었다. 한 여성이 시장바구니를 들고 시골길을 터벅터벅 가는 모습을 보았을 때, 게롤트는 그녀의 고단함을 느꼈다. 보조자 없이 벤치 프레스를 하는 팔레스타인 동료 죄수를 보았을 때, 즈벤 크뤼거는 그를 걱정할 수밖에 없었다.

이 동기화라는 메커니즘은 너무나 강력하여 생사가 걸린 적과의 대면에서도 피하기 어렵다. 군인들에게 멀리 있는 상대방을 쏘는 일은 어렵지 않다. 멀리서는 깃발, 제복, 사람의 윤곽만 보이기 때문이다. 자신과 가까이 있는 적에게 총을 쏘는 일은 어렵다. 그들의 얼굴, 눈, 그리고 눈 안에 들어 있는 공포가 보이기 때문이다. 군인들이 적이 아닌 한 인간으로 보이기 때문이다.

미국 남북전쟁 때 군인들은 평균 10미터 거리를 두고 싸웠다. 총기의 정확성을 고려할 때 한 연대는 1분에 평균 500명이 넘는 적을 맞추어야 했다. 실제로는 2명이 채 되지 않았다.

1870년, 바이센부르크에서 프랑스 군인들은 총알 4만 8000개로 독일군 404명만을 죽였다고 군대심리학자 데이브 그로스만은 계산한다.[31] 6년이 지난 1876년, 미군은 총알 2만 5000개를 다가오는 원주민들에게 퍼부었다. 그리고 99명을 죽였다. 설문조사에 따르면, 2차 세계대전 때 병사의 5분의 1만이 근거리 전투에서 총을 쏘았다고 한다.[32]

스페인 내전에 참가했던 작가 조지 오웰도 비슷한 경험을 기록으로 남겼다. "전해야 할 소식이 있는 전령으로 보이는 한 남자가 참호에서 뛰어나와 벽 위를 내달렸다. 아주 잘 보였다. 그는 반라의 몸으로 두 손으로 바지를 움켜쥔 채 뛰고 있었다. 나는 그를 쏘지 않았다. 나는 파시스트를 죽이기 위해 여기 왔지만, 바지를 움켜쥔 한 남자는 파시스트가 아니라 분명히 용무가 급한 한 사람이었다. 당신과 같은."[33]

요약하면, 이것이 진정한 접촉의 힘이다. 많은 이들의 사례에서 육체적인 근접이 우리의 공감을 활성화하는 걸 볼 수 있다. 이 공감은 우리가 이전에 멀리서 붙여 두었던 라벨을 상대의 육체에서 떼어 내 버린다. 적, 롬족, 난민, 외노자놈, 이 모든 것이 단 하나, 사람만 남을 때까지 그 의미를 잃는다.

오늘날 군대에서 군인들은 자연적 공감을 줄이는 훈련을 한다. 사람을 죽일 때 공감이 방해를 하기 때문이다. 그 반대 또한 가능하다. 즉 접근이 불가능한 곳에서 훈련을 통해 공감을 키우는 일도 가능하다.

이 책을 쓰면서 나는 학자 한 명을 만났다. 그는 가끔 학술지에 실을 동료의 논문을 심사한다. 그는 감정적인 사람이라 논문이 마음에 들지 않으면 큰 분노를 느낀다. 그때 바로 논문 소견서를 작성한다면, 가끔 부적절한 말투를 쓰게 될 것이다. 그러나 그는 그렇게 하지 않는다. 대신 그는 논문 저자의 이름을 구글로 검색하고 소속 대학에 올라와 있는 논문 저자의 소개 페이지를 읽는다. 거기에는 대부분 사진도 있다. 그 사진도 한동안 바라본다. 그다음 그의 약력을 읽는다. 가끔 약력에는 그 사람이 태어난 곳과 출신 고등학교, 그리고 자녀가 있는지도 적혀 있다. 상대는 형편없는 논문을 쓴 한 저자에서 한 사람이 된다. 어쩔 수 없이 공감은 생겨나며, 그의 심사보고서 어투는 조금이나마 부드러워진다.

어떤 사람들은 공감을 유용한 도구로 이용한다. 예를 들어 면접 때 이를 활용한다. 한 지원자가 의도적으로 많이 웃는다. 책상 맞은편에 앉은 면접관도 거울 뉴런이 있고, 이 거울 뉴런이 면접관도 함께 웃게 하리란 걸 알고 있다. 그 면접관은 이 웃음을 통해 한결 기분이 좋아질 것이다. 이 지원자는 부부싸움을 금세 심각하게 만드는 메커니즘을 면접에서 뒤집어 이용했다. 한 사람이 소리치기 시작한다. 다른 사람이 되받아 소리친다. 여기서도 거울 신경에 불이 켜지기 마련이다.

미국의 반테러 전쟁이 바로 이렇게 작동했다. 네가 누군가에게 고통을 준다면, 그 또한 너에게 고통을 줄 것이다. 누군가를 모욕한다면, 그도 너를 모욕할 것이다. 반면 링크는 면접에 참가한 지원자처럼 했다. 링크는 단순히 미국의 반테러 전략을 뒤집었다. 인간의 기본 메커니즘을 테러와의 싸움에 이용했다. 링크는 웃었다. 자말은 미소로 답했다.

자말은 변연계 동기화에 대해 들어 본 적이 없다고 말했다. "그런 건 몰라요. 다만 웃는 사람에게 화를 낼 수는 없죠."

카페에서 에르한은 외투를 의자 위에 놓았다. 자말은 이를 따라했다. 에르한은 와플을 주문했다. 자말도 그랬다. 에르한이 와플을 나이프와 포크로 먹었다. 자말도 그랬다. 이들은 신체를 동기화했다. 카페에서 이런 행동을 하던 두 사람을 뇌 스캐너에 눕혀 놓았다면, 틀림없이 두 사람의 거울 뉴런에 함께 불이 들어와 있었을 것이다.

이렇게 사람을 얻게 된다. 이것이 '마음과 정신의 획득(Winning hearts and minds)'이다. 이라크에서 미군은 이 전략에 실패했다. 오르후스에서 이 전략은 성공했다. 오르후스 경찰은 의도적인 공감으로 사회의 급진주의적 적대자를 극복하는 데 성공했다. 그러나 오르후스 경찰이 이런 일에 성공한 첫 번째 집단은 아니다. 또 다른 사례가 있다. 이 사례는 덴마크 사례에서 여전히 숨겨져 있는 어떤 것을 보여 준다. 즉, 공감 무기를 사용하는 사람은 적뿐만 아니라 자기 자신도 변화시킨다는 사실이다.

———

가족들과 함께 브로츠와프를 떠날 때, 귄터 딘스트페르티히는 12세였다. 그의 아버지는 전 제국수상 하인리히 브뤼닝과 절친한 친구였다. 그의 삼촌인 물리학자 오토 슈테른은 나중에 노벨 물리학상을 받았다. 그러나 지금 이 유대인 가족은 직감에 따라 독일에서 이룩한 모든 것을 남겨 둔 채 미국에서 새롭게 출발하고자 했다.

귄터 딘스트페르티히는 존 귄터 딘으로 이름을 바꾸었다. 이미 16세 때 하버드에 입학했으며, 1944년 2월 성년이 되자마자 군에 자원 입대했다. 딘의 새로운 고향인 미국은 옛 고향 독일과 전쟁 중이었다. 딘은 자신과 가족에게서 많은 것을 빼앗아 간 나치를 무찌르는 데 도움이 되고 싶었다.

기초 군사 교육을 받고 있을 때 국방부에서 전화가 왔다. 국방부쪽 사람은 독일어로 물었다. "독일어 할 줄 압니까?" "예, 할 줄 압니다." 딘은 실레지아 억양으로 대답했다. 교육이 끝난 후, 딘의 소대는 집합 장소에 들어가 도열했다. 한 장교가 이름을 외치면 그 병사는 한 걸음 앞으로 나가 행진했다. 마지막 한 명, 존 귄터 딘이 남을 때까지 호명은 계속되었다.

딘은 특별한 명령을 받았다. 프랑스 노르망디 상륙 때 엄청난 손실을 입었던 부대에 동료들이 보강 병력으로 투입되고 있을 때, 딘은 워싱턴 D.C. 외곽에 있는 소도시 알렉산드리아로 갔다. 딘의 기억에 따르면, 중심가와 퀸가의 구석에 있던 잡화점 앞 공중전화 부스에서 전화를 걸었다. 자동차가 그를 태워 남쪽으로 데려갔다. 시외로 나갔으며, 좌우에는 숲밖에 없었다.

얼마 가지 않아서 운전수는 왼쪽에 있는 좁은 입구로 들어갔다. 차단기가 있었고, 보초병 두 명이 서 있었다. 그 뒤에 무엇이 숨어 있는지 나무들이 많아서 길에서는 보이지 않았다. 딘은 넓은 잔디 위에 있는 군대 막사들을 볼 수 있었다. 그늘진 나무들 사이로 더 많은 나무 오두막들이 널찍하게 서 있었다. 풀장과 테니스 코트도 있었다. 마치 휴양지처럼 보였다.

캠프의 3면은 울타리가 쳐져 있었다. 나머지 한 면에는 넓은 포토맥강이 유유히 흐르고 있었다. 강변에 서면, 북쪽 저 멀리 하늘로 솟아 있는 워싱턴 기념탑 꼭대기가 보였다.

도대체 무엇을 위한 장소였을까?

2016년 가을, 존 귄터 딘은 호화로운 파리 16구에 있는 자신의 집에서 나를 맞아 주었다. 딘은 그곳에서 부유한 프랑스인 아내와 살고 있었다. 그 사이 90세가 된 딘은 창가에 있는 금박 안락의자에 무릎 담요를 덮고 앉아 있었다. 서랍장 위에는 사진이 있었는데, 그 사진에는 리처드 닉슨, 지미 카터, 그리고 아버지 조지 부시와 함께 딘이 있었다. 딘은 다섯 나라에서 미국 대사로 일했다. 그러나 자신의 경력은 극비 사항이라 이름조차 없었던 포토맥 강변의 그 캠프에서 시작되었다고 말한다. 통신 문이 도착하는 옆 마을의 우편번호를 따서 군인들은 그 캠프를 '1142'라고 불렀다.

1142 캠프에서 미국은 가장 중요한 전쟁 포로들을 심문했다. 부대의 능력, 지휘, 계통, 또는 독일 무기 공장의 위치 등에 관한 정보가 있는 장교, 친위대 대원, 심지어 장군을 전장에서 체포했을 때, 미군은 그들을 이곳으로 보냈다. 예를 들면, 독일 국방군 소장이자 히틀러의 동부 전선 정보 수집 총책임자였던 라인하르트 겔렌, 독일 국방군 소장 하소 폰 만토이펠, 히틀러의 뛰어난 러시아 전문가 구스타프 힐거 등이 1142 캠프에 있었다.

그들을 심문하기 위해서 미국은 독일어를 할 수 있는 심문자가 필요했다. 적절한 사람을 발굴하기 위해 먼저 미군 안에서 독일어가 가능한 사람을 찾았다. 노스 카롤리나에서 한 중화기부대 장교가 19세 군인을 만났다. "독일어를 할 줄 안다고 들었다. 뭐라도 말해 봐." "이렇게 늦은 밤, 바람을 가르며 말을 타고 가는 이 누구인가? 바로 아버지가…"* "오케이, 충분해. 너한테 줄 업무가 있어." 텍사스에서 한 미군이 강한 독일어 억양으로 소대에서 가끔씩 신문을 소리내서 읽던 한 젊은 전차병을 만

---

* 괴테의 시, 「마왕」의 첫 구절이다.

귀환자들

났다. 버지니아에서 한 미군이 존 귄터 딘을 만났다.

조금이든 완벽하든, 독일어를 할 줄 아는 젊은 병사를 미국 전역에서 찾았다. 그들은 심지어 완벽한 슈바벤 사투리, 작센 사투리, 바이에른 사투리, 빈 사투리 또는 슐레지아 사투리를 구사했다. 그 지역에서 성장했기 때문이다. 미군에는 나치로부터 도망쳐 와서 지금은 미군으로 복무하고 있는 유대인이 많이 있었다. 그들의 마음은 복수심으로 불타고 있었다. 그러나 그들은 유럽의 전장 대신 1142 캠프로 가라는 명령을 받았다.

적이 유럽에서 포로가 되어 그들에게 왔다. 마치 미군은 완벽한 복수극을 연출하려는 것 같았다. 전쟁의 굉음이 들리지 않는, 미국 동부 해안의 아름답고 평화로운 전원에서 권력과 복종의 관계가 바뀌었다. 한때 막강한 권력이 있었던 나치들이 과거 아무 힘도 없었던 유대인들 앞에 갑자기 수송되었다. 3,451명의 포로. 복수, 총살, 구타 등으로 괴롭힐 수 있는 기회가 3451번 생겼다.

그러나 이 젊은 군인들은 군복 주머니에 들어갈 만큼 작은 크기의 지침서를 받았다. 취조 전문가 샌포드 그리피스가 작성했던 이 지침서에는 성공적인 심문을 위한 규칙이 들어 있었다. 그리피스는 제1차 세계대전 때 독일군 포로들을 취조했는데, 그의 가장 중요한 규칙은 '친구가 되라, 위협하지 마라, 때리지 마라, 고문하지 마라.'였다. 국제법에 따르기 위해서만이 아니라, 그 방법이 효과가 있기 때문이었다.

인간은 자신이 얼마나 많이 알고 있는지 보여 주고 싶어 한다. 특히 독일인들은 더욱 그렇다. 그들은 교사 강박 (schoolteacher urge)이 있다. "독일 전쟁 포로들은 우리를 가르치려고 할 것이다." 그러므로 심문할 때 멍청한 학생 역할을 해야 한다. 인종 혐오, 모욕, 친지에 대한 애도 등 나치에 대해 가지고 있던 지금까지의 모든 생각과 감정을 버리라고, 그리피스는 젊은 심문자들에게 요구했다. 그리피스에 따르면, 그들의 과제는 포로 한 명과 긍정적 관계를 만드는 일이었다.

"우리는 그들에게 아첨하고, 그들의 비위를 맞추고, 그들의 기분을 들뜨게 하며, 그들의 마음을 뺏어야 한다. 그렇게 그들의 경계심을 가라앉혀야 한다."

존 귄터 딘은 유럽에 친척들이 있었다. 나치는 이미 집단수용소에서 그들을 독가스로 죽였을지도 몰랐다. 그런데 그런 사람에게 아첨해야 한다고? 그들의 비위를 맞추고 마음을 뺏어야 한다고?

처음에 딘은 감시팀에 배정되었다. 딘은 창문 없는 방에 앉아 헤드폰으로 그들의 소리를 엿들었다. 중요한 포로들은 2인용 나무 오두막에 살았다. 방, 부엌, 욕실이 모두 두 개씩 있었다. 군인들은 그 오두막들을 '빌라'라고 불렀다. 이 또한 그리피스 생각의 일부였다. 포로들을 잘 대해 줄수록 더 많이 협조한다는 것이다. 오두막의 지붕 안에 미군은 거대한 마이크를 장착했다.

그들이 서로 이야기를 나눌 때, 딘과 그의 동료들은 이를 엿들었다. 가끔씩 딘의 동료들은 포로들과 탁구를 치거나 체스를 두면서 그들을 심문했다. 딘은 이 이야기도 도청했다.

딘과 동료들이 당시 작성했던 심문 보고서와 도청 보고서는 오늘날 메릴랜드 미국국립자료보관소에 남아 있다. 그 자료들을 읽었을 때, 나는 좀 당황스러웠다. 대부분의 독일 포로들은 대단히 협조적이었다. 그들은 친절한 미국인들과의 사적 대화에 열광했다. 그들은 솔직하게 무기 공장 지도를 그려 주었으며, 심문자에게 독일 잠수함의 잠수 깊이도 알려 주었다. 한 포로는 함부르크에 있는 항공기 정비 공장의 위치를 폭로했다. 그 때문에 이 공장은 파괴되었다.

아첨, 비위 맞추기, 마음 뺏기 전략은 제대로 작동했다. 이 전략은 동시에, 여전히 스스로를 독일인으로 느끼고 있던 대다수 유대계 미군인과 독일 국방군 장교의 화기애애한 대화라는 초현실적 장면을 만들어 냈다. 그들은 여름에 함께 풀장에서 수영을 했다. 저녁에는 캠프에 있는 극장에 갔다.

나는 1142 캠프 출신 대원 여섯 명과 인터뷰를 했고, 그사이 세상을 떠난 이들의 인터뷰 20여 개를 살펴보았다. 분노를 억누르는 일이 어렵지 않았냐는 질문에 존 귄터 딘을 포함한 대부분이 똑같은 대답을 했다. 군인으로서 명령대로 했을 뿐이라는 것이다.

독일 군인들도 똑같은 논리로 자신들의 행동을 정당화했다. 포로를 총살하라는 명령? 그럼 총살한다. 유대인을 독가스로 죽이라는 명령? 그럼 유대인들에게 독가스를 배출한다.

명령과 복종. 이 메커니즘은 양쪽에서 작동하였다. 독일에서 이 메커니즘은 상상할 수 없는 야만을 위해 인간성을 억압했다. 1142 캠프에서는 원래는 기대하지 않았던 인간성을 위해 복수 충동을 억압했다.

수십 년 후, 덴마크 경찰 토르라이프 링크가 했던 일과 대단히 비슷한 일을 미군들은 1142에서 했다. 그들은 적들과 함께 수영을 할 정도로 공간적으로 가까워지고 그들과의 접촉을 강제하면서 공감의 분위기를 조성했다. 당시에 뇌 스캐너가 있었다면 버지니아에 있는 이 캠프에서 활성화된 거울 뉴런을 확인할 수 있었을 것이다.

1142 베테랑들과 대화할 때, 이 전략은 너무 잘 작동해서 캠프 주변의 철조망이 그리 필요하지 않았겠다는 인상을 받았다. 1142에서 일어났던 강제와 폭력을 만나려면 국립자료보관소에서 오랫동안 문서를 뒤져야 한다. 그곳에서는 단 한 명의 포로만 목숨을 잃었다. 그는 탈출을 시도하기 위해 전기 철조망에 뛰어올랐다. 한 번은 미군들이 한 독일군에게 독가스로 죽일 거라는 거짓말을 했다. 그리고 그 포로의 방문을 닫고 선풍기로 먼지를 불어넣었다. 한 번은 진술을 듣기 위해 독일 잠수함 조종사에게 코카인을 주사했다. 일본인 포로 한 명도 코카인에 취하게

귀환자들

만들려고 했다. 모두 자백을 받는 데는 실패했다. 이 모든 건은 예외 사례였다. 60년 뒤에 그들의 후임들이 이라크에서 헛되이 시도했던 일을, 1142 군인들은 대부분 해냈다. 그들은 상대방의 마음과 정신을 얻었다.

그런데 전쟁 막바지에 이르러 갑자기 전투의 방향이 바뀌었다.

1945년 상반기에 캠프에서의 임무가 바뀌었다. 전쟁 승리가 더는 임무가 아니었다. 미국은 이미 승리했다. 이제는 그다음 갈등이 주제가 되었다. 이 갈등은 이미 모습을 드러내고 있었다. 바로 소련과의 갈등이었다. 이 갈등에서 나치 독일이 선도하고 있던 기술과 과학의 역할이 중요했기 때문에 포로로 잡혀 있던 나치들은 갑자기 적에서 잠재적 동맹이 되었다. 이 변화 때문에 존 귄터 딘은 새로운 과제를 부여받았다.

도덕 장교로서 이제 딘은 높은 계급의 포로가 부족함이 없도록 돌보아야 했다. 딘이 돌보았던 포로 중에 구스타프 힐거가 있었다. 미군은 러시아 전문가인 힐거를 1945년 5월 잘츠부르크에서 생포했다. 독일 소련 불가침 조약에 히틀러와 스탈린이 서명하는 유명한 사진을 보면, 힐거가 두 사람 뒤에 서 있는 것을 확인할 수 있다. 힐거는 나치 독일의 외무장관이었던 요아킴 폰 리벤트롭의 조언자였다. 힐거는 히틀러를 위해 번역을 해 주었다. 힐거는 스탈린도, 몰로토프도 잘 알았다. 그리고 이제 그는 자신의 모든 지식과 함께 1142 캠프에 있었다.

딘은 힐거와 함께 자주 일광욕을 했다. 그들은 가끔 신문을 함께 읽었다. 딘은 힐거를 알렉산드리아로 가끔씩 데려갔다. 그곳에는 케이크를 잘 만드는 카페가 있었다. 커피를 마시며 그들은 소련에 대해 이야기했다. 딘은 기억한다. "당시 미국은 러시아에 대해 아무것도, 정말 아무것도 몰랐습니다." 그러나 지금 여기에 그 유명한 힐거가 있었다. 힐거는 러시아어를 유창하게 하고, 공산주의의 여러 단계를 구별할 줄 알며, 러시아 문학과 역사를 읽었고, 소련의 많은 지식인과 정치가를 개인적으로 알고 있었다. 그는 40년 동안 소련에 살았기 때문이다.

딘은 말한다. "힐거가 설명할 때 검거나 흰 것은 없었습니다. 모든 것은 회색이었죠. 힐거는 러시아와 관련된 우리의 눈을 열어 주었습니다."

딘은 신앙심이 깊고 지식이 풍부한 힐거에게 깊은 감명을 받았다. 힐거는 완벽한 독일어와 세련된 프랑스어를 구사했지만, 영어는 하나도 몰랐다. 아들이 스탈린그라드에서 죽었다고 말했을 때, 딘은 깊은 애도의 감정을 느꼈다. 무엇보다 딘은 이런 자신에게 매우 놀랐다. 자신도 모르는 사이 딘은 힐거에 대한 공감을 발달시켰던 것이다.

1945년 여름, 많은 포로가 이송되면서 1142는 더 많은 인력이 필요했다. 6월 6일, 아르노 마이어라는 작고 당돌한 열아홉 살 소년이 왔다. 그는 룩셈부르크 출신이었다. 마이어도 유대

귀환자들

인이었으며, 나치를 피해 도피했다. 존 귄터 딘처럼 마이어도 홀로코스트에서 친척을 잃었고 지금은 도덕 장교로서 큰 죄를 범했던 이들에게 친절해야 한다. 투입되자마자 그는 많은 일을 해야 했다.

히틀러가 개인적인 용무로 일본에 보냈던 독일 잠수함 U234가 대서양에서 미군에 항복했다. U234호는 독일 전쟁 기술로 가득 차 있었다. V2 모터, 부품들로 나누어진 메서슈미트 262, 이산화우라늄 560킬로그램 등이 실려 있었다. 미국인들은 이 잠수함을 뉴잉글랜드의 포츠머스 항구로 견인했고, 선원들을 1142 캠프로 데려갔다. 존 귄터 딘과 그의 젊은 동료 아르노 마이어는 각각 새로운 '고객'을 한 명씩 맞이했다. 그들은 포로들을 고객이라고 불렀다.

젊은 마이어는 공군 장성 울리히 케슬러를 돌보았다. 케슬러는 도쿄 독일 대사관 군사무관이었기 때문에 잠수함에 타고 있었다. 케슬러는 빌라 T250호로 숙소를 옮겼고, 이 숙소를 부하였던 공군 장교 하인리히 아쉔브레너와 함께 사용했다. 마이어는 이들에게 잡지, 위스키, 샌드위치를 가져다 주었다.

케슬러와 아쉔브레너는 하루 종일 탁구를 치거나 베란다에 앉아 일광욕을 했다. 잠자리에 들기 전에 가끔씩 그들은 독일 국가를 불렀다. 종종 그들은 전쟁에 대해 이야기했다. 마이어는 그 대화 내용을 기록으로 남겼다. 마이어가 없을 때는 누군가가 창문 없는 방에서 도청을 했다. 오늘날 그 기록들이 자료박스를 가득 채우고 있다.

> **케슬러:** (누군가) 내게 말했습니다. 그는 클라이스트 기갑
> 부대와 함께 마리우폴로 갔다고 합니다. 그곳 사람들은 과일과
> 꽃을 주며 독일군을 환영했다고 합니다. 그리고 이틀 뒤 나치
> 친위대가 왔고 전차로 3일 동안 6만 명을 학살했다고 합니다.
> 그들이 유대인이었기 때문이라고 하지만, 그건 아무도 모르는
> 일이지요.
> **아쉔브레너:** 그러니까, 케슬러 씨…
> **케슬러:** 왜 당신은 늘 나를 케슬러 '씨'라고 부르나요?
> **아쉔브레너:** 그러니까 케슬러 장군님, 그 유대인 문제는 그러니까,
> 이 멍청한 일은, 그 돼지 같은 놈, 히틀러, 혹은 힘러(Himmler)
> 가 실제로 그렇게 하지 ….
> **케슬러:** … 히틀러입니다!
> **아쉔브레너:** 장군님은 히틀러가 그 일을 했다고 생각하십니까?
> **케슬러:** 물론입니다.

존 귄터 딘의 U-234 '고객'은 히틀러의 중요한 과학기술
자였던 하인츠 슐리케였다. 그는 베르너 폰 브라운과 함께 기적
의 무기인 V2로켓 작업에 참여했다. 처음에 슐리케는 미국에 협
조하는 일을 거부했다. 딘은 슐리케와 함께 운동을 했다. 자신이
가장 좋아하는 카페에 그를 데리고 갔다. 시간이 어느 정도 지난
후, 슐리케는 마음을 열었다. 그 이후, 거의 매일, 대부분 점심시
간에 자동차 한 대가 캠프에서 슐리케를 태우고 북쪽으로 15킬

로미터 떨어진 펜타곤으로 갔다. 그곳에서 슐리케는 레이더와 적외선 기술에 대해 강의를 했다.

오늘날 존 귄터 딘은 말한다.

"나는 당시에 무언가를 배웠습니다. 누군가에게 자신의 관점을 납득시키고 싶다면, 먼저 그와 이야기를 해야 합니다."

딘은 힐거와도 그랬듯이, 슐리케와도 좋은 관계를 발전시켰다. 심지어 슐리케의 아내와 두 아이를 영국으로 빼내 오기 위해 독일로 위장잠입도 했다. 그만큼 두 사람의 관계는 특별했다. 딘의 기억에 따르면, 그의 가족은 영국의 한 농가에서 다시 만났다. 부부가 둘만의 시간을 보낼 수 있도록 딘이 아이들을 돌봤다. 딘은 슐리케에 대해 이렇게 기억한다.

"그는 좋은 나치였어요."

좋은 나치. 두 낱말은 남극과 북극처럼 멀리 떨어져 있는 개념처럼 보인다. 그러나 딘은 이 개념을 약간은 도발적으로 설명한다. 미국이 이용했던 공감이라는 무기가 독일인 포로만 더욱 협조적으로 변화시킨 게 아니었음을 이 두 낱말이 증명해 준다는 것을. 공감의 무기는 미군들도 변화시켰다. 즉, 미군들은 이 모든 것을 통해 자신들의 혐오와 증오를 넘어, 괴물이 아닌, 모든 복잡함과 모순을 담고 있는 인간을 보게 되었다.

이렇게 공감을 무기로 만든 역사가 1142 캠프에서 큰 성공을 거두었고, 그 성공은 보스턴 입구 포트 스트롱에 있던 두 번째 캠프에서도 이어졌다. 미국은 독일 과학자 1,600명을 미국으로 데려왔는데, 그들 중 많은 이들이 전범이었다. 친위대 최고 돌격 지도자이자, 나치 독일에서 수여했던 가장 높은 훈장인 기사 십자 훈장을 받았던 로켓 엔지니어 베르너 폰 브라운도 여기 포함되어 있었다. 브라운이 미국에 왔을 때, 젊은 아르노 마이어가 그를 맞이했다.

마이어는 케슬러를 돌보았듯이 폰 브라운을 돌보았다. 한번은 쇼핑센터에 폰 브라운을 데리고 갔다. 크리스마스 선물로 폰 브라운 부인의 속옷을 사기 위해서였다. 1142에서 근무한 지 거의 70년이 지난 후 프린스턴에 있는 자신의 집에서 인터뷰를 할 때, 마이어는 당시를 그렇게 기억하고 있었다. 마이어의 집은 프린스턴 대학교 캠퍼스에서 그리 멀지 않은 곳에 있었다. 그 대학에서 마이어는 오랫동안 역사를 가르쳤다. 마이어는 나에게 당시 사진들을 보여 주었다. 그는 1142 캠프 안에서 책상 앞에 앉아 소년다운 웃음을 짓고 있었다. 젊은 유대인 심문자들의 단체 사진도 있었다.

마이어의 책상 위에 펼쳐져 있는 사진들 가운데 2007년에 찍은 사진도 있었다. 2007년에 아직 살아 있던 1142 베터랑들이 한때 캠프가 있었던 그곳으로 다들 모였다. 오늘날 그곳은 공원이다. 화려한 복장을 갖춘 사람들이 그곳에서 조깅을 한다. 제2차 세계대전 끝에 그곳에서 무슨 일이 있었는지 당연히 그들은 모른다. 당시를 알려 주는 것은 아무것도 남아 있지 않다. 그러나 2007년 여름, 그곳에 무대가 세워졌고 무대 위에서 한 군인이 그 당시를 회고했다. 아르노 마이어는 관중 속에 앉아 있었다. 존 귄터 딘도 있었다. 존경을 표하기 위해 1142 베테랑들에게 무대 위로 올라오라고 요청했을 때, 마이어는 그냥 앉아 있었다. 현대 미국의 심문 방식에 대한 저항의 의미에서였다. 그 행사 직전에 아부 그라이브 감옥의 고문 사진들이 공개되었던 것이다. 베테랑 한 명이 무대 위에서 말했다.

"이 자리에 선 것을 영광으로 생각합니다. 그러나 나는 이라크 전쟁을 지지하지 않음을 분명히 밝히고자 합니다."

아르노 마이어는 1142에 투입되던 열아홉 살 때, 뼛속까지 증오했던 나치에게 친절을 베풀어야 했기에 거의 토할 것처럼 역겨웠다. 인생의 황혼기에 접어든 지금은 그 일을 해낸 것이 자랑스럽다. "우리는 당시 인간적이었습니다. 이성을 이용했고 원하는 정보를 얻었지요. 어떻게 이런 지식이 망각될 수 있었는지 나는 이해할 수가 없습니다."

21세기 초, 미국은 적을 죽이고 고문하면서 증오의 소용돌이 속에서 늘 새로운 적을 만들어 내는 반면, 딘과 마이어는 적을 포용하였고, 그렇게 그 적들을 미국을 위해 새롭게 편입시켰다. 하인츠 슐리케는 2006년 죽을 때까지 미국에서 살았다. 특히 그는 오늘날까지도 미군이 이용하는 기술 하나를 발전시켰다. 적의 레이더 장치에 비행기를 보이지 않게 해 주는 기술이다. 베르너 폰 브라운도 미국에 정착했고, 달 착륙을 위한 로켓을 만들었으며, 존 F. 케네디의 친구가 되었다. 브라운은 1977년에 미국의 영웅으로 세상을 떠났다.

과거를 회상할 때, 미군과 독일 포로 가운데 누가 누구를 더 많이 변화시켰는지 판단하기는 어렵다. 그러나 그건 그리 중요한 일이 아니다. 미국의 관점에서 볼 때, 적이었던 독일 포로들이 친구가 되었다는 건 증명할 필요도 없는 이익이기 때문이다. 그들은 그 후 수십 년간 소련과의 갈등에서 미국이라는 같은 목적을 위해 일했다.

그러나 좀 더 근본적인 질문이 하나 남아 있다. 명백한 범죄와 범죄자의 존재, 그리고 이들의 미처벌이 그것이다. 이 독일인들은 생애 마지막까지 아무런 범죄도 저지른 적이 없는 사람처럼 살았다.

1142 베테랑들을 만났을 때, 나는 이것에 대해 물었다. "베르너 폰 브라운 같은 사람들은 제3제국에서 저질렀던 만행에 대해 처벌을 받아야 했지 않았을까요?" 존 귄터 딘은 말했다. "그 질문에 대한 답은 내가 갖고 있지 않습니다. 그러나 비밀요원들과 함께 일하는 게 평생 직업이었던 사람으로서 알고 있는 건 하나 있습니다. 그런 사람을 감옥에 가두어 두는 것보다 연구소나 공장에 두는 게 더 유용하다는 것을 말이죠." 아르노 마이어는 말한다. "그렇습니다. 그들은 처벌을 받았어야 했어요. 그들 중 많은 이들이 처벌을 피했다는 사실에 요즘도 가끔씩 밤잠

을 설칩니다. 처벌과 친절이 서로 결합될 수 있었기 때문입니다. 폰 브라운은 처벌을 받았어도 영웅이 될 수 있었습니다."

70년 후, 동쪽으로 6,000킬로미터 떨어져 있는 오르후스의 경찰이 바로 이 이중전략을 이용했다. 범죄 행위가 증명되었다면 감옥에 가야 한다. 그리고 에르한 킬리치 같은 멘토가 감옥을 방문할 것이다. 처벌은 덴마크가 이런 범죄자를 만날 때 보여주고 싶어 하는 미소를 하나도 손상시키지 않는다. 토르라이프 링크는 말한다.

"왜냐하면, 언제가 이들도 다시 감옥에서 나올 것이기 때문입니다."

우연과
민주주의

동성애는 핀바르에게 오로지 섹스였다. 그러나 이제는
동성애에서도 섹스가 가장 중요한 게 아니라는 것을,
사랑, 가족, 일상 또한 중요하다는 것을 이해하게 되었다.

2012년 가을, 핀바르 오브라이언의 슬픔에 가까운 최고의 시간이 시작되었다. 여느 때와 마찬가지로 핀바르는 자신의 밴으로 아일랜드 남쪽의 작은 도시 매크룸 주변 110킬로미터를 주행했다. 푸른 언덕과 좁은 돌다리들을 지나 우편함 540개를 통과했다. 핀바르는 모든 소포와 편지를 배달한 후 집으로 돌아가는 길에 커피를 마셨다. 카페에 앉아 있을 때 한 여성이 들어왔다. 핀바르가 아는 사람이었다. 사실 그는 그 동네 주민 대부분을 알고 있었다. 핀바르는 훌륭한 우편배달부이다. 사람들은 부재 시 집 열쇠를 숨겨 둔 장소를 기꺼이 그에게 알려 주었다. 누가 어떤 병을 앓고 있으며, 그 집 아이는 어느 대학을 다니는지, 그리고 동네 개들은 각각 어떤 사료를 먹는지까지 핀바르는 모두 알고 있었다. 그날 카페에서 마주친 여성은 카롤리네로, 여론조사기관 같은 데서 일하고 있었다. 카롤리네가 핀바르의 자리로 와서 말을 건넸다.

"안녕하세요, 핀바르. 혹시 1년 동안 한 달에 한 번씩, 주말에 더블린에 갈 생각 없으세요? 가서서 아일랜드의 새 헌법에 대해 의견을 나누면 돼요."

핀바르는 웃으면서 "아니오."라고 응답했다. 장난이라고 생각했기 때문이다. 카롤리네는 농담이 아니라고 말했다. 물론 핀바르는 헌법이 무엇인지는 알았다. 그러나 왜 이 나라가 새 헌법이 필요한지는 몰랐다.

카롤리네는 설명했다. 아일랜드 정부가 그녀에게 시민의회 참가자를 찾으라는 임무를 주었는데, 무엇보다 아주 평범한 아일랜드인을 찾아야 한다고 했다. 뭘 많이 알 필요도 없고, 여행 경비가 지원되므로 돈도 들지 않는다고 덧붙였다. 카롤리네가 다시 물었다.

"할 생각 없으세요?"

많은 서양 민주주의 국가들처럼 아일랜드도 경제 위기에 빠져 있었고, 이 위기는 정치의 신뢰 위기로 넘어가고 있었다. 많은 아일랜드 사람들은 엘리트들과 정치 체제가 정의롭지 못하다고 느꼈다. 그러나 다른 나라 정부들이 국민들의 비판을 무시하고 그들을 권력에서 배제하려고 했던 반면, 아일랜드는 정반대 방법을 선택했다.

정치를 왜 국민에게 맡기면 안 되는 것일까? 사소한 주제가 아닌, 선거권 개혁, 상원 의회 폐지와 같은 중요한 주제를 왜 사람들이 함께 결정하도록 하면 안 될까? 동성 부부 합법화와 같은 대단히 논란이 큰 질문을 다루지 못할 이유는 도대체 뭐란 말인가?

아일랜드 헌법은 동성 부부를 금지하고 있었고, 아일랜드에서 막강한 영향력을 행사하는 가톨릭교회는 이 금지가 유지되기를 원했다. 그렇지만 어떻게든 시대정신은 계속해서 발전했고, 보수 정부도 이를 감지했다. 이 발전을 더 이상 고려하지 않을 수 없는 상황이 된 것이다. 정부가 이 문제를 직접 다루었다면, 교회, 성소수자 단체, 야당과 같은 이해 당사자 모두 그 결과가 마음에 들지 않았을 것이다. 그러나 만약 국민이 이를 결정한다면, 논란의 여지 없이 정당성을 갖게 될 것이다.

국민 투표 방식은 배제되었다. 너무나 많은 아일랜드 국민이 분노한 상태였다. 무엇보다 국민 투표보다 더 많은 분노를 촉발하는 정치 행위는 없다는 것을 아일랜드 더블린 정부는 이미 알고 있었다. 이웃나라 영국의 브랙시트 혼란이 일어나기 4년 전이었다.

아일랜드는 실험 하나를 과감하게 시도했다. 임의로 시민 100명을 뽑아서 아일랜드를 대표하도록 계획했다. 이 100명은 남성과 여성, 노인과 젊은이, 고소득자와 저소득자, 도시 거주자와 시골 거주자에서 골고루 뽑을 생각이었다. 이들은 매우 중요한 주제들을 협의해야 한다. 그들은 아무것도 몰라도 된다. 전문가가 아닌 시민 자격으로 참석하기 때문이다. 아일랜드 정부는 이들에게 시간과 정보를 제공한다. 정보는 무지한 자들을 교육하고, 분노한 자들을 가라앉히며, 잘못 알고 있는 이들을 설득한다. 그렇게 분노는 논쟁을 통해 희석되고, 가치 없는 돌덩이가 금만 남을 때까지 제련되듯 균형 잡히고 사실에 기초한 아일랜드의 대표 의견이 나오게 되리라.

실패할 수도 있다. 당연한 일이다. 그러나 주목해야 할 기준이 있었다. 이 시민의회는 결정권이 없다. 단지 제안만 할 수 있었다. 의회가 그 제안을 반드시 따를 필요도 없었다. 한 여론조사 기관이 정부의 의뢰에 따라 참가자를 찾았다. 처음 기획에서 하나만 바뀌었다. 시민 100명이 아닌 66명만 선정되었다. 나머지 3분의 1은 정치인들의 몫이었다.

이런 배경 아래, 더블린에서 남서쪽으로 250킬로미터 채떨어지지 않은 작은 도시 매크룸에서 카롤리네라는 여성이, 커피를 마시고 있는 작고 다부진 체격에 둥근 머리 그리고 수줍은 웃음을 가진 우편배달부 핀바르 오브라이언 앞에 서게 되었던 것이다. 핀바르는 처음에 이 모든 것을 농담으로 여겼고, 그래서 거절했다.

"나는 교육을 많이 받지도 않았고 정치도 모릅니다. 이런 시골에 사는 우리 같은 사람들은 말이 동네를 가로질러 달리거나 하는 사건에 가장 큰 흥미를 느껴요. 평생 동안 나는 화물트럭을 운전했어요. 도축되어 반으로 나뉜 소, 나무 기둥 같은 것을 운반했죠. 몇 년 전부터는 우편물을 배달하고 있습니다. 내가 더블린에서 무얼 하겠어요? 그곳에서 바보 취급을 받기 십상이라 생각했죠."

몇 년 뒤 내가 핀바르 오브라이언을 방문했을 때, 그는 악수를 건네면서 나를 불안하게 쳐다봤다. 조금 전까지도 핀바르는 나의 인터뷰 요청을 한 독일인이 건 장난전화로 생각했다. 핀바르는 외국에 있는 누군가가 자신에게 왜 관심을 갖는지 여전히 의아하다고 했다.

이 질문에는 여러 가지 적절한 대답이 있다. 첫째, 핀바르의 이야기 안에는 워싱턴에서 베를린까지 사람들을 괴롭히고 있는 질문에 대한 해답이 들어 있다. 그 질문은 '국민들에게 정치의 신뢰를 어떻게 다시 불어넣을 수 있을까?'에 대한 것이다. 둘째, 핀바르 이야기는 제도화된 접촉의 힘을 보여 준다.

카페에서 카롤리네가 핀바르에게 말을 걸었을 때, 핀바르는 아일랜드 버전의 분노한 백인 중년 남성이었다. 그가 만약 미국에 살았다면, 트럼프를 뽑았을 가능성이 충분히 있었다. 또는 독일에 있었다면, 독일을 위한 대안을 선택했을 것이다. 그는 정치인들에게 역겨움을 느꼈다. 선거 운동 때는 하늘의 별, 달, 해도 따 주겠다던 사람들이 선거만 끝나면 까맣게 잊는다. 선거 운동 때는 아이들 머리에 입을 맞추던 사람들이 선거만 끝나면 인사조차 하지 않는다. 이름에 붙는 칭호와 학위는 또 얼마나 중요하게 여기는지!

카롤리네는 전화번호를 남겼다. 그날 저녁, 핀바르는 첫째 아들의 핀잔을 들어야 했다. 아들은 말했다. "아빠, 이런 기회는 두 번 다시 없어요. 이런 제안을 받아들이지 않는다면 이젠 정치인들을 욕할 수도 없어요." 핀바르는 카롤리네에게 전화를 걸면서도 그 사이 다른 사람을 찾았기를 기대했다. 그러나 그의 기대와 달리 그녀는 아직 아무도 찾지 못하고 있었다.

몇 주가 지난 2012년 12월의 어느 날, 핀바르는 더블린 중심가에서 왕조 시대의 화려함을 자랑하는 더블린성을 쳐다보고 있었다. 한때 그곳에 왕이 대를 이어 살았다. 현대에는 대통령이 그곳에서 선서를 한다. 그날 총리가 그곳에서 시민의회 개막을 선포했다. 핀바르는 덜컥 겁이 났다.

궁전 안에 있는 모든 것들은 거대했다. 공간도, 커튼도, 전등도 모두 컸다. 벽에 걸린 그림들은 핀바르가 전혀 모르고 있던 역사를 설명하고 있었다. 화려한 한 강당에 들어서자, 의자들이 줄지어 있었다. 그는 맨 뒤에 앉고 싶었지만, 귀가 좋지 않았다. 녹화된 영상을 보면, 핀바르는 두 번째 줄 맨 왼쪽에 앉아 있다. 그는 짧은 체크무늬 셔츠를 입고 있었다. 카메라가 청중을 비출 때, 핀바르는 머리를 한 번 긁적였다.

제비뽑기

핀바르는 그날 시민의회 의장의 말을 경청했다. 의장은 흰 수염의 경제학자로, 톰 아놀드라고 자신을 소개했다. 시민 66명, 정치인 33명, 그리고 톰 아놀드까지 100명의 시민의회가 구성되었다. 아일랜드인들은 자신들의 엘리트를 더는 믿지 않는다. 아놀드가 무대 위에서 말했다. 핀바르는 그 말이 맞다고 생각했다. 민주주의를 지키기 위해 우리는 여기에 모였다. 아놀드는 아일랜드 작가이자 노벨상 수상자인 셰이머스 히니를 인용하여 말했다.

"1937년에 우리 헌법의 아버지들은 훌륭한 일을 했습니다. 이제 우리 차례입니다."

핀바르는 소름이 돋았다.

총리, 국회의장, 국회의원, 장관을 비롯한 전체 회의실에 있는 모두가 박수를 쳤다. 핀바르도 박수를 쳤다.

이런 사람들과 함께 그는 도대체 여기서 무엇을 하기 시작했을까?

한 달이 지난 2013년 1월말 토요일 아침, 핀바르는 더블린 북쪽에 있는 한 호텔에서 안내판을 살펴보고 있었다. 핀바르는 자신의 이름을 찾았다. 4번 책상. 첫 번째 만남의 주제는 선거권 개혁이었다. 이제 매월마다 다른 주제들을 다루게 될 것이다. 계획에 따르면, 석 달 후인 4월의 주제는 동성 부부였다.

핀바르는 거대한 회의실에 들어섰다. 그곳은 아일랜드 나라 색인 녹색으로 장식되어 있었고, 뒤에는 카메라가, 앞에는 단상이, 그 사이에는 거대한 원탁들이 놓여 있었다. 이미 사람들이 듬성듬성 앉아 있었고, 저 앞에 있는 4번 원탁은 아직 비어 있었다. 핀바르는 거기 가서 앉았다.

잠시 후 한 젊은 남자가 4번 원탁에 와서 앉았다. 그의 입술에는 피어싱 두 개가 빛나고 있었고, 양 옆머리는 삭발한 채 윗머리만 위로 세운 머리를 하고 있었다. 눈화장을 했고, 손톱에는 무지개색 매니큐어칠을 했다. 이 남자는 분명 게이일 것이라고 핀바르는 생각했다. 그리고 그때 모든 것을 덮어 버리는 익숙한 감정이 올라오는 것을 느꼈다. 그야말로 '패닉'이었다.

"나는 즉시 이 남자에게 주먹을 날리고 싶었습니다. 그 생각을 통제할 수가 없었습니다. 내 머릿속에서 나는 다시 9살쯤 되는 어린 시절의 내 방으로 가 있었어요. 얼굴에 피어싱을 한 이 남자를 바로 눈앞에서 보는 것처럼, 내 내면에서는 단정하게 넥타이를 맨 또 다른 남자가 생생하게 나타났습니다. 나는 그의 입에서 나는 담배 냄새도 느꼈어요. 아주 오래되었지만, 마치 어제 일처럼 선명합니다. 그 남자는 부모님의 친구였는데, 우리 집을 방문했을 때마다 부모님은 이렇게 물었죠. '자고 갈래?' 나는 그때마다 그가 '아니'라고 대답하기를 빌었지만, 그는 그러는 경우가 거의 없었습니다. 그러고는 나에게 왔습니다. 약 2년 동안 계속해서 그랬죠. 나는 집이 무너져 우리 모두 묻혀 버리기를 바랐습니다."

어린 핀바르는 성폭행을 침묵 속에서 견디어 냈다. 그는 그 누구에게도 이 경험을 이야기하지 않았다. 아니, 할 수 없었다. 그러나 그 기억은 머릿속에서 뿌리를 내리고 떠나질 않았다. 그리고 두 가지를 하나로 합쳐 버렸다. 같은 '남자에게 성적으로 끌리는 남자'와 '아동 성폭행'.

핀바르는 결론 내렸다. 게이는 소아성애자이다. 이 단어들은 나중에 배웠지만, 이 생각은 핀바르 안에서 조용하지만 단단히, 방해받지 않은 채로 굳어졌다. 핀바르는 그 남자가 자신에게 한 짓을 부모님께 한 번도 말하지 않았다. 그랬다면 따귀를 맞았을 것이라고 생각했다. 부모님은 자신을 믿지 않았을 것이다. 그 남자는 집에서 거의 신과도 같았다.

당연히 이 모든 일은 핀바르에게 너무 큰 짐이었다. 너무도 너무도 무거운 짐이었다. 10대 때 핀바르는 술을 마시기 시작했다. 사람들을 멀리했고, 실수로라도 어떤 남자가 자신의 몸에 손을 대면 자제력을 잃었다. 자동차 문 닫는 소리가 어떤 참전용사들을 다시 전장으로 보내듯이, 남자 피부를 느끼는 것만으로 핀바르는 과거의 기억이 떠올랐고, 곧바로 상대방에게 달려들었다.

성인이 되고 핀바르는 가끔씩 그 남자가 살고 있던 코크로 갔다. 거리를 몇 시간씩 헤매면서 그 남자를 찾았다. 만약 그때 그 남자를 만났다면, 분명 그를 때려죽였을 거라고 핀바르는 말한다.

핀바르는 화물트럭 운전사가 되었다. 운전석에서는 늘 혼자 있을 수 있기 때문이었다. 18세쯤 되었을 때, 핀바르는 스스로 목을 매고 뛰어내렸다. 모든 게 계획대로 되었다면, 자신은 이 세상에 없었을 것이다. 그러나 끈이 끊어졌고, 그 덕에 후두만 다쳤다. 그 이후 핀바르는 밤새 술 마신 사람과 같은 쉰 목소리를 내게 되었다.

나중에 핀바르는 그 남자가 자살했다는 사실을 알게 되었다. 핀바르는 그의 무덤을 파헤치는 계획을 세웠다. 그러나 무덤 앞에 섰을 때, 핀바르는 고개를 흔들었다. 이미 많은 시간이 흘렀지만, 핀바르의 머릿속에서는 그 남자가 언제나 자신을 위협하며 살고 있었다. "팔에 꿰맨 상처가 있다고 상상해 보세요. 그 상처가 계속 간지러워요. 그냥 자꾸 긁고 싶을 뿐입니다. 50년 동안 나는 닿을 수 없는 어떤 자리에서 이런 간지러움을 계속 느끼고 있어요. 들여다보려면 열 수 있는 문이 있어야 하는데, 기억 속에는 그런 문이 없는 거죠."

핀바르는 결혼을 했다. 그의 아내는 아무것도 몰랐다. 그의 아들들은 이미 성인이 되었지만, 그들도 아무것도 알지 못했다. 어린 시절부터 핀바르가 확고하게 믿고 있던 것을 수십 년 동안 누구도 수정해 주지 못했다. 핀바르에게 호모는 여전히 저 깊은 지하 세계에 속하는 존재였다.

핀바르가 거의 50이 되었을 때, 처음으로 그의 위험한 생각을 바꿀 수 있었다. 주치의가 핀바르를 한 심리치료사에게 보냈다. 그 심리치료사는 그에게 동성애와 소아성애의 차이를 설명했다. 단순한 사실이지만, 핀바르에게는 계시와도 같았다.

심리치료사는 또 다른 것도 알려 주었다. "패닉에 빠지면 뒤로 기대어 서서 주변을 아주 상세하게 살펴보세요." 그리고 보이는 것을 묘사해야 한다고 했다. 벽의 색깔, 그림의 주제, 그 공간에 있는 사람들, 그들의 외모, 그들의 옷 등등을 표현하라고 했다. 이렇게 하면 핀바르는 다시 과거에서 지금으로, 고통의 장소에서 안전한 장소로 돌아올 수 있을 것이다.

핀바르는 이 방법을 계속 이용했다. 가려움을 최소한이나마 줄여 주는 방법을 찾았다고 느꼈다.

시민의회의 주제 중 하나가 동성 부부라는 사실을 알게 되었을 때, 핀바르는 준비가 되었다고 생각했다. 심지어 호기심도 생겼다. 핀바르는 성폭력을 당한 이후 지금까지 자기가 아는 한 게이를 만난 적이 없다. 아마 옛날 그 가해자 남성도 게이가 아니라 단지 소아성애자였을 것이다. 둘 사이의 차이를 알게 된 후, 핀바르는 자신의 믿음을 더는 확신하지 못하게 되었다.

그러나 2013년 1월, 핀바르는 이 거대한 호텔에서 무언가를 잃어버린 채 앉아 있었다. 그의 머릿속에는 개막식이 끝난 후 처음 다루었던 선거 체제 규칙이 반쯤 이해된 채 들어 있었다. 그때 갑자기 이 모든 것이 더는 견딜 수 없었다. 피어싱을 하고 손톱에 매니큐어를 칠한 이 남자를 본 것이다. 이미 그의 가슴에

패닉이 몰려왔다.

등을 기대기. 그리고 천천히 살펴보기.

거대한 회의실, 무늬목이 붙어 있는 벽, 황갈색 무늬의 양탄자가 깔린 바닥, 그 공간으로 밀려드는 사람들. 피어싱을 한 남자는 핀바르의 건너편에 있었다. 그를 무시하기 위해 핀바르는 매우 집중해야 했다.

"정말요? 내가 거기서 만난 첫 번째 남자였다고요? 그가 내 손톱을 쳐다본다는 걸 알았죠. 확실히 그는 불편함을 느끼고 있었어요. 사실 그날 저의 게이룩은 많이 과했죠. 모히칸 스타일 머리, 아이라인, 그리고 손톱에 매니큐어까지 발랐으니까요. 그보다 조금 적게 할 수도 있었을 거예요. 내가 그를 쳐다보았더니, 그는 눈을 돌려 허공을 보더라고요. 오케이, 그러면 됐다고 생각했어요. 당신이 나를 보지 않으면, 나도 당신을 쳐다보지 않는다는 신사협정이라고나 할까? 서로 소개할 필요는 없었어요. 책상 위에 있는 이름표에 각각 핀바르 오브라이언, 크리스 라이언스라고 적혀 있었으니까요. 내 머릿속에서 바로 필름 하나가 돌아갔죠. 나이 많은 아일랜드 남자. 평생 동안 나는 이런 사람들과 이들이 생각하는 가치에 대항해서 싸웠죠. 나는 문란한 변태가 아니라, 건강하고 온전한 인간이라고 이들에게 끊임없이 말해야 했습니다. 17살에 게이라고 처음 밝혔을 때, 나의 어머니조차도 나를 소아성애자로 여겼어요. 커밍아웃한 다

제비뽑기

음에 아버지는 나를 코크에 있는 대학까지 태워 주면서 다시는 집에 오지 말라고 했죠. 코크에는 게이들이 주로 가는 펍이 하나 있어요. 그 앞에서 종종 젊은 남자들이 우리를 기다리고 있었죠. 그들은 쓰레기봉지에 맥주병을 넣어 우리한테 던졌어요. 그 봉지에 맞고 뒤통수가 찢어졌죠. 우리는 그냥 웃으면서 넘겼어요. 하하하. 그냥 슬펐어요. 코크는 이 나라에서 젊은 남성 자살률이 가장 높은 곳이에요."

당시 크리스 라이언스는 26세였다. 한 친구의 어머니가 크리스에게 이메일을 보냈다. 그 어머니는 여론 조사 기관에서 일하고 있었는데, 크리스에게 시민의회에 참석할 생각이 있는지 물어보았다. 그 사이, 크리스의 슬픔은 행동주의로 바뀌어 있었다. 크리스는 아일랜드에 아직은 기회를 주어야 한다고 생각했다. 크리스는 결혼을 하고 입양을 하고 싶었다. 그 아이들이, 절대 일어나서는 안 되는 일이지만, 자신에게 무슨 일이 생기면 유산을 물려받게 될 것이다. 이 권리를 아일랜드에서 2년 안에 완전히 얻지 못한다면 크리스는 이민을 갈 생각이었다. 그는 이미 캐나다에 집을 알아보았다.

"나는 더블린에 '결혼해도 될까요?'를 물어보려고 온 게 아니었습니다. 나는 소리치려고 왔어요. 제기랄! 다시 한 번 길을 비켜라! 내가 아일랜드에 계속 머무는 문제를 시민의회가 결정하게 될 거라고 생각했습니다. 거기 있는 모든 사람은 그걸 알아야 했어요. 그러려면 내가 게이라는 걸 먼저 알려야 했죠. 그래서 첫날 나는 그렇게 전형적으로 과한 옷을 입었죠. 평소에는 전혀 그렇게 하고 다니지 않아요. 그런데 그곳에 들어섰을 때, 자신감이 완전히 사라지더군요. 젊은 사람은 거의 없고, 온통 나이 많은 아일랜드인들뿐이었어요. 회의실을 지나가면서 두려움 속에서 내 자리를 찾았어요. 거기에 핀바르가 앉아 있었죠.”

이렇게 핀바르 오브라이언과 크리스 라이언스 두 사람은 시민의회에서 처음 만난 사람이 되었다. 최악이 될 수도 있는 만남이었다. 그들의 트라우마를 깨우는 순간이 될 수도, 두 사람 모두 상처를 느낄 수도 있다. 한동안 그들은 침묵 속에 마주 보고 앉았다. 조금 후 원탁이 가득 찼다.

“내 옆에는 한 여자가 앉았어요. 나는 그녀에게 누구냐고 물었죠. 그녀가 되묻더군요. ‘어떻게 나를 모를 수가 있죠?’ 그녀는 정치인이었어요. 우리는 각자 돌아가면서 자기소개를 했죠. 핀바르가 뭐라고 했는지 기억은 안 나요. 그러나 전체적으로 모두가 나보다 성숙하고, 직업과 집과 차도 있는 어른들이라는 인상을 받았어요. 나는 갈피를 못 잡고 있는 강아지 같았죠. 내 차례가 되었을 때 무슨 말을 해야 할지 몰랐어요. 그래서 그냥 생각나는 대로 이야기했어요. 이 자리가 나에게 맞지 않는 것 같다고, 무엇보다 겁이 난다고요. 건너편에 앉아 있던 핀바르가 고개를 강하게 끄덕이기 시작했어요."

"크리스는 내가 느낀 것을 정확하게 말했습니다! 이런 일을 매일 하는 다른 사람들과 크리스와 나는 달랐습니다. 신기한 일이었죠. 크리스는 내게 게이를 연상시키는 모습을 하고 있었지만, 그가 말한 것은 진실하고 정직했어요."

"내 말이 핀바르에게 어떤 힘을 발휘하고 있는지 볼 수 있었어요. 그래서 계속 말을 했죠. 여기 이 중요한 사람들 사이에 내가 왜 있는지 모르겠다고요. 핀바르는 거의 원탁을 넘어오려는 것 같았어요. 그의 의견이 나와 전적으로 같았던 거죠. 그리고 핀바르가 말했습니다. '저도 크리스와 똑같이 생각합니다.' 그 순간은 내 삶에서 무언가를 깨달은 '아하' 경험의 순간이었어요. 그때, 이번 주말은 여기서 핀바르와 보내자고 결심했습니다. 그가 동성애 혐오자인 건 아무 상관이 없었어요. 거기에 대해서는 나중에 다루어 보자고 생각했죠."

이렇게 핀바르 오브라이언과 크리스 라이언스 두 사람은 시민의회에서 서로에게 첫 번째 만난 사람이 되었다. 그들은 최고의 조합이었다. 비록 당시에는 몰랐지만 말이다. 첫 번째 휴식 시간에 그들은 스몰토크를 했다. 점심 식사 때 그들은 나란히 앉았다. 저녁 식사 때 그들은 오후에 있었던 이야기를 하면서 함께 웃었다. 오후의 주제는 선거권이었고, 전문가가 복잡한 공식과 그래프로 강연을 했다. 강연 중에 무대에 있던 사회자가 사람들에게 이 강연을 이해했냐고 물었다. 핀바르 오브라이언이 손을 들고 말했다. "아니요, 이전보다 더 이해가 안 돼요." 그러자 사회자가 대답했다. "문제없습니다. 인간은 마구간에서 가장 느린 말만큼만 빠를 수 있을 뿐입니다." 핀바르는 공감의 웃음을 보냈고, 전문가들은 다시 한 번 설명했다. 크리스는 이 상황이 반가웠다. 사실 그도 모든 것을 이해한 건 아니기 때문이었다.

저녁에 그들은 술집에서 함께 맥주를 마셨다. 두려움이 완전히 사라진 건 아니었지만, 핀바르는 자신의 심리치료사가 했던 말이 실제로 맞다는 것을 느꼈다. 자신의 오해와 완전히 일치했던 크리스의 외형과, 상상했던 것과 완전히 다른 크리스의 행동 사이의 차이 때문에 핀바르는 계속해서 놀랐다. 크리스는 너무나 평범했다.

시민의회가 열렸던 주말마다 핀바르와 크리스는 밤늦게까지 이야기를 나누었다. 핀바르의 손자에 대해, 크리스의 IT 직업에 대해, 의회에서 다루는 주제에 대해 대화했다. 대통령 임기를 5년으로 줄여야 할까? 선거권 연령을 18세에서 17세로 낮추어야 할까? 처음에 두 사람은 시민의회에 함께 있던 정치인들에 대해, 그리고 그 정치인들끼리 따로 앉아 식사하는 것에 대해서도 종종 이야기했다.

실제 여기 있는 모든 사람은 정치가였다. 톰 아놀드는 의장으로서 특별한 역할이 있었지만, 나머지 99명은 동등했다. 상

제비뽑기

원의원이든 우편배달부든 상관없었다. 그러나 정치인 33명은 66명과 다르게 행동했다. 한 정치인이 마이크를 잡고 몇 분 동안 아무 내용도 없는 말을 할 것이라고는 핀바르는 미처 생각하지 못했다. 괴상하게도 모두가 그의 말에 귀를 기울였다. 다시 그는 앉았고, 아무 일도 없었다는 듯이 행사는 계속 진행되었다. 그에게는 논의를 진전시키는 일이 중요하지 않은 것 같았다. 그가 원하는 것은 오로지 눈에 띄는 일인 듯했다.

눈에 띄는 것은 핀바르에게 중요한 문제가 아니었다. 핀바르는 이해가 안 되면 질문했고, 질문을 받으면 대답했다. 그는 주제를 제대로 다루고 싶었다. 다만 말하지 않고도 그렇게 할 수 있을 때 더욱 좋았다. 회의가 지속될수록 33명과 66명의 차이는 점점 희미해졌다. 어느새 식사 때 그들은 섞여 앉았다. 가끔씩 크리스는 한 정치가와 함께 기차를 탔는데, 그들은 부드럽게 대화를 이어 갔다.

시간이 지나면서 핀바르와 크리스의 대화도 점점 사적이고 내밀한 주제로 옮겨 갔다. 크리스가 자신의 커밍아웃에 대해 말해 주었다. 어머니는 자신을 소아성애자로 여겼다. 그는 자신의 정체성에 대해 자랑스럽게 온 세상에 외치고 싶었지만, 아버지의 유일한 걱정은 어떻게 하면 비밀을 잘 유지하는가였다.

핀바르는 자신이 또 다른 잘못된 추론에 빠져 있었다는 것도 알게 되었다. 이 오류는 심리치료사와의 대화로도 바꾸지 못했었다. 동성애를 생각할 때, 핀바르의 머릿속에는 즉시 혐오스러운 짓을 하는 남성들의 모습이 떠올랐다. 동성애는 핀바르에게 오로지 섹스였다. 그러나 이제는 동성애에서도 섹스가 가장 중요한 게 아니라는 것을, 사랑, 가족, 일상 또한 중요하다는 것을 이해하게 되었다.

크리스는 대화를 통해 핀바르도 자신에게 털어놓고 싶은 무언가가 있다는 것을 감지했다.

"핀바르는 만날 때마다 우리의 첫 만남에 대해 이야기했어요. '크리스, 우리 처음 만났던 날 알지?' 나는 무엇을 떠올려야 하는지 전혀 몰랐죠. 그러나 시간이 지나면서 알게 되었어요. 핀바르가 머릿속으로 계속해서 그 상황으로 돌아가고 있다는 것을 말이죠. 그는 뭔가 할 말이 있었던 거예요. 대화는 늘 언제나 그런 방식으로 시작됐어요. 그러고 나면 핀바르는 그냥 다른 이야기를 했죠. 핀바르가 모든 것을 말하지는 않았지만, 나는 이해했어요."

시민의회 구성원들에게 매달 새로운 색깔과 모양의 머리를 하고 오는 젊은 게이와 나이 많은 우편배달부 사이의 우정은 화젯거리가 되었다. 그 사이에 크리스는 동성 부부 찬반 투표의 결과에 전혀 비관적이지 않게 되었다. 크리스는 핀바르를 확실하게 설득했다고 생각했다. 그렇다면 다른 사람들을 설득하는 일도 어렵지 않을 것이다.

2013년 4월의 주제는 동성 부부였다. 토요일에 토론이 진행되고, 일요일에 투표가 예정되었다. 그 주말에 핀바르는 크리스와 몇 테이블 떨어져 상당히 앞에 앉았다. 무대에서는 전문가와 로비스트들이 아동의 행복과 입양 권리, 생물학과 신학에 대한 논쟁을 활발히 하고 있었다. 강당 뒤편에는 기자들이 노트북 앞에 앉아 타자를 치고 있었다.

실제 시민의회는 국민의 대표체라는 점에서 국회와 다르지 않았다. 단지 투표 대신 임의로 선택되었을 뿐이다. 그러나 그 차이는 대단히 컸다. 핸드폰을 하는 사람은 없었고, 옆에 있는 사람과 잡담을 하는 사람도 없었으며, 몇몇은 메모를 하고 있었다. 소란은 없었다. 수사학의 향연도 없었다. 이미 정해진 관점을 의례적으로 교환하지도 않았다. 시민들은 정당원이 아니었다. 어떤 의견을 대변해야 한다고 말해 주는 조직이 없었기에 누구나 홀로 자기 생각과 고투해야 했다. 하루에 자신의 생각을 세 번 바꾸는 사람도 있었다. 확신에 찬 세 개의 주장을 연달아 들었기 때문이다. 시민들의 발언은 느낌표보다 물음표로 끝나는 경우가 더 많았다.

한번은 더블린 회의실에서 아일랜드 기자들 사이에 앉아 시민들의 작업하는 모습을 관찰할 기회가 있었다. 그때 나는 알 수 없는 굴욕감을 느꼈다. 거기에는 양복을 입고 서류 가방을 든 전문가들이 아닌, 진짜 아일랜드인들이 평범히 앉아 있었다. 그들은 오래전에 너무 크거나 작아진 양복을 입지 않았다. 티셔츠와 운동화, 투박한 안경과 파마머리를 한 사람들이 그곳에 있었다. 이해하기 어려운 지역의 억양들이 노래처럼 회의실에 울려 퍼졌다. 교사, 실업자, 사회 복지 분야 종사자, 벽돌공, 장관이 원탁에서 만났다. 그 만남은 좋은 의미로 민주주의적 혼란이었다. 당연한 건 아무것도 없었다. 어떻게 이 낯선 이들이 친구가 될 수 있었는지 상상해 보았다. 민주주의의 가장 중요한 임무인 시민의 임무가 어느새 의미로 가득 채워진 것을 보고 나는 무척 놀랐다.

지난 몇 년 동안 아일랜드뿐만 아니라 다른 나라의 많은 시민들이 자신들이 의회를 통해 대표되지 못한다는 느낌을 받았다. 이 느낌은 다음과 같은 상황과 함께 시작했다. 독일연방의회, 영국하원인 서민원이나 프랑스국민의회에는 국민 평균보다 너무 많은 법률가가 있다. 고등교육을 받은 사람이 더 많고, 노동자는 적으며, 기능공은 거의 없다. 대부분 남성이 여성보다, 나이 든 사람이 젊은 사람보다 많다. 여기에 하나 덧붙이면, 의원들은 직업 정치인들이다.

그들은 종종 직책을 옮겨 다닌다. 처음에는 차관이 되었다가 그곳에서 장관이 되기도 하고 몇 년 후엔 야당이 되고 다시 집권하기도 한다. 많은 정치인이 수십 년씩 이 직업을 수행한다. 이미 서로를 잘 알고 늘 같은 사람을 만난다. 사회의 다양한 차이를 반영해 주어야 하는 의원들이 실제로는 너무 동질적인 집단이 되었다고 말할 수 있을 것이다. 이미 외형에서도 그렇다. 같은 양복과 외투를 입으며, 같은 손짓과 적당한 미사여구를 사용한다. 이런 미사여구가 카메라를 통해 너무 당연하다는 듯이 전달된다.

이런 동질성은 대의 정치를 위한 좋은 전제가 아니다. 만약 대표자들과 국민들 사이에 행동과 습관을 넘어서는 차이가 생긴다면 대의 민주주의는 얼마나 어려움을 겪게 될까?

———

2015년 여름, 앙겔라 메르켈 총리가 난민들을 위해 국경 개방을 결정했을 때, 연방의회에 있는 모든 정당이 이를 반겼다. 같은 시기에 연구 그룹 발렌이 실시했던 한 설문조사에서 응답자 41퍼센트는 독일이 그렇게 많은 난민을 수용할 수 없을 거라는 데 동의했다.[34] 전체 인구수에 따라 추정해 보면 유권자 2500만 명이 여기에 해당된다. 의회에 자기 대표자가 없었던 유권자가 2500만 명이란 뜻이다.

여기서 메르켈의 결정이 윤리적, 도덕적, 인도주의적 이유로 정당할 수 있다는 건 중요하지 않다. 2000만 명이 넘는 사람의 대표자가 의회에 없다는 건 대의 민주주의에서 대단히 위험한 상황이다. 이들의 대표자가 의회에 있었다면, 그들은 난민 반대자들의 입장을 민주주의 과정 안에 가져올 수 있었을 것이다.

그랬다면, 그들은 민주주의를 의심할 근거가 없었을 것이다. 그러나 그렇게 되지 않았다. 당대 가장 중요한 질문 가운데 하나를 다루는 과정에서 2000만 명이 넘는 사람이 정치적으로 소외되었다. 그래서 그들은 페기다와 독일을 위한 대안으로 몰려갔다. 페기다와 독일을 위한 대안을 보며 정치 지도자들은 몸서리를 쳤지만, 독일 국민 수백만 명은 자신들의 의견이 경청받고 있다는 느낌을 받았다.

민주주의에서는 정부가 어떤 올바른 일을 하는 것만으로는 충분하지 않다. 정부는 사람들에게 그 일이 옳다는 것을 납득시켜야 한다. 4년이 지난 후, 독일은 분열되었다. 통일 이후, 아마도 정부 수립 이후의 독일 연방 공화국 역사에서 정치는 가장 심각한 위기에 빠졌다.

이 제도의 위기를 해결할 방법을 찾았다고 믿는 한 사람이 있다. 그 사람은 다비드 판 레이브라우크이다. 판 레이브라우크는 40대 중반의 역사학자이자 고고학자로, 8개 국어를 할 줄 안다. 그는 벨기에 출신인데, 그 배경이 그가 민주주의를 폭넓게 다루게 된 하나의 이유였다.

벨기에에는 540일 동안 정부가 없었다. 나머지 유럽 국가들이 이 특이한 나라를 보며 재미있어하고 있을 때, 판 레이브라우크는 이 벨기에의 위기에서 독특함을 넘어 무언가를 보았다. 그는 아리스토텔레스, 플라톤, 몽테스키외, 매디슨을 읽었다. 그리고 옛 민주주의 사상가들의 핵심 통찰이 현대에 관철되지 않았으며, 오히려 억압받고 망각되었다고 확신했다.

고대 아테네처럼 역사에서 가장 안정된 민주주의 체제들은 오늘날 위기에 빠진 민주주의와는 완전히 다르게 작동했다. 아테네에는 텔레비전이 없었고 여성들이 정치 과정에서 배제되었음을 말하려는 게 아니다. 중요한 차이는 고대 아테네 정부의 구성원, 즉 500인 평의회는 투표로 뽑히지 않았다는 데 있다. 그들은 추첨으로 뽑혔다.

오늘날에는 미친 짓처럼 보이는 제비뽑기가 당시에는 유일한 합리적 해답이었다. 임기는 정해져 있었다. 아테네 시민 대부분은 살면서 언젠가는 한 번 관직에 올랐다. 이를 통해 시민과 정치가, 통치자와 피통치자, 상류층과 하류층 사이의 차이는 사라졌으며, 국민이 스스로 자신을, 전체 국민을 통치했다. 대의제의 문제가 없었다. 선거 운동도 없었으며, 지키지 못할 공약도 없었다. 추첨제는 모든 것을 동등하게 만들었다.

양복을 입은 직업 정치인 계급은 아테네인들에게 터무니없어 보였을 것이다. 정치는 일이 중요했으며, 경력이나 관철 능력은 중요하지 않았다. 아주 적은 자리만, 예를 들어 군대나 재정 영역만 선거를 통해 뽑았다. 그 밖의 다른 모든 영역은 국민이, 교육과 직업과 관계없는 평범한 사람들이 책임졌다. 무엇보다 제비뽑기가 책임자를 결정하는 가장 공정한 과정으로 여겨졌다.

아리스토텔레스는 기원전 4세기에 이렇게 썼다. "나는 이렇게 말하고 싶다. 공직자를 추첨으로 임명하면 민주정으로, 선거를 통해 임명하면 과두정으로 여긴다."[35] 수백 년 동안 아리스토텔레스의 이 규정은 정치 철학의 기본이었다. 민주주의는 제비뽑기를 의미했다. 고대 시대에 그러했고, 르네상스 시대 이탈리아 베니스와 피렌체 도시 국가들도 그러했다. 18세기 중반 몽테스키외가 아리스토텔레스의 생각을 이어 갔다. "추첨을 통한 선출은 민주주의의 본성과 잘 맞으며, 투표를 통한 선출은 과두정의 본성과 잘 맞는다."[36]

몇 년 후, 1762년에 장 자크 루소는 『사회계약론』에서 이렇게 서술했다.

"진정한 민주정에서 관직은 특혜가 아니라 짐이 되는 책무이다. 다른 사람이 아닌 이 사람에게 이 책무를 부과하는 건 정당할 수 없다. 오직 법으로만 추첨으로 뽑힌 이 사람에게 이런 책무를 부과할 수 있다."[37]

그다음에 놀라운 일이 일어났다. 미국과 프랑스에서 국민은 왕정과 절대주의를 철폐했으며, 혁명 세력은 민주주의를 요구했다. 그러나 그들의 지도자들, 혁명의 지도자들은 회의적이었다. 국민이 진정 스스로를 직접 통치할 수 있을까? 몇몇 소수를 통한 통치가 더 낫지 않을까? 가장 좋은 건 혁명 지도자들이 통치해야 하는 것 아닐까?

부유한 변호사 존 애덤스는 미국이 독립하던 해인 1776년에 이렇게 썼다.

"다수의 권력을 소수의 가장 똑똑하고 선한 이들에게 넘겨주는 일은 필수적이다."[38]

부유한 대농장 소유주의 아들이었던 변호사 토마스 제퍼슨은 이렇게 썼다.

"재능과 덕망에 기초한 사람들의 자연적인 과두정은 존재한다. 이런 타고난 인물들의 관직 선출을 가장 효과적으로 보장해 주는 것이 가장 좋은 정부의 형태가 아닐까?"[39]

부유한 담배농장의 아들이자 철학자인 제임스 매디슨은 이렇게 말했다.

"누가 국민을 통해 선택받을 대상으로 고려될까? 자신의 업적으로 국민의 관심과 신뢰를 얻은 모든 시민이 그럴 것이다. 동료 시민들의 선호 덕분에 이들은 두드러졌으므로, 그 선호를 정당화하는 자신의 어떤 특질로 두각을 드러내리라고 가정할 수 있다."[40]

애덤스, 제퍼슨, 매디슨은 국민의 극소수만이 지배하는 민주 정치 도입의 정당한 방법을 정확하게 확인해 주었다. 바로 선거이다. 미국 시민들은 전문 지식이 가장 많고, 가장 영리하며, 가장 부유한 사람 이외에 딱히 누구를 선택하겠는가?

존 애덤스는 조지 워싱턴 밑에서 부통령을 지냈고, 1797년에 대통령이 되었다.

토마스 제퍼슨은 1801년에 애덤스의 후임자가 되었다.

1809년에 제임스 매디슨이 대통령으로 선출되었다.

6대 대통령의 이름도 애덤스이다. 그는 존 애덤스의 아들 존 퀸시였다. 이처럼 애덤스 가는 첫 번째 미국 정치 명문가였다. 수십 년 후 그 뒤를 케네디 가가 따랐다. 뒤이어 부시 가, 클린턴 가도 나왔다.

프랑스에서도 고위 시민 계급이 혁명을 약탈했다. 자신의 에세이 『제3신분이란 무엇인가?』로 국민들의 바스티유 감옥 습격에 도움을 주었던, 사제이자 작가인 에마뉘엘 조제프 시에예스는 두 달도 지나지 않아 이렇게 말했다.

"시민들은 대표자를 뽑고 법을 만드는 권리를 스스로 포기한다. 국민은 민주주의가 아닌 나라(그리고 프랑스는 민주주의 국가가 되어서는 안 될 것이다.)에서 말하고 행동해서는 안 된다. 말과 행동은 대표자들을 통해서만 해야 한다."[41]

역사를 한 발 떨어져서 관찰해 보면, 오늘날 우리가 혁명이라고 부르는 당시 사건들은 특별히 세습 과두정을 선거 과두정으로 대처하는 일이었음을 인정할 수밖에 없다. 옛 엘리트들은 새 엘리트들에게 권력을 잃었다. 국민들에게는 국민의 통치로 꾸며졌다. 이렇게 역사상 가장 거대한 홍보 쿠테타가 성공했다. 2000년 이상 추첨과 연결되어 있었던 개념에 새로운 라벨을 붙였다.

선거 과두정은 대단히 안정적으로 보인다. 또한 이 체제는 차츰차츰 민주화되기도 했다. 선거권은 확장되었고, 곧 거의 모두가 투표할 수 있게 되었다. 노동자 정당들이 생겨났으며, 노동자들도 정치 고위직에 나갈 수 있도록 싸웠다. 몇몇 나라는 국민 발의권을 도입하거나 국민 투표로 시민들의 의견을 물었다. 그러나 보통은 직업 정치인 계급이 나라를 통치하였다.

수백 년 동안 그런 것을 당연하게 여겼기 때문에, 정치적 과제를 맡을 생각이 없냐는 요청을 받았을 때 우편배달부 핀바르 오브라이언은 반사적으로 이렇게 말했다. 그런 일을 하기에는 배운 게 너무 없습니다. 핀바르에게 정치는 똑똑한 사람들, 근대의 귀족들이 하는 어떤 일임이 분명했다.

다비드 판 레이브라우크는 자신의 책에서 한 가지 해결책을 제시했다. 그 해결책은 이미 제목에 들어 있다. 『선거에 반대하며』.*42 판 레이브라우크는 민주주의 문제를 해결하기 위해서는 근원으로 돌아가야 한다고 주장한다. 다시 제비를 뽑아야 한다. 아일랜드처럼, 적어도 정치 과정에 우연성과 임의성이라는 여지를 제공해야 한다. 시민의회는 몇 주 만에 한 우편배달부를 정치 혐오자에서 정치에 환호하는 사람으로 바꾸었다. 이 길은 나라를 바꾸는 가장 좋은 방법이었다.

---

* 한국어 번역본 제목은 『국민을 위한 선거는 없다』이다.

2013년 4월 어느 토요일, 호텔 회의실에서 동성 부부에 대한 논쟁이 시작되었을 때, 핀바르 오브라이언은 최종 결정을 내리는 데 충분한 정보를 얻었다는 느낌을 받았다. 크리스와 많은 대화를 나눈 후 핀바르는 그의 주장을 대부분 이해하게 되었다. 핀바르는 자신의 생각을 바꾸었다. 단지 크리스에 대한 생각뿐만 아니라 동성애자 남성에 대한 생각도 바꾸었다. 롬족 가족이 헤르메스 부부에게서 할 수 없었던 일을 크리스는 핀바르에게서 해냈다. 그 차이는 무엇이었을까?

사회심리학에 따르면, 한 사람의 행동이 어떤 전체 집단에 영향을 주기 위해서는 두 가지 조건이 충족되어야 한다. 이 두 조건이 채워지면서 한 사람의 이야기가 예외가 아닌 보편 규칙으로 설명된다. 그것을 미처 알지 못한 채 크리스는 두 가지 조건을 채웠다. 그들이 만났던 첫날, 크리스는 매니큐어, 머리, 복장까지 거의 만화에 나오는 과장된 게이 모습으로 등장했었다. 크리스는 게이를 대표하고 싶었다. 비록 너무 오버했다는 생각에 후회하기도 했지만, 그의 과장된 치장은 대단히 훌륭한 역할을 해냈다.

핀바르가 크리스를 보았을 때, 핀바르의 뇌는 몇 초 만에 재빨리 시각 자극을 해석하여 다음과 같은 결론을 내렸다. 저기 '그냥 남자 한 명'이 아닌, '게이 한 명'이 오고 있다. 크리스가 그렇게 전형성을 온몸에 두르고 있었기에, 핀바르는 그를 예외로 두려는 생각을 전혀 하지 못했다. 이처럼 한 개인이 한 집단을 더 크게 대표할수록 그를 별난 사람으로 축소하는 일이 더 어려워진다.

크리스는 두 번째 조건도 채웠다. 그는 핀바르가 알고 만난 첫 번째 게이였다. 두 번째, 세 번째, 열 번째 게이가 결코 아니었다. 만약 핀바르가 이전에 다른 남성 동성애자를 만났다면, 그리고 그들이 좋지 않은 인상을 주면서 핀바르의 편견까지도 확인해 주었다면, 크리스는 그 짐까지 떠맡아야 했을 것이다. 그리고 그 짐은 크리스에게 꽤 무거운 부담이 되었을 것이다. 그러나 그런 일은 없었다. 그가 첫 번째 게이였다. 아무런 부담 없이 크리스는 자유로웠다.

이런 과정을 거쳐 핀바르는 크리스를 위해서만이 아니라 모든 남성 동성애자를 위해 동성 부부의 합법화에 찬성하는 게 좋겠다는 생각을 하게 되었다. 단지 하나의 질문이 여전히 그를 괴롭혔다. 아이 문제였다. 남자 두 명이 아이를 어떻게 가질 수 있을까? 아이들이 학교에서 놀림을 받지는 않을까? 아이들에게 그런 경험을 굳이 하게 해야 하나? 그다음 한 젊은 여성이 무대 위에 올랐다. 그 의견을 통해 핀바르는 자신의 생각을 더욱 정교하게 다듬을 수 있었다.

"안녕하세요, 제 이름은 클레어 오코넬입니다. 22살이고 의학을 공부하고 있습니다. 우리 집은 평범한 가정입니다. 단지 엄마가 두 명일 뿐입니다. 사람들은 나에게 묻습니다. 엄마가 두 명인 건 어땠어? 나의 대답은 그들을 실망시킵니다. 저의 어린 시절은 너무 평범했거든요. 제가 넘어졌을 때 부모님은 붕대를 감아 주었고, 제가 울 때 위로해 주었습니다. 사람들은 묻습니다. 어릴 때 놀림은 받지는 않았니? 저는 또 그들을 실망시킬 수밖에 없습니다. 친구 대부분은 엄마가 두 명인 게 굉장히 멋지다고 생각했습니다. 친구들은 너희 가족이 가장 정상이라고 우스갯소리를 하곤 했죠."

핀바르는 찬성표를 던지기로 결정했다. 다음으로 교회 대표자들이 무대에 등장했다. 그들은 남자와 여자는 타고 나는 것이라고 주장했다. 단지 그렇게만 아이가 생길 수 있다고 했다. 한 가톨릭 주교는 부부라는 제도에 대한 교회의 사랑을 역설했다. 부부는 믿을 수 없을 만큼 가치 있는 제도이지만, 지금은 위기에 처했다고 개탄했다. 핀바르는 과거의 자신처럼 교회의 남성들에게 성폭력을 당했던 많은 소년들을 생각했다. 핀바르는 깊이 생각했다. 진상 규명 작업을 할 때 교회가 어떻게 고개를 숙였고, 범죄자들을 어떻게 다른 곳으로 파견했는지, 그리고 그 범죄자들이 그곳에서 어떻게 다시 성폭력을 저질렀는지 떠올렸다.* 그럼에도 뻔뻔스럽게 이 주교는 도덕적 권위인 체하고 있

---

* 이 장면은 3장에서 서술했던 대중 미디어의 부정적 메커니즘이 만든 결과의 또 다른 사례이다. 아일랜드 언론에서도 가톨릭교회의 성폭력 스캔들을 과도하게 크게 다루었다. 공동체를 위해 좋은 일을 하려고 노력하지만 언론 보도에는 등장하지 않는 많은 교회 인사들보다, 이 부정적 보도들이 가톨릭교회에 대한 핀바르의 이미지에 더 큰 영향을 미쳤다. 무대 위에 있던 주교는 미디어 소비자 핀바르 오브라이언의 편견을 소환했다. 이 편견은 미디어를 통해 길러진 편견이었다. 왜냐하면, 지금 발언하는 주교가 직접 잘못을 했는지, 또는 그가 교회의 성폭력 논쟁에 대해 어떤 생각을 하는지 핀바르는 알 수 없기 때문이다.

었다. 핀바르는 주먹을 움켜쥐었다. 분노로 몸을 떨었다. 지금 뭔가를 말해야 했다. 자신이 느끼는 것을, 주교와 반대되는 어떤 것을. 그렇지 않으면, 나중에 자책하게 될 것이라고 그는 생각했다.

한 남자가 갑자기 일어났다. 바로 핀바르 오브라이언이었다. 하얀색 남방 위에 자주색 스웨터를 걸친 그는 오른손으로 마이크를 움켜잡았다. 카메라 한 대가 그의 얼굴을 확대해서 보여주었다. 이 장면은 인터넷 라이브로 중계되고 있었다. 그는 한마디도 준비하지 않았다. 하지만 말이 저절로 나왔다.

"사람들의 가장 큰 문제는 무지입니다. 사람들은 충분히 알지 못합니다. 저도 개인적으로 그러했습니다. 아주 오래전에 저는 성폭행을 당했습니다. 그 이후 저는 남성 동성애자와 성폭력을 같다고 여겼습니다. 저절로 그렇게 생각했습니다. 더 잘 알 방법이 없었습니다. 그러나 그 후에 동성애자들은, 여자든 남자든 상관없이 그냥 평범한 인간이라는 사실을 배웠습니다."

그다음 날 어디에 투표할지 핀바르는 밝히지 않았지만, 회의실에 있던 모두가 그의 선택을 들었다. 회의가 끝난 후, 핀바르는 술집으로 가서 위스키 더블잔을 단숨에 비웠다. 그때 사람들이 몰려와 핀바르에게 악수를 청했다.

그날 시민의회에서 79명이 헌법 개정에 찬성했다. 유럽에서 가장 가톨릭적이며 보수적인 나라 중의 하나인 아일랜드에서 79퍼센트가 동성 부부의 합법화에 찬성했던 것이다.

핀바르 오브라이언이 이 투표 결과에 얼마나 기여했는지 정확히 말하기는 어렵다. 확실한 것은 핀바르가 투표함에 집어넣은 한 표보다는 훨씬 큰 기여를 했다는 것이다.

"핀바르는 그 발언으로 다른 사람들에게 자신을 따라와도 된다는 확신을 주었습니다. 핀바르 자신에게는 그 발언이 정화의 순간이었다는 걸 그 회의실에 있던 모든 사람은 알았죠. 거짓이라고는 하나도 걸치지 않은 사람이 어떻게 말하는지 알 수 있었으니까요. 모두 그의 말에 귀를 기울였습니다. 핀바르에게는 가식도, 생략도, 거짓도 없었습니다. 그래서 그곳에 있던 사람들이 그를 좋아했습니다. 핀바르는 정치인들과 완전 반대였죠."

바로 그렇기 때문에 핀바르는 뛰어난 정치가가 아니었을까? 그 주말에 핀바르가 한 일이 바로 정치가 무엇인지 정의하는 일이 아니었을까? 올바른 말과 인격이 하나의 신경망 안에서 만나는 일이 아니었을까? 그렇게 솔직했기 때문에 다른 사람들이 그를 따랐던 것이 아닐까?

나는 당시 그 자리에 있었던 여러 사람들을 만나 인터뷰했다. 더블린에 사는 교사, 킬데어주에 사는 무용수, 웩스퍼드에서 온 사회활동가, 더블린 대학교 정치학과 학생, 그리고 시민의회 의장 톰 아놀드. 이들 모두 이구동성으로 내게 말했다. 매크룸에서 온 그 우편배달부와 반드시 이야기를 해야 한다고, 그 사람 이름은 핀바르라고.

눈에 띄지 않는 것을 좋아했던 핀바르 오브라이언은 이렇

제비뽑기

게 시민의회에서 가장 눈에 띄는 인물이 되었다. 사람들의 눈에 띄기 위해 어슬렁거렸던 정치인은 아무에게도 언급되지 않았다.

아일랜드 의회는 시민들의 추천을 따라 동성 부부에 대한 국민 투표를 추진했다. 아일랜드 헌법을 바꿀 다른 방법이 없었기 때문이다. 모든 거대 정당들이 사람들에게 합법화에 찬성하라고 호소했다. 시민의회의 투표가 있은 지 2년이 지난 2015년 5월 22일, 아일랜드 국민 투표가 있었다. 아일랜드인들은 이번 투표에서 자신들이 동료 시민 크리스 라이언스가 아일랜드에 계속 머물지 아니면 이민을 갈지를 동시에 결정한다는 사실을 모른 채 투표했다.

크리스는 당시 자주 울었다. 많은 감동을 받았기 때문이다. 크리스는 트위터에서 #홈투보트(HomeToVote)라는 해시태그를 단 아일랜드인들의 사진을 보았다. 그들은 투표에 참여하기 위해 호주, 미국, 영국 등지에서 고향으로 돌아왔다. 크리스는 사진 속에서 비행기에 앉아 있거나 버스에 오르는 수많은 남녀노소가 손에 무지개깃발을 들고 있는 모습을 보았다. 마침내 그들이 자신을 사회의 정상 구성원으로 만들려고 하고 있었다.

핀바르는 국민 투표를 텔레비전으로 보고 있었다. 아침에 그는 아내와 함께 투표장에 갔고, 동성 부부에 대해 두 번째 찬성표를 던졌다. 아내가 어디에 도장을 찍었는지는 모른다. 그 동네 대다수 주민과 마찬가지로 아마 반대표를 던졌을 거라고 그는 추측했다. 투표를 한 후 펍에서 사람들이 하는 말들을 핀바르는 이제 믿지 않았다.

뉴스 앵커가 결과를 발표했다. 62퍼센트가 찬성이라고 했다. 텔레비전은 다양한 색깔의 옷을 입은 사람들이 더블린 거리에서 기쁨의 눈물을 흘리는 모습을 보여 주었다.

요즘은 정치를 이야기할 때, 핀바르는 정치에 관한 한 옹호자가 된다. 펍에 가거나 우체국에서 우편물을 정리할 때 가끔씩 정치를 변호할 일이 생긴다.

미국, 독일, 그리고 거의 모든 나라에서 사람들은 묻는다. 어떻게 하면 국민이 정치를 다시 신뢰하게 할 수 있을까? 핀바르 오브라이언의 경우는 정치가 그를 신뢰하면서 그 과정이 시작되었다.

아일랜드 실험의 결과는 더욱 고무적일 수 있다. 핀바르 오브라이언과 크리스 라이언스, 동성애 혐오자와 게이가 친구가 되었다. 분노하는 시민이었던 남성이 지금은 펍에서 정치가를 변호한다. 시민 66명과 정치인 33명은 자신들의 편견을 어느 정도 극복했다. 많은 참가자들이 자신들이 했던 경험에 열광하면서 사회 속에 민주주의의 정신을 뿌리고 있다. 민주주의적 제비뽑기가 아니었다면, 아일랜드 정부가 전혀 다르고 서로를 알지 못하던 사람들로 시민의회를 구성하고 이들이 접촉하도록 결정하지 않았다면, 결코 아무 일도 일어나지 않았을 것이다.

시민의회를 돌아보면 핀바르는 한 가지 딱 아쉬운 게 있다. 연임은 허락되지 않아 두 번째 시민의회에는 함께하지 못했던 것이다. 두 번째 시민의회는 2016년에 구성되었다. 이번에는 정치인 없이 시민 99명과 의장으로 구성되었다. 이 의회의 가장 중요한 주제는 1회 때보다 훨씬 논란이 많은 것이었다. 5개월 내내 그들은 이 주제만 다루었는데, 바로 '낙태'였다. 5개월의 토론이 끝난 후 그들은 헌법에 있는 낙태 금지 조항을 바꾸는 데 찬성했다. 정부는 다시 국민 투표를 하기로 했다. 2018년 5월, 아일랜드인들 압도적 다수가 시민의회의 제안을 따랐다.

———

다양한 사회에서 서로 다른 생각을 하는 사람들이 신뢰를 갖고 만나게 하는 방법으로 제비뽑기보다 나은 도구는 아마 없을 것이다. 아일랜드는 단지 100명이라는 작은 인원을 자문 역할로 이 과정에 투입했지만, 그 효과는 거대했다. 이론적으로 제비뽑기는 더 넓게, 더 급진적으로 이용될 수도 있다. 프랑스, 독일, 영국 할 것 없이 전체 의회를 추첨으로 구성할 수도 있을 것이다. 동부 벨기에 지역에서는 앞으로 일종의 상원과 같은 역할을 하게 되는 상설 정치 협의회가 생길 예정이다. 이 협의회의 구성원을 제비로 뽑을 예정이라고 한다. 정치 아닌 다른 삶의 영역에서도 제비뽑기를 폭넓게 사용할 수 있을 것이다.

예를 들어 미국 대학교에서는 학생들이 캠퍼스 기숙사에 사는 게 일반적이다. 학생들은 흔히 기숙사 방 하나를 다른 학생과 함께 쓴다. 몇몇 대학에서는 첫 학기 룸메이트 선택권을 학생들에게 주지 않는다. 이때 제비뽑기로 결정한다. 그렇게 해서 과거에는 인종적 동질성이 지배했던 기숙사에 더, 자주 '다채로운' 공동 거주가 생겨난다.

이미 고든 올포트가 1954년에 『편견』에서 일화 하나를 소개했다. 동부 해안에 있는 한 대학 총장은 첫 학기 첫날, 화가 난 남부 출신 여학생 두 명을 맞이했다.

그들에게 집 하나가 배정되었고, 그 집에 흑인 여학생 한 명도 함께 살게 되었다. 그들은 그 흑인 여학생이 이사를 해야 한다고 주장했다. 총장은 잠시 생각한 후 이렇게 말했다.

"우리 학교에는 학생의 방이 배정되면 바꿀 수 없다는 규칙이 있어요. 이번 경우는 예외로 하죠. 원한다면, 두 사람은 다른 집으로 이사해도 좋습니다."

두 여학생은 당황했다. 그들은 흑인이 길을 비켜 줘야 한다는 확신을 배우면서 성장했기 때문이다. 두 여학생은 그냥 머물렀다. 처음에는 약간의 분노가 있었지만, 시간이 흐를수록 같은 집에 있는 동료에 대한 자신들의 적대감이 줄어들고 있음을 확인할 수 있었다. 학기가 끝날 때 그들은 서로 좋은 친구가 되었다.[43]

한 대학 총장 친구가 올포트에게 이 이야기를 해 주었고 올포트는 이 이야기가 과학적인 설득력은 없지만 자기가 쓰는 책에 잘 맞는다고 생각했다. 70년이 지난 오늘날, 우리는 이 이야기가 탄탄한 과학적 근거가 있음을 안다. 예를 들어, 사회심리학자 사라 게이서와 사무엘 섬머스가 한 연구에서 밝혀낸 것에 따르면, 유색인 학생들과 함께 살았던 백인 미국 학생들은 4개월이 지난 후 훨씬 다양한 친구 집단을 가졌고, 기본적으로 다양성에 더 큰 의미를 부여했다. 6개월이 지난 후에는 그들은 백인이 아닌 사람을 알게 되는 데 덜 두려워했고, 그들과 더 친하게 지냈다.[44]

하버드 대학교 경제학자 가우탐 라오는 인도에서의 정치 변화 효과를 연구했다. 지금까지 상류층 자녀들만 있었던 델리의 비싼 사립학교에서 가난한 가정의 아이들도 받아들이는 일이 의무화되었다. 이런 학급에 있는 상류층 아이들이 더 개방적이고, 차별을 낳는 행동을 하지 않았으며, 더 관대해졌고, 자선 활동에 더 자주 자발적으로 참여한다는 것을 발견했다.[45]

대학 캠퍼스에서의 접촉이나 사립학교의 개방은 너무 늦었다고 주장할 수도 있겠다. 올포트가 소개하는 일화에 나오는 남부 출신 여학생이나 델리의 부유한 집안 아이들처럼, 학생들은 이미 10년에서 20년 정도 자신의 삶에서 이미 편견을 발전시켜 왔다. 이를 극복하려면 힘든 과정을 거쳐야 한다. 그렇다면 편견이 자리 잡기 전이나 전혀 생겨나지 않았을 나이에 더 일찍이 모든 것을 시작할 수는 없는 것일까?

몇몇 미국 대도시들이 흥미로운 실험을 시작했다. 노벨 경제학상 수상자 앨빈 로스의 모델에 기초하여, 샌프란치스코나 워싱턴 D.C. 같은 도시들에서 초등학생들의 무작위 배정 시스템을 만들었다. 미국 대도시 초등학교에서 인종과 사회적 분리는 매우 강하다. 아주 가까운 곳에 너무나도 다른 두 개의 학교가 있다. 예컨대 한 학교에는 백인 중산층 아이들만 다니고, 다른 학교에는 흑인 아이들만 다닌다. 또는 한 학교에는 집에서 영어를 사용하는 아이들만 다닌다. 또 다른 학교는 집에서 영어를 거의 사용하지 않는 아이들만 다닌다.

독일 대도시에도 부분적으로 거점 학교들이 있다. 거점 학교에 있는 학생 대부분은 독일어가 모국어가 아니다. 시민 계층 가정의 아이들이 다니는 모범 학교를 옆에 두고 그들만 따로 거점 학교에 다닌다. 학교들을 섞으면 모두가 유익하지 않을까? 그러면 거점 학교 학생들이 더 많은 교육이 있는 환경에 속하게 될 것이다. 중산층 가정 아이들은 자신들이 속하지는 않지만 도시 사회의 일부인 다른 생활의 세계를 볼 수 있다. 이런 섞임은 전체 사회에도 도움이 될 것이다. 편견을 없애고 사회적 분열도 막을 수 있기 때문이다.

초등학생 때 이를 시작하는 것은 많은 장점이 있다. 아이들은 아직 이념을 따르지 않는다. 아이들은 친구를 빨리 만든다. 그들이 이 경험을 통해 공감의 전령이 된다면 가장 좋다. 나중에 그들이 사회로 나왔을 때 그 효과는 몇 배로 늘어나게 될 것이다. 아마도 이렇게 전체 사회의 증오에 대항하는 백신을 투약할 수 있을 것이다.

사는 곳은 우리를
어떻게 규정할까?

어디에 사세요? 대도시에서 이 질문은 속성
정체성 진단법이다. 도시 구역의 이름은
기호가 되었고, 지리는 사회환경과 정치관,
생활 세계에 녹아들었다.

주민 6,000명이 사는 바르트에는 버스가 한 시간에 두 대씩 다닌다. 이 동네는 그녀에게 너무 작았다. 엄마는 늘 부엌에 있었고 아빠는 수도원 돼지 축사에서 일했다. 아버지가 쉬는 날, 크나우스 가족은 대문 앞이라 해도 될 만큼 가까운 곳으로 소풍을 갔다. 엄마, 텔레비전은 누가 발명했어? 햄버거는? 자동차는? 실비아가 이렇게 물었을 때, 엄마는 늘 같은 대답을 했다. 미국에서 미국 사람이. 모든 것은 미국에서 왔다. 우주에서 온 건 하나도 없었다. 바르트에서 온 것은 말할 것도 없었다.

18세 6개월이 되었을 때, 실비아는 미국행 비행기에 올랐다. 그렇게 그녀는 처음으로 스위스 밖으로 나갔다. 미국은 오래도록 그녀가 꿈에 그리던 나라였다. "지쳐 곧 다시 돌아올 거야." 마을 사람들은 말했다. 그녀는 곧 돌아오기는 했다. 그러나 바르트에는 잠시만 머물렀다. 그녀는 다시 미국으로 갔고, 그다음에는 호주로 갔다. 그녀는 취리히로 이사했다. 그리 멀지 않은 곳이었지만, 그곳은 완전히 다른 곳이었다. 대도시였고, 사람들, 파티, 극장, 기차, 전차가 있었다. 버스도 30분에 한 대씩만 다니지 않았다.

실비아가 친구와 함께 살던 건물의 엘리베이터는 중간층에서 섰다. 집으로 가려면 계단 열 개 정도를 더 올라가야 했다. 힘들 게 없는 일이었다. 그런데 언젠가부터 힘이 들기 시작했다. 다리가 더는 말을 듣지 않았다. 20대 중반에 실비아는 가고 싶었던 도시에서 살았다. 그러나 그녀는 더 이상 계단을 오르지 못했다.

학교 다닐 때 실비아는 악필이었다. 글씨를 예쁘게 못 쓰는 아이도 있다고 그녀는 말하곤 했다. 해마다 실비아는 스키캠프에 갔다. 다른 아이들은 해마다 점점 나아졌고 언젠가부터 제대로 스키를 탔지만, 실비아는 초보자처럼 늘 스키 위에서 뒤뚱거렸다. "나는 운동은 젬병이야." 그녀는 말하곤 했다.

그녀는 성인이 되어서야 그 원인을 알게 되었다. 프리드라이히 운동실조증(Friedreich ataxia). 9번 염색체, FXN 유전자, 척수와 소뇌 사이의 소통 장애, 운동 기관들의 장애, 근육의 퇴화. 당장 죽지는 않지만, 더 좋아지지는 않을 거라고 신경과 의사는 말했다.

계단 오르기 뿐만 아니라 단어를 발음할 때도 근육이 필요했다. 실비아의 말은 점점 높낮이가 없어졌고 어떤 어절에서는 모음이 사라졌다. 자신이 일하고 있던 콜센터에서 실비아가 고객에게 말했다. 우물정 버튼을 눌러 주세요. 뭐라고요? 우물정 버튼을 눌러 주세요. 뭐라고요? 이때 더는 일할 수 없다는 걸 깨달았다. 실비아는 사직서를 냈다.

29살에 실비아는 휠체어를 탔다. 그녀는 바르트로 돌아갔다. 그리고 다시 여행을 떠났다. 있는 힘을 다해 남아프리카, 세인트 헬레나를 갔고, 차를 타고 노르웨이, 홍콩, 마카오, 호주를 다녔다. 1년 안에 20개 나라를 방문했다. 얼마나 오래 지속될 지 아무도 모르는 마지막 도약이었다. 다시 바르트로 돌아갔다. 실비아는 여전히 어린 시절 방에 앉아 있었지만, 친구들은 오래전부터 아이와 집이 있고, 저녁이면 각자 집으로 사라졌다. 결국엔 혼자 남았다. 종종 실비아는 아침에 취리히로 갔다가 저녁에 집으로 돌아왔다. 점점 누구와도 만나지 않았다.

"휠체어를 탄 채는 어려워요."

취리히에 장애인을 위한 주택은 적었다. 인터넷에서 찾아본 집들은 월세가 3,000프랑(약 360만 원)이 넘었다. 장애연금으로 낼 수 있는 월세의 한도는 1,700프랑(약 200만 원)이었다. 그러던 어느 날, 실비아는 취리히 중앙역 신문 가판대에서 《블릭(Blick)》을 집어 들었다. 최악의 타블로이드 신문이지만, 어쨌거나 공짜였다. 기차 안에서 이 신문을 읽었다. 이 신문에 한 협동조합이 지은 칼크브라이테라는 다세대 주택 기사가 있었다. 도시 중심에 있는 데 비해 비교적 쌌다. 그곳은 작은 방과 큰 공동 공간으로 구성되어 있었다. 이 건물은 거주자들 사이의 만남을 위해 설계되고 건축되었다. 싼 가격의 도심 주거지와 사회적인 접촉. 실비아의 두 가지 욕구가 이곳에서 하나로 만났다.

전화 상담자는 이미 많은 지원자가 대기 중이라고 말했다. 그럼에도 실비아는 지원했다. 조합원의 다양성을 중요하게 생각한다고 기사에 나와 있었다. 아마도 실비아의 휠체어가 장점이 될 것이다.

2014년 6월에 실비아는 이사했다. 침대, 서랍장, 그리고 작은 책상 하나를 가져왔다. 원룸의 크기는 29제곱미터였다. 더 이상의 공간은 없었다. 그러나 드물게도 그녀의 방에는 휠체어 이용자를 위한 높이가 낮은 부엌이 있었다. 전기렌지와 냉장고도 딸려 있었다. 오븐은 옆에 있는 공동 공간에만 있었기 때문에 다른 거주자 열한 명과 함께 사용했다. 이렇게 열두 명이 2구역이었다. 열두 집 모두 오븐도, 세탁기 설치를 위한 수도도 없었다. 입구 아래 지하에 공동 빨래방이 있을 뿐이었다. 상관없었다. 실비아는 마침내 다시 도시로 왔다. 그게 중요했다.

2018년 가을, 나는 칼크브라이테를 처음 방문했다. 이 건물에 대해 들은 적은 있었지만, 그냥 말로만 하는 홍보 문구에 불과하다고 생각했었다. 지금까지 내가 살았던 대도시 집들은 그 형태는 다양했지만, 결국 도시의 익명성이 모든 집을 지배했다. 나는 대부분 이웃의 이름도 몰랐다.

전차 정거장 '칼크브라이테'에서 내렸더니 바로 그 건물이 보였다. 베이지색 건물은 마치 대양을 횡단하는 대형 선박 같았다. 배의 선체처럼 생긴 3층에는 '호우디니'라는 극장, 유기농 슈퍼마켓, 가게 몇 개가 있었다. 사람들이 신문을 읽고 있는 멋진 터키 식당과 안락해 보이는 술집 사이로 긴 계단이 안마당으로 이어졌고, 그 안으로 아이들이 그네를 타고 있었다. 입주민이 사는 4층짜리 건물이 배의 갑판처럼 안마당을 둘러싼 채 솟아 있었다.

정문 출입구를 지나가면서 나는 마치 호텔 로비에 들어선 듯한 느낌을 받았다. 그 느낌은 어느 정도 틀리지 않았다. 출입구에 프론트가 있었다. 그 프론트에서 칼크브라이테에 있는 객실 열두 개를 관리하는 직원이 나를 맞이했다. 이 객실은 호텔이자, 주민들의 손님을 위한 방으로도 이용되었다. 주민들의 집은 손님들이 자고 가기에는 너무 작기 때문에 1층에 있는 이 객실에서 묵는다. 소파를 치우고 침대 시트를 세탁할 필요가 없어서 좋다고 주민들은 입을 모았다.

로비는 이 집의 보급로와 같은 곳이다. 로비에 커피숍 입구가 있고, 커피숍에 앉아 있는 사람들이 보였다. 로비에는 우편함도 있는데, 지금 그 앞에서 캡을 쓴 젊은 남자가 어떤 할머니와 대화를 하고 있다. 뒤편에는 소파 세트가 자리 잡고 있으며,

소파 세트 왼쪽 벽에 책장이 천장 높이까지 놓여 있다. 그 책장은 6층에 사는 에리카가 관리한다. 에리카는 은퇴한 연금 생활자이자 전직 도서관 사서로, 특별히 페미니스트 서적들을 사랑했다. 로비에서 2층까지 옥외 계단이 연결되어 있고, 2층에는 넓은 복도가 전체 건물을 둘러싸고 있다. 입주민들은 2층 복도를 루 인테리외어(Rue Interieur), 즉 내부 거리라고 부르는데, 실제로도 그렇게 느껴진다. 그곳에는 늘 무슨 일이 일어난다. 아이들이 외발자전거를 타고 내부 거리를 경주한다. 좌우에는 입주민들의 현관문이 있다. 실비아의 방도 여기에 있다. 다른 층에는 요가방, 음악 스튜디오, 헬스장, 공구 작업실이 있고, 옥상 테라스로 가는 꼭대기 옆에는 텃밭과 사우나가 있다. 이 모든 공간은 대부분 공동체 재정으로 운영된다.

이런 만남의 장소에는 '밀고 당기기(push and pull)' 방식이라는 건축 아이디어가 들어 있다. 개인 주거 공간은 아주 작고 소박하게 제공된다. 빵을 굽거나, 세탁을 하거나, 손님을 접대하기에 그 공간은 충분하지 않다. 동시에 공동 공간은 크고 예쁘고 훌륭하다.

내가 서 있는 첫 번째 방문 앞에는 '프레데리케 베르취, 첼로니스트'라고 쓰여 있다. 허리 높이에 초인종이 있고, 초인종에는 단추 대신 오래된 코르크 따개처럼 돌릴 수 있는 작은 금색 손잡이가 달려 있다. 손잡이를 돌리자, 그 안에서 금속성 소리가 들렸다. 자전거 벨소리와 비슷하지만 그보다는 덜 날카로웠다.

이웃

프레데리케는 마르고 약간 구부정한 60이 넘은 여성이었다. 그녀는 나에게 들어오라고 했다. 우리는 창가에 있는 작은 탁자에 앉았다.

프레데리케는 자신을 빈터투어의 보수적인 집안 출신이라고 설명했다. 고전 음악을 전공했고, 오랫동안 독일 플렌스부르크와 뉘른베르크에 있는 오케스트라에서 활동했다. 2014년 칼크브라이테에 왔을 때, 프레데리케는 이곳을 학생 때 일주일에 두 번씩 방문했던 취리히의 오페라 극장만 알고 있었다. 그리고 19세기 고급 저택들이 있는 취리히베르크를 알았다. 그곳에 대학 동기가 살았기 때문이다. 그녀에게 있어 매우 좌파적인 동네인 이 취리히 4구역은 아주 새로운 곳이었다.

칼크브라이테에서는 먼저 누구에게나, 정말로 누구에게나 반말을 하는 데 익숙해져야 했다. 그녀는 가끔 복도에서 예전에는 무서움을 느꼈을 만한 사람들을 만났다. 예를 들면, 피어싱을 한 뚱뚱한 남성말이다. 그녀의 설명에 따르면, 그는 술을 너무 많이 마셨고 늘 무거운 가방을 메고 다녔는데, 그 가방 무게 때문에 구부정하게 다녔다. 외모와 달리 그 남자는 매우 예민하고 친절한 사나이였지만, 58세에 세상을 떠났다. 프레데리케는 종종 그 남자를 생각한다고 했다.

우리는 20분 정도 대화를 나누었다. 그때 초인종 소리가 우리의 대화를 끊었다. 방 안에서 보니 초인종에 작은 황금색 종이 달려 있었다. 모든 문에 이런 초인종이 달려 있다는 걸 알게 되면서 그 종소리는 내게 칼크브라이테를 상징하는 소리가 되었다. 프레데리케의 방문 앞 복도에는 휠체어를 탄 한 여성이 있었다. 최신 유행의 뿔테안경에 파란색 스웨터를 입고 있었다. 그녀는 프레데리케에게 나중에 커텐을 달아 줄 수 있는지 물어보았다.

프레데리케는 돌아와서 말했다. "옆방에 사는 실비아예요. 처음에는 그녀와 거리를 두었죠. 휠체어를 탄 사람과 함께 지낸 적이 없기 때문에 다가갈 자신이 없었거든요. 요즘은 공중화장실에 갈 때마다 휠체어 탄 사람도 그곳에 갈 수 있는지 유심히 살펴보곤 해요."

나는 그렇게 실비아를 알게 되었다. 두 시간 후 나는 실비아의 커텐을 달아 주었다. 내가 사다리에 올라가 있는 동안 실비아는 바르트에 대해, 그리고 칼크브라이테가 자신의 고독을 극복하는 데 어떤 도움을 주었는지에 대해 들려주었다. 여기서 진짜 알고 지내는 사람이 몇 명인지 물었다. 실비아는 잠시 생각하더니 이름을 나열했다. "프레데리케, 클라우디아, 자밀라, 마델라이네, 프레드, 자부르, 토마스, 레굴라, 또 다른 레굴라, 도로, 스테판, 비트, 코리네, 프랑소제, 요나스… 와, 거의 200명은 되겠는데요. 셰어하우스에 사는 몇몇 사람들만 잘 모르겠어요. 거기는 사람들이 늘 바뀌니까요." 실비아는 프레데리케에게 했듯이 옆집 초인종을 눌러 끊임없이 도움을 청한다. 그녀는 건너편에 사는 브라질 청년이자 마사지사인 타토에게도 도움을 많이 청한다고 했다.

타토의 문 앞에는 녹황색 플립플롭이 놓여 있었다. 초인종을 눌렀지만, 그는 응답이 없었다. 다음 날 내부 거리를 돌아본 후 재봉방을 구경하고 있을 때, 우연히 한 청년을 만났다. 힙스터스러운 콧수염을 기른 채 흰색 셔츠를 다리고 있는 그가 바로 타토였다. 그 셔츠 위에 연쇄살인범이나 슈퍼히어로에게 잘 어울릴 듯한 빨간 마스크 두 개가 그려져 있었다. 스페인 출신 패션디자이너이자 자신의 친구인 파블로가 이 셔츠를 디자인했다고 그는 설명했다. 파블로는 셰어하우스 '진정한 사랑(True Love)'에 산다.

타토는 내게 '칼크브라이테의 정신'에 대해 이야기했다. 여기서는 정말 많은 사람을, 그것도 대단히 다양한 사람들을 만나게 된다. 자기 구역에는 휠체어를 타는 사람도 사는데, 편지를 써야 할 일이 있을 때 그녀가 가끔 자신을 도와준다고 했다. 내가 이미 실비아와 프레데리케를 만나 이야기한 사실을 몰랐던 것이다. 그는 마사지사로서 늘 사람을 접촉하지만, 다리가 마비되었을 때 어떤 느낌인지는 여기서 처음 배웠다. 그밖에 이 구역에는 은퇴자 세 명이 살고 있는데, 타토는 그전에는 은퇴자의 삶에 대해 아무것도 몰랐다고 한다. 요즘은 가끔 햇살 좋은 날에 앉아 와인을 마시며, 그들이 본 연극이나 밀라노에서 한 쇼핑에 대한 이야기를 듣는다.

칼크브라이테에서 며칠을 보낸 후 나 또한 생각이 바뀌었다. 이들의 만남은 실제로 말 이상인 것 같았다. 타토와 실비아, 타토와 은퇴자들, 실비아와 프레데리케, 프레데리케와 피어싱을 한 남자. 칼크브라이테에는 재봉틀 교실이 있었고, 카드게임 모임, 영화 동호회도 있었으며, 옥상에 사는 꿀벌 6만 마리를 돌보는 그룹도 있었다. 한번은 내 녹음기가 고장 났는데, 실비아가 5분 만에 다른 녹음기 하나를 구해 주었다. 오디오북 더빙 일을 하는 5층 요나스가 녹음기를 갖고 있는 걸 실비아는 알고 있었다. 여기 사는 사람들은 서로에 대해 정말 잘 알았다. 너무 잘 알아서 몇몇 입주민들은 불편함을 느낄 정도라고 했다.

한 젊은 엄마는 이 건물에 있는 어린이집 대신 몇 블록 떨어진 어린이집에 딸을 보낸다. 그렇게라도 하지 않으면, 장점과 단점이 골고루 있는 시골 마을 같은 이 소우주에서 더는 나가지 않게 된다. 여기에 없는 건 장의업체뿐이므로, 요람에서 관까지는 칼크브라이테를 떠날 필요가 없다고 또 다른 주민은 말했다. 실제로 이곳엔 조산소, 어린이집, 병원, 슈퍼마켓이 하나씩 있으며, 다양한 치료사들도 있다.

더 나아가, 칼크브라이테는 만남을 강제할 뿐 아니라, 어떤 사람을 만나야 하는지도 조정하려 한다.

임대 규칙 2.1항에서 분명하게 밝히고 있듯이, 칼크브라이테 입주민 공동체는 '성, 연령, 수입, 직업과 교육 정도, 국적'과 관련하여 전체 스위스 국민의 구성 비율을 반영해야 한다. 더블

이웃

린 시민의회가 인구 통계상 미니 아일랜드가 되어야 했듯이, 칼크브라이테도 미니 스위스가 되고자 한다. 차이가 있다면 칼크브라이테 사람들은 한 달에 한 번이 아니라 매일 서로 만난다는 점이다.

당신이 도시에 살고 있다면, 자신이 사는 지역을 한번 돌아보라. 그러면 칼크브라이테의 생각이 얼마나 혁명적인지 드러날 것이다. 함부르크에서 내가 사는 동네를 예로 들어 보자. 독일에는 연금 생활자가 2000만 명 이상이다. 그러나 내가 사는 동네에서 나이 든 사람은 거의 보이지 않는다. 뚱뚱한 사람도 거의 없다. 비록 독일 성인 4분의 1이 비만이라는 사실을 알고 있지만. 대신 나는 유모차를 자주 보고, 채식 식당과 스칸디나비아식 볶은 커피를 광고하는 영어 간판들을 흔히 본다.

독일만 그런 게 아니다. 나는 테러리스트가 될 뻔했던 자말과 오르후스 시내에 있는 한 주거 지역에서 인터뷰를 했다. 그곳에는 케밥 식당이 많았으며, 의류 할인매장에는 사람들로 붐볐다. 1142 베테랑이었던 존 귄터 딘을 파리 16지구에서 인터뷰했을 때 내가 본 것은 디자이너 브랜드 옷을 입고 4유로짜리 케밥 대신 15유로짜리 크루아상을 먹는 사람들이었다. 내 친구 중 한 명은 시티 오브 런던에서 일한다. 이 친구가 자전거를 타고 일터로 간다고 말하면 사람들이 깜짝 놀란다. 시티 오브 런던에서 자전거로 출퇴근할 수 있는 곳에 사는 사람은 영국 사회에서 가장 소득이 높은 계층에 속하기 때문이다. 내 친구는 실제로 그렇다.

어디에 사세요?

대도시에서 이 질문은 속성 정체성 진단법이다. 상파울리 혹은 블랑케네제*, 하이드하우젠 혹은 그륀발트, 취리히 4구역 혹은 취리히베르크에 산다고 하면 사람을 볼 필요도 없이 그 사람의 이미지가 바로 떠오른다. 그가 좌파인지 우파인지, 젊은 사람인지 늙은 사람인지, 가난한지 혹은 부자인지를 속성으로 진단할 수 있다. 도시 구역의 이름은 기호가 되었고, 지리는 사회 환경과 정치관, 생활 세계에 녹아들었다.

가끔 이 질서가 바뀌기도 한다. 도시사회학자들은 이를 젠트리피케이션 또는 그 반대인 방치(Abandonment)라고 부른다. 그러나 넘어가는 단계에서는 이런 규정이 적용되지 않는다. 기존에 있던 집단이 완전히 나가지 않았고 새로운 집단이 완전히 들어오지 못했기 때문이다. 노동자, 터키인, 힙스터, 시민 계급, 학생 등등이 섞여 있게 된다. 연방 노동사회부의 연구 보고서는 다음과 같은 결론을 내린다.

'도시가 클수록 인종적 사회적 분리도 더 크다.'[46]

처음에는 이런 분리가 편안하다. 내가 좋아하는 카페에서 사람들을 만나고, 그들과의 대화에서 다섯 가지 대화 주제를 재

---

* 상파울리와 블랑케네제는 각각 함부르크를 대표하는 지역이다. 상파울리가 도심, 유흥가, 문화적 다양성, 좌파 성향, 역동성을 드러낸다면, 블랑케네제는 한적함, 강가, 안정성, 최고 부유층을 상징한다. 뮌헨의 하이드하우젠과 그륀발트, 취리히 4구역과 취리히베르크도 비슷하게 대조적인 의미를 갖는다.

이웃

빨리 찾는 것이 좋다. 그러나 사회 전체로 본다면, 이런 분리는 문제가 된다. 우리의 거주지만큼 우리의 일상에 영향을 크게 미치는 것은 없다. 거주지는 단지 카페에서 만나는 사람만 결정하지 않는다. 거주 지역은 우리 아이의 어린이집과 그곳에서 만나는 부모까지 정한다. 어떤 스포츠 클럽에 가고 누가 우리와 함께 뛰게 될지도 정한다. 동네 의원 대기실에서 우리 옆에 앉을 사람과 빵집에서 만나게 될 사람도 정해 준다. 거주 지역은 종종 우리의 친구가 될 사람도 정해 준다. 이처럼 도시가 분리될수록 도시의 구역은 더욱 동질화되며, 그 거주민의 생활 세계는 더 두꺼운 필터로 덮혀서 다른 사회 환경에 대한 편견이 더욱 커진다.

반대의 계산도 똑같이 적용된다. 한 구역에서 만나는 사람이 다양할수록 모든 개인은 타인에 대해 더 적은 편견을 갖게 된다. 이 점이 칼크브라이테를 그렇게 흥미롭게 만든다. 칼크브라이테는 취리히 4구역에 있다. 이 구역은 젊은이들과 좌파들 사이에 언더그라운드 클럽들과 예술영화 극장들로 유명하다. 이런 동질적인 환경 가운데 있는 칼크브라이테가 인구 비율에 따른 다양성을 보여 주는 섬이 실제로 될 수 있을까? 그 목표를 임대 규약에 기록함으로써 도시의 사회 분리화라는 자연법칙을 폐지할 수 있을까?

칼크브라이테에서 며칠을 보낸 후, 나는 지금까지 만났던 입주민 목록을 작성해 보았다. 나는 미소를 지을 수밖에 없었다.

그 목록은 마치 다양성을 표현하는 풍자시 같았다. 셰어하우스 '평행선' 뒷방에는 라헬이 산다. 그녀는 레즈비언이며, 절반은 케냐인, 절반은 스위스인이다. 이 건물에서 가장 큰 집에는 정통 유대교 가족 일곱 명이 살고 있다. 이들은 금요일 저녁에 복도에 있는 집 앞 자동 전등 센서를 테이프로 가려 둔다. 안식일에 전등이 켜지지 않도록 하기 위해서이다. 그리고 타토가 있다. 그는 브라질 출신 게이 마사지사이다. 그의 친구이자 스페인 출신 패션 디자이너 파블로는 셰어하우스 '진정한 사랑'에 살고 있는데, '진정한 사랑'은 올리비어와 로트의 옆집에 있다. 올리비어는 프랑스 출신의 보험 전문가이며, 로트는 치료사이다. 그리고 시민 계급 출신 첼리스트 프레데리케가 있다. 프레데리케 옆집에 시골 출신 휠체어 사용자 실비아가 산다. 실비아 집에서 문 여러 개를 지나면, 동독 출신 전기기사 클라우스가 산다. 실비아는 그를 '유령'이라 부른다. 그는 실제로 거의 모습을 드러내지 않는다.

스위스에 사는 사람 가운데 79퍼센트가 스위스 여권을 갖고 있다. 칼크브라이테에는 75퍼센트가 여권을 갖고 있다.[47] 스위스에 사는 사람 31퍼센트가 4만에서 6만 프랑 사이를 번다. 칼크브라이테에서의 그 비율은 29퍼센트이다.[48] 칼크브라이테는 몇몇 지점에서 미니 스위스가 되는데, 이는 실제로 성공한 듯하지만 모든 영역에서 그렇지는 않다. 입주민은 스위스 평균보다 더 젊고, 여성이 많으며, 교육 수준이 더 높다. 아주 크지는 않지만, 그 차이는 분명히 존재한다. 다른 곳에서는 강력한 사회적 분리를 만들어 내는 대도시의 동질화 과정이 이곳에서는 약한 사회적 분리를 만드는 데 그친다. 어느 정도 제동이 걸리기 때문이다. 이 과정을 완전히 멈추게 하는 일은 여기서도 불가능하다. 2015년 가을에 있었던 한 사건이 이를 잘 보여 준다.

당시 실비아가 속한 2구역에 방 하나가 비었다. 실비아가 살고 있던 방보다 조금 작은 방이었다. 이미 2구역 입주민 공동체에는 여성, 젊은이, 외국인, 고등교육을 받은 사람들이 조금 많았기 때문에, 그 방에는 50세 이상의 고등교육을 받지 않은 스위스 남성이 입주해야 했다. 아마도 지금까지는 그 수가 매우 적었던 기능공이 그 방에 맞았을 것이다.

주민들의 총회인 전체 회의가 어느 화요일에 열렸다. 카페에 50여 명이 모였고, 실비아는 맨 뒤에 앉았다. 빈 방에 대해 의논할 때, 프레드가 일어나 앞으로 나갔다. 프레드 프로호퍼는 부드러운 목소리에 날씬한 몸매를 가진 50대 중반 남성으로, 빈 방 바로 건너편에 살고 있었다. 프레드는 난민을 받아야 한다고 주장했다. 당시는 난민 수만 명이 유럽으로 오던 때였다. 대부분 독일로 갔지만, 스위스에도 많은 난민이 왔다. 프레드를 비롯한 2구역의 다른 주민들은 모범 사례 하나를 만들고 싶었다. "누군가 이에 반대할 수 있다는 건 생각도 못했습니다." 나중에 프레드는 이렇게 회고했다.

프레드의 발언이 끝나자, 실비아가 손을 들었다. "왜 외국인은 싸고 예쁜 방을 그렇게 쉽게 얻어야 하나요? 이 집을 얻기 위해 휠체어 이용자는 얼마나 오랫동안 기다려야 하는지 알고 있나요? 그리고 방금 전쟁 지역에서 탈출한 사람이라면 이웃에 게 많은 도움을 청하지 않을까요? 나는 그런 요청을 감당할 수 없습니다."

자신이 발언할 때 프레드는 많은 공감의 끄덕임과 미소를 보았다. 그러나 반대 의사를 밝히는 건 실비아만이 아니었다. 총회에서는 만장일치로만 결정할 수 있었으므로 프레드의 의견은 수용되지 않았다. 대신 같은 반에 있는 이웃의 도움으로 다른 해결책을 찾았다. 이사를 나가는 여성이 자신의 방을 1년 동안 난민에게 전대하기로 한 것이다. 이에 대해서는 누구도 반대할 수 없었다. 그렇게 원래 들어와야 했던 스위스 남성 대신 아프가니스탄 여성이 이사를 왔다. 자밀라 하디, 55세, 카불 출신.

2015년 12월 6일 아침, 실비아는 휠체어를 타고 1층 대식당으로 갔다. 1층 대식당은 보통 매일 저녁 요리사가 음식을 준비하지만, 이날은 성 니콜라스의 날을 맞아 브런치가 있었다. 실비아는 초프 빵을 구웠다. 거기서 실비아는 자밀라를 처음 만났다. 분홍색 니트 자켓을 입은 자밀라는 음식을 하나 가져왔다. 설탕과 페스타치오, 그리고 카다몬으로 만든 아프가니스탄 디저트였다. 맛이 기가 막혔다. 그들은 짧은 대화를 나누었다. 무엇에 대한 대화였는지 기억나지는 않지만, 편안한 대화였다고 실비아는 기억한다. 솔직히 실비아는 전쟁 트라우마에 빠진 사람을 예상했다. 그러나 자밀라는 그보다 강단 있어 보였고, 무엇보다 도움이 필요한 사람으로 보이지 않았다.

실비아는 일하지 않았다. 더는 일을 할 수 없기 때문이었다. 자밀라도 일하지 않았다. 일을 해서는 안 되기 때문이었다. 두 사람은 시간이 많았다. 두 사람은 서로에게 방문하곤 했다. 가끔 함께 식사했으며, 가끔씩 파블로가 카페에서 여는 재봉틀 교실에도 함께 갔다. 실비아는 당시 스위스 철도 연간 이용권이 있었다. 레만호에 당일치기로 소풍을 가던 어느 날, 집 앞에 있는 전차 정거장에서 자밀라를 만났다. 자밀라도 기꺼이 거기 가고 싶다고 했다. 휠체어 이용자로서 실비아는 열차에 한 명을 동반할 수 있었다. 그다음 여행에는 처음부터 자밀라도 함께했다. 겨울에 두 사람은 기차를 탔다. 취리히 안개를 뚫고 맑고 차가운 산악 세계로 올라갔다. 눈은 1미터 높이로 쌓여 있었지만, 높이 뜬 태양과 양가죽 담요가 있었다. 그들은 펀치를 마시며 몸을 데웠다.

그들은 고트하르트 터널 개통식에도 갔다. 실비아는 자밀라에게 '백년 프로젝트'라는 단어를 설명해 주었고, 자밀라는 실비아에게 웃음을 선사해 주었다. 실비아가 깡통 맞추기 게임을 하면서 지갑을 획득할 때 자밀라는 수천 명이 모인 축제 광장에서 잠이 들었다. 실비아는 자밀라에게 스위스를 보여 주었다. 자밀라는 실비아를 위해 요리와 빨래를 해 주었다. 그 사이 실비아의 최애 음식은 당근, 건포도, 양고기가 들어간 아프가니스탄 쌀 요리 카불식 팔라우가 되었다.

자밀라 하디의 이야기는 접촉의 힘을 보여 주는 또 다른 사례를 넘어선다. 이 이야기는 이런 접촉을 향한 인간의 본성이 얼마나 완강한지를 이중으로 보여 준다. 칼크브라이테 입주민 들은 다양성을 만들기 위한 할당제에 동의했다. 이 할당제를 실 제 적용해야 하는 상황에서 실비아는 휠체어 이용자의 입주를 원했다. 마찬가지로 프레드는 난민 이주자를 원했다. 이 개별 사 례에서 이번 한 번은 규칙을 무시할 수 있다고 양쪽이 합의했다.

이번 한 번. 칼크브라이테에서 꾸준히 이번 한 번이 생긴 다. 동질감에 대한 인간의 열망 때문에 더 많은 동질성을 칼크브 라이테에 가져오려는 새로운 방법들이 생겨난다. 셰어하우스들 이 이를 위한 주요 통로이다. 셰어하우스에 빈 방이 생기면, 그 셰어하우스에 사는 입주민들이 누가 이사 올 지 직접 결정한다. 이 결정을 통해 건물의 전체 인구 비율이 바뀐다. 17개 방으로 구성된 마멋빌딩을 방문했을 때, 터틀넥을 입고 안경을 쓴 40대 후반의 마르쿠스가 셰어하우스를 안내해 주면서 함께 사는 사 람들의 직업을 알려 주었다. 마르쿠스 자신은 조경사로 일한다 고 했다. 그밖에 건축가, 사회복지사 세 명, 요양사, 유치원 교사 등이 함께 사는데, 전체적으로 사회 사업 분야 종사자가 이 셰 어하우스의 다수를 차지하고 있었다. 3층에는 심리학과 학생 세 명이 살고 있는데, 그들은 대학에서 만났다고 한다. 같은 나이의 경제학과 학생도 한 명 더 있다고 했다.

협동조합 사무실 직원은 말한다. "사회적 평균을 지키는 일이 이미 우리에게 큰 문제가 되고 있습니다."

그러나 실제로는 놀라울 정도로 성공적이다. 최소한 임대 규칙에 있는 다섯 가지 기준은 충분히 만족시키고 있기 때문이다. 단 한 가지 분야에서는 전혀 성공하지 못하고 있었다. 바로 정치관에서 그렇다.

스위스 국회인 국민의회에서는 65석을 갖고 있는 우파 포퓰리즘 정당인 스위스 국민당(SVP)이 상당히 큰 격차로 가장 강력한 정당이다. 칼크브라이테에서 나는 스위스 국민당에 투표했다는 입주민을 한 명도 만나지 못했다. 최소한 공감한다는 사람조차 없었다. 이 집은 좌파로 크게 기울어져 있다. 보수적인 가정 출신인 첼리스트 프레데리케 같은 사람들조차도 시간이 지나면서 좌파로 기울었다. 칼크브라이테에서 나는 정치적 갈등을 만나지 못했다. 계단 플래카드를 둘러싼 싸움을 제외하고 말이다.

프레드가 참여하고 있는 '가볍게 살기 모임' 회원들은 플래카드 여러 개를 건물에 걸었다. 플래카드의 목적은 칼크브라이테 입주민들의 환경 의식을 높이는 데 있었다. 한번은 물 소비에 대해 다루었고, 그다음으로 전자파나 미세먼지 문제 등을 다루었다.

칼크브라이테에 들어가는 계단 입구는 모두 일곱 개로, 각 입구마다 다른 색깔로 칠해져 있다. 이 일곱 개 입구에 가볍게 살기 모임 회원들이 플래카드를 하나씩 걸었다. 다음 날 아침, 프레드는 보라색 계단 입구에 있는 플래카드가 뒤집혀 있는 것을 보았다. 프레드는 이 플래카드를 다시 돌려놓았다. 다음 날에도 그 플래카드는 뒤집혀 있었다. 프레드는 다시 돌려놓았다. 그 다음 날 아침에도 플래카드는 뒤집혀 하얀 뒷면을 보여 주었다. 이번에 프레드는 다른 플래카드를 걸었다. 또 뒤집혀 있었다. 프레드는 모든 문구와 주제를 실험했지만, 언제나 그다음 날 아침이면 플래카드는 뒤집혀 있었다. 다른 계단 입구에 있는 플래카드는 아무 문제가 없었다.

프레드는 플래카드 옆에 쪽지를 하나 써서 붙였다. 서로 대화로 해결할 수 있다는 내용이었다. 하지만 아무도 답하지 않았다. 그다음에 프레드는 플래카드 뒷면에 플래카드를 뒤집는 사람에게 보내는 메시지를 적었다. 다음 날, 모든 사람이 그 메시지를 읽을 수 있었다.

프레드는 액자틀을 하나 가져왔다. 이제 플래카드는 액자가 되었다. 다음 날 아침에도 플래카드는 뒤집혀 있었다. 플래카드를 뒤집는 사람은 조심스럽게 유리를 떼 내어 플래카드를 뒤집은 다음 다시 유리를 끼웠다. 모든 게 완벽했다. 확실히 범인은 손재주가 있는 사람이었다.

프레드는 액자 틀에 나사못 두 개를 하나씩 박았다. 프레드는 쉽게 포기할 수 없었다. 비건으로 살고 있는 프레드는 헌 옷만 입고, 비행기를 거의 타지 않으며, 그린피스에서 활동했다. 생태주의는 프레드에게 매우 중요한 사안이었다. 그러나 플래카드를 뒤집는 사람은 육각렌치를 갖고 있는 것이 확실했다. 다음 날 플래카드는 또 뒤집혀 있었다.

이런 고요한 전투가 40여 차례 진행된 2018년 가을, 프레드는 새로운 내용의 플래카드를 걸었다. 스위스 국민당이 제기한, 자기 결정 우선권을 위한 국민 투표에 반대하는 내용이었다. 자기 결정 우선권이 통과되면, 중요한 국제 조약들이 스위스에서 효력을 잃게 될 것이다. 자기 결정 우선권 반대자들은 그렇게 될까 봐 두려워했다. 프레드를 포함하여, 내가 칼크브라이테에서 만났던 모든 사람들이 그랬다. 다음 날 아침 프레드는 이 플래카드가 제대로 걸려 있는 것을 보았다. 스위스 국민이 11월에 자기 결정 우선권을 국민 투표를 통해 거절할 때까지, 그 플래카드는 뒤집히지 않고 제대로 걸려 있었다. 국민 투표가 끝난 후 프레드는 플래카드를 철거했으며, 처음으로 새 플래카드를 걸지 않았다. 플래카드를 뒤집는 사람의 승리였다.

그는 도대체 누구였을까?

사람들을 통해 들은 이름은 클라우스였다. 그렇다면 클라우스와 이야기를 나누어 봐야겠다고 생각했다. 황금빛 초인종을 돌리기 위해 그의 방 앞에 갔다. 초인종 손잡이가 빠져 있었다. 대신 검은색 작은 노트와 방금 깎아 놓은 듯한 연필이 걸려 있었다. 칼크브라이테 전화번호부에도 클라우스의 전화번호와 이메일 주소는 없었다. 나는 그의 방문을 두드렸다. 아무런 응답이 없었다. 나는 여러 차례 문을 두드렸다. 아무 반응이 없었다. 그의 우편함에 편지를 하나 써서 넣었다. 아무런 소식이 없었다.

당시 나는 칼크브라이테 입주민 60여 명과 모두 대화를 해 봤다. 심지어 대단히 격리되어 살아간다는 느낌을 주었던 정통 유대교 가족과도 대화를 나누었다. 그들은 나를 자신의 집에서 맞이해 주었다. 클라우스만 제외하고 모두와 이야기를 했다. 클라우스는 나하고만 이야기를 하지 않은 게 아니었다. 공식적으로 클라우스는 실비아와 같은 2구역 소속이지만, 그는 오랫동안 모임에 나타나지 않았다. 클라우스를 잘 안다는 사람을 찾지 못했다. 확실히 그는 접촉을 꺼렸다. 그 또한 아무런 문제가 없는 행동이기는 하다. 만남을 위해 설계된 주택이라고 해도 만남을 강제할 수는 없는 노릇이기 때문이다. 모든 이웃은 이런 결정을 존중해야 하고, 대부분 그렇게 했다. 대부분 입주민들이 이념적이지 않다는 게 어찌 되었든 편안한 일이다. 이렇게 보면 칼크브라이테는 공동체라기보다는 차라리 도시의 장터 같은 느낌을 준다. 장터에서는 사람들을 '만날 수도' '만나지 못할 수도' 있다. 그리고 클라우스는 사람들을 '만나지 않기로' 결정했다.

지금부터는 클라우스에 대해 집중적으로 다루려고 한다. 그의 사례는 만남을 거부하는 것이 어떤 대가를 치르게 되는지 잘 보여 주는 전형적인 예가 될 것이다. 클라우스는(실제 이름은 물론 클라우스가 아니다.) 모든 입주민이 보기에, 자신과 이웃 사이에 가장 먼 거리를 유지하는 사람이었다. 클라우스는 그 거리를 편견과 투사의 공간으로 만들었다. 누군가는 클라우스가 법관이라고 말한다. 어떤 사람은 클라우스가 극좌파라고 말한다. 생태근본주의자라고 말하는 사람도 있다. 클라우스는 술꾼이다, 폭도다, 영리하고 섬세한 영혼이다 등의 소문을 나 또한 들었다. 욕심이 많고 박식하며 딸처럼 어린 여자에게 관심이 많다고 수군대기도 한다.

클라우스에 대한 이런저런 소문들은 내게 너무도 이상해 보였다. 이 소문들은 우리가 흔히 듣는 그저 그런 헛소문이었는데, 이상하게 보였던 지점은 바로 여기였다. 이곳 칼크브라이테에서 이런 소문들은 익숙한 것이 아니었다. 여기서 이런 소문들은 평범한 일이 아니었다. 칼크브라이테에서 경험한 것을 종합해 볼 때, 나는 이곳에서 편견을 거의 만나지 못했다. 그 이유는 아마도 이곳에 있는 사람들은 상대방에 대해서가 아니라, 상대방과 함께 이야기하기 때문일 것이다. 하지만 클라우스만은 예외였다.

칼크브라이테에 있는 집과 방의 출입문들은 모두 같아 보이지만 실제로는 매우 다양하다. 이 문들은 밝은색의 듬직한 나무로 만들어졌고 허리 높이에 초인종이 달려 있었지만, 입주민 대부분은 이 똑같은 모양을 그냥 두지 않았다. 실비아는 파키스탄 출신의 노벨평화상 수상자 말라라 유사프자이의 사진을 걸어 두었다. 프레데리케는 튀니지 여행 사진과 함께 첼리스트라고 알려 주는 작은 푯말을 붙였다. 다른 문들에는 아이가 그린 그림들, 지구 사진, 중국 영화 포스터가 걸려 있었다. 이처럼 입주민들은 자신들의 문을 자기 정체성을 보여 주는 징표이자 진열창으로 사용했다.

클라우스도 출입구에 변화를 주었다. 문에는 아무것도 걸지 않은 대신 그 옆에 있는 신발장에 독일 자연보호연맹(NABU) 스티커를 붙여 두었다. 스티커에는 '2010년의 새' 가마우지 사진이 들어 있다. 두 번째 스티커는 '2006년의 새' 딱다구리였다. 세 번째 스티커에는 '천연자원'이란 단어가 쓰여 있고, 그 옆에 빈 충전기가 있다.

클라우스에 대해 들었던 소문 가운데 생태근본주의자라는 소문이 가장 그럴듯해 보였다. 그런 그가 플래카드를 뒤집은 사람이라고는 믿기지 않았다. 자연을 마음에 두고 있는 사람이 환경 의식에서 걸어 놓은 가볍게 살기의 플래카드를 뒤집을 이유가 어디 있겠는가? 그러나 이런 나의 생각 또한 검증도 반증도 할 수 없는 하나의 편견이자 투사일 뿐이었다. 무엇이든 확인하기 위해서 클라우스와 대화를 해야 했다.

칼크브라이테를 떠나는 날, 클라우스 문에 걸린 메모장에 내 생각을 남겼다. 그 메모장에 글을 남기는 건 내가 처음이었다고 한다. 나는 17쪽에 걸쳐 내 생각을 적은 후 기차역으로 갔다.

이웃

3일 후 나는 타자로 친 편지를 하나 받았다.

클라우스는 이렇게 썼다.

"누가 나를 의심했는지 나는 모릅니다. 어떤 이들은 플래카드 뒤집기에서 어떤 반역적인 의미를 얻을 수도 있었겠죠. 나는 더는 그런 일에 몰두하지 않습니다. 소문에 대해서는 주석을 달지 않습니다. 유명하고 위대한 독일의 철학자 코르스가 우리를 위해 벌써 설명해 주었기 때문이죠. '헛소리는 계속 부풀어 올라 결국 괴성을 내며 터진다!' 칼크브라이테에는 사회복지사와 심리학 전공자들이 엄청 많이 있습니다. 그 사람들은 자신들이 추정하고 있는 이 기이한 인물에 대해 더 많은 이해를 하려고 했을 겁니다. 어떤가요? 이건 그 직업군에 대한 긍정적인 편견인가요?"

나는 클라우스가 영리하다는 것을 알고 있다. 실제 그는 박학하기도 하다. 그는 편지 말미에 손으로 "안녕, 안녕!"이라고 썼다. 그 마지막 인사 앞에 클라우스는 내가 남긴 메모의 한 문장을 비평했다. 내가 쓴 문장은 이것이다.

"편견은 사람들이 서로 모르는 곳에서, 사람들 사이에 거리가 있는 곳에서 자라납니다."

클라우스는 이렇게 답했다.

"내가 보기에 당신의 주장은 근거가 부족해 보입니다. 1990년대 발칸 전쟁 때 오랫동안 이웃이었던 이들이 왜 서로 약탈하고 강간하고 학살했는지 이 명제는 대답하지 못합니다. 이 사람들은 수십 년 동안 함께 국영기업에서 일했고, 그들의 아이들은 같은 학교를 다녔습니다."

이 글을 읽고 나는 그의 메모장에 17장을 더 채우지 않았던 것이 안타까웠다. 클라우스의 비평은 당연히 타당한 주장이다. 이 주장은 접촉가설에 대한 강력한 반론이다. 발칸반도에서만 친구들이 서로를 배신한 게 아니었다. 르완다에서는 사람들이 정글도로 이웃을 학살했다. 서로 잘 알고 있었지만, 마치 전혀 모르고 있었다는 듯이 하나의 편견만 따라갔던 사람들의 이야기는 거의 모든 전쟁에서 등장한다. 말하자면, 그런 사람들에게는 접촉이 증오와 적의를 막아 주는 예방주사가 되지 못했다. 증오와 적의 속에 공감이 부정되었던 것이다. 이런 사실을 어떻게 설명할 수 있을까?

이 질문에 대한 대답은 다음 장에서 할 것이다. 그리고 그 대답은 또 다른 질문에 대한 대답으로 이끌어 줄 것이다. 또 다른 질문이란 접촉의 힘이 미치는 범위에 대한 것이다.

우리는 지금까지 접촉의 힘을 확인했다. 이 힘은 헤르메스와 그의 세르비아 가족들 사이에서 '우연히' 그 효력을 발휘했다. 토르라이프 링크는 자말을 이슬람 급진주의에서 빼내기 위해 이 힘을 '의식적으로' 사용했다. 접촉의 힘은 핀바르 오브라이언과 크리스 라이언스의 삶을, 더 나아가 아일랜드인들의 삶까지도 바꾸어 놓았으며, 칼크브라이테에서는 많은 이웃을 친구로 만들어 주었다.

이 힘이 좀 더 넓은 영역에서도 효력을 발휘할 수 있을까? 전체 사회의 화해에, 그것도 아주 심각하게 분열된 사회의 화해에도 도움을 줄 수 있을까? 짧게 답하자면, 그렇다. 도움을 줄 수 있다. 이 힘을 성공적으로 활용한 사회가 하나 있다. 이 접촉이라는 도구를 오늘날까지 이렇게 급진적이고 광범위하게 활용하는 사회는 세계에서 오로지 여기밖에 없을 것이다. 이 사회에 대해서는 마지막 장에서 다룰 것이다. 그 전에 클라우스의 문제제기에 먼저 대답하겠다.

접촉과
전쟁

가끔 접촉은 역효과를 낳는다. 개별 인간이 아닌
집단으로 만날 때, 개인이 아닌 부족들이 만날 때
그렇다. 부족적 사고는 공감의 타고난 적이다.

사회과학적으로 유명한 실험 하나가 1954년 여름에 있었다.[49] 오클라호마에 있는 심리학자들은 당시 5학년 학생 22명을 뽑았다. 그들은 서로를 몰랐지만, 매우 비슷한 학생들이었다. 모두 남학생이었고, 백인 개신교 신도였으며, 중산층의 아이들이었고, 학교 성적도 모두 비슷했다. 이들을 11명씩 나누어 그리 멀지 않은 곳에서 각각 야영을 하게 했다.

1주일 후 심리학자들은 야구 또는 줄다리기와 같은 경기를 하게 했다. 팀 이름은 각각 독수리와 방울뱀으로 정했다. 첫 번째 경기가 열리기도 전에 두 팀은 서로에게 야유를 보냈다. 어느 날, 독수리 팀이 방울뱀팀의 깃발을 태웠다. 방울뱀 팀은 독수리 팀 야영지를 침입하여 주장의 바지를 훔쳐와 깃발 대용으로 사용했다. 복수를 위해 독수리 팀은 방울뱀 팀 야영지를 습격하였고 침대를 오물로 더럽혔다. 자신들의 야영지로 돌아온 후 독수리 팀은 무기를 준비했다. 그들은 양말에 돌맹이를 숨겨 두었다. 주먹싸움으로까지 번졌을 때 심리학자들은 실험을 중단했다.

일주일만에 소년들은 부족 두 개를 만들었다. 개인은 중요하지 않았고, 오직 '우리'와 '그들'만이 중요했다. 집단 정체성이 너무 강해져서 소년들은 객관적으로 자기 팀원들과 다른 사람들을 향해서도 폭력을 사용했다. 이들의 접촉은 공감이 아닌 전쟁으로 귀결되었다.

영국의 사회심리학자 헨리 타지펠(Henri Tajfel)은 이 실험을 다룬 글을 읽고 질문이 생겼다. 정확히 어느 지점에서 이런 적대감이 생겨났을까? 처음에 이 소년들은 똑같았다. 마지막에 이들은 서로 적이 되었다. 어느 순간 동질감을 몰아냈을까? 타지펠은 실험을 하나 생각해 냈다.[50]

타지펠도 비슷한 사람들을 대상으로 실험을 시작했다. 타지펠의 실험에는 자신이 가르치던 브리스톨 대학교의 학생들이 참여했다. 타지펠은 학생들을 한 명씩 따로 연구실로 불렀다. 타지펠도 무작위로 이 학생들을 두 집단으로 나누었다. 이 임의의 분류 작업 때 타지펠은 다양한 방법을 사용했다. 처음에는 학생들 앞에서 동전을 던져 집단이 임의로 구성되었고, 집단 및 구성원들 사이에 아무 차이가 없음을 확인할 수 있게 했다.

타지펠은 이제 각 집단에 작은 차이를 도입하기 시작했다. 예를 들어, 한 집단은 모자를 쓰고 다른 집단은 쓰지 않는다. 이런 식의 차이를 계속 만들어 갔다. 차이를 추가할 때마다 집단 정체성은 더욱 강해졌다. 언제부터 다른 집단 구성원을 '타자'로 보게 될까? 언제 '부족'이라는 관념을 넘겨받게 될까?

이 실험을 시작하기 전에 타지펠은 연구실에 온 학생들에게 말했다. "이왕 여기 왔으니 완전히 별개인 두 번째 실험도 도와 줄 수 있겠어요?" 실제로는 두 번째 실험도 첫 번째 실험의 일부였다. 타지펠은 방금 나뉜 두 집단에게 임의 대로 돈을 나누어 주라고 학생들에게 요청했다. 그는 학생들이 특정 집단에 특별한 선호를 보여 주지 않을 것이라고 기대했다. 왜? 이것은 독립적인 실험이었기 때문이다. 더욱이 학생들은 몇 분 전에 자기가 어디 소속인지 알게 되었고, 그 후에도 연구실에 혼자 있었다. 그들은 자기 집단과 다른 집단의 구성원이 누구인지 한 명도 몰랐다. 그들 사이에는 아무런 공통된 정체성도 없었고, 그들이 함께한 경험도 없었다. 단 1초도 함께 보낸 시간이 없었다. 완전히 임의로 정해졌던 이름 이외에 그 집단이 공유하는 건 아무것도 없었다. 그럼에도 돈을 나누어 줄 때, 학생들은 체계적으로 '자기' 집단을 선호했다.

체육 대회도, 모자도 필요 없었다. 부족주의적 사고를 깨우는 데 동전 던지기 하나면 충분했다. 그 이후 사회심리학자들은 무수히 많은 실험으로 이를 증명했다. 인간들은 아주 하찮고 사소한 것으로 집단 정체성을 만든다. 우리도 다를 수 없다. 아기들조차 이미 그렇다. 예를 들면, 백인 아이는 흑인을 보았을 때 울음을 터뜨린다. 그 반대의 경우도 마찬가지다.[51]

이런 집단 형성이 두 가지 효과를 낳지만 않는다면, 그렇게 나쁘지만은 않을 것이다. 그러나 오클라호마의 실험에서 이미 이 두 가지 효과가 드러났다. 첫째, 집단 안에서 사람들은 현실 감각을 잃어버린다. 야구와 줄다리기 이외에 독수리 팀과 방울뱀 팀은 콩 모으기 시합도 했다. 모든 소년은 자신의 수확물을 실험 책임자에게 넘겨주었다. 양 팀 소년들이 모두 볼 수 있게 실험 책임자는 그 수확물을 넓은 천 위에 뿌렸다. 그러나 사실은 갯수가 같은 콩을 미리 준비해 두었고, 책임자는 그것을 바닥에 부었다. 그 다음 소년들에게 뿌려진 콩의 양을 각각 추측하게 했다. 소년들은 자기 집단의 능력을 체계적으로 과대평가했고 상대 집단의 능력은 과소평가했다. 이들은 무의식적으로 잘못된 대답을 했다.

또한 심리학자들은 독수리 팀원들이 방울뱀 팀원들을 쫓아낸 무용담을 서로에게 떠벌리는 것을 목격했다. 실제 일어난 일과는 전혀 맞지 않는 이야기였다. 또 다른 상황에서 심리학자들은 방울뱀 팀원들이 서로에게 확신을 주는 모습도 목격했다. 그들은 독수리 팀원들이 쓰레기를 자신들의 야영지 수변가에

　　　　　　　　　　　　　　　　　　　공동체

버렸다고 확신했다. 진실은 달랐다. 자신들이 그 전날 밤에 그곳에 쓰레기를 놓아 두었다. 최소한 몇몇 방울뱀 팀원은 진실을 알고 있었다. 그러나 그런 건 중요하지 않았다. 그들은 거짓말을 했고 진실을 마음대로 해석하여 우리와 적대자를 설명하는 데 활용했다. 그렇게 그들의 인지는 부족화되었다.

1951년 11월, 프린스턴 대학과 다트머스 대학 사이에 미식축구 경기가 있었다. 2피리어드 때 프린스턴 스타 선수의 코가 부러졌다. 3피리어드에서는 다트머스 선수의 다리가 부러졌다. 반칙으로 물든 경기였다. 미국 대학 미식축구 역사에서 가장 거친 경기 중 하나였다. 경기가 끝난 후 프린스턴은 다트머스에 책임을 돌렸고, 다트머스는 프린스턴에 책임을 돌렸다.

몇 주 후 두 대학의 사회심리학자들은 강의실에서 이 경기를 다시 보여 준 다음 학생들에게 설문지를 작성하게 했다. 프린스턴 학생들이 계산한 파울 수는 다트머스 학생들이 계산한 숫자보다 2배 많았다. 프린스턴 학생들은 심각한 파울과 가벼운 파울의 비율을 2 대 1로 보았다. 다트머스 학생들은 1 대 1로 보았다. 다트머스가 먼저 도발을 시작했다고 말한 프린스턴 학생은 86퍼센트였다. 반면 다트머스에서는 36퍼센트만이 그렇게 생각했다.[52]

두 대학의 학생들은 같은 경기를 담은 같은 영상을 봤다. 그러나 설문 결과는 완전히 달랐다. 그들에게는 자기 팀을 정당화하는 게 더 중요했다. 학생들은 부족처럼 행동했다.

미식축구 경기 장면들은 늘 그렇게 해석되기 마련이므로 이런 실험에 미식축구는 적절하지 않다고 반박할 수도 있을 것이다. 그러나 사회심리학자 솔로몬 애쉬(Solomon Asch)가 같은 해에 수행했던 실험을 앞에 두고는 이런 반박을 할 수가 없다.[53] 애쉬는 실험 참가자들에게 선 하나가 그어져 있는 종이 한 장을 보여 주었다. 그다음 애쉬는 이들에게 또 다른 종이를 보여 주었다. 이 종이에는 선 세 개가 그려져 있었는데, 하나는 첫 번째 보여준 선과 길이가 같고, 다른 하나는 확실히 짧으며, 또 다른 하나는 확실히 길었다. 실험 참가자의 99퍼센트 이상이 같은 길이의 선을 찾아낼 수 있었다. 대단히 쉬운 과제였다.

애쉬는 실험을 바꾸었다. 애쉬는 6명을 실험 참가자 한 명이 있는 방에 투입했다. 이들은 실험 설계의 일부였지만, 실험 참가자들은 이 사실을 몰랐다. 실험 책임자는 방에 있는 사람들에게 한 명씩 순서대로 어떤 선이 첫 번째 선과 길이가 같냐는 질문을 던졌다. 이미 계획을 알고 있는 실험 보조자들을 모두 틀린 대답을 했다. 진짜 실험 참가자는 마지막으로 대답했다. 37퍼센트가 오답이라고 정확히 알고 있는 것을 정답이라고 대답했다. 프린스턴 대학과 다트머스 대학의 학생들처럼 그들은 진실을 거슬러 집단에 대한 충성을 선택했다.

이 실험 이후 학자들은 모든 가능한 조작에 성공했다. 심리학자들은 미국 공화당의 사회 정책이 마치 민주당의 정책인 것처럼 가장하여 민주당원들이 이 정책을 지지하도록 하는 데 성공했다. 그 반대의 경우도 마찬가지였다. 기후 변화나 총기 소지에 대한 입장에서도 비슷한 성공을 거두었다. 언제나 결과는 같았다. 내용과는 상관없이 많은 사람들은 자기 팀에 찬성했다. 이 눈먼 충성은 매우 위험할 수 있다. 특히 이미 오클라호마 실험에서 드러났던 집단 형성의 두 번째 효과를 생각하면 더욱 그렇다. 독수리 팀과 방울뱀 팀의 공격성은 예외가 아니었다. 그것은 규칙이었다.

연구자들은 집단 정체성과 외부자에 대한 공격성 사이의 연관성을 인간의 생물학적 특성에서까지 찾아냈다. 집단에 속한 사람이 슬퍼하는 사진을 보면 우리는 마음이 아프다. 경쟁하는 집단의 구성원이 슬퍼하는 사진을 보면 기쁨을 느낀다.[53] 집단의 구성원이 손에 바늘이 찔린 모습을 본다면 우리는 고통을 느낀다. 다른 집단의 구성원에 대해서 이런 공감은 일어나지 않으며, 어떤 상황에서는 기쁨을 느끼기도 한다. 이때 뇌에 있는 보상센터가 어떻게 활성화되는지 뇌 스캐너 실험이 보여 준다.[54]

만약 우리가 집단 정체성이 위협받는다고 느끼면, 예를 들어 인종주의적 비난을 들으면, 우리 몸은 격렬하게 스트레스 호르몬인 코르티솔을 생산한다. 이 사실을 침에 있는 호르몬 분포로 증명할 수 있다. 우리 몸은 마치 숲에서 늑대를 만난 것처럼 반응한다. 우리는 전투를 위해 무장한다. 이 말은 곧 다른 캠프에 속한 사람을 우선 사람이 아닌 적으로 인지한다는 것을 의미

한다.[56]

1990년대, 친구들끼리 배신했던 발칸 전쟁 기간에 이런 일이 일어났다. 자기 집단의 일부로서 그들은 코르티솔로 가득 찼다. 후투족이 투치족 이웃을 정글도로 학살할 때 르완다도 그러했다. 오늘날, 난민 수용소와 독일을 위한 대안 소속 정치인의 차가 불탈 때도 마찬가지다. 자동차를 탄 채 시위대로 돌진할 때와 공화당 의원의 사무실이 공격당할 때도 다르지 않다. 이처럼 오늘날 코르티솔 수위가 사회 곳곳에서 상당히 치솟고 있다.

이런 상황을 보고 있으면 의문 하나가 생긴다. 하랄트 헤르메스, 즈벤 크뤼거, 자말과 핀바르 오브라이언의 접촉은 독수리 팀과 방울뱀 팀과는 다르게 왜 증오와 폭력 대신 공감과 우정을 낳았을까?

하랄트 헤르메스, 즈벤 크뤼거, 자말, 핀바르 오브라이언은 자신들의 적을 거실에서, 교도소의 체력 단련실에서, 경찰서 사무실에서, 호텔 바에서 만났다. 이 만남의 장소들은 부족 전쟁의 무대에서 멀리 떨어져 있었다. 만약 독수리 팀원 한 명과 방울뱀 팀원 한 명이 야영지에서 멀리 떨어져 있는 숲에서 만났다면 틀림없이 그들은 서로 주먹다짐을 하지 않았을 것이다. 아마도 그들은 서로에게 공감을 느꼈을 것이다. 그러나 그들은 그렇게 하지 않았다. 그들은 아홉 명씩 야구 경기장에, 또는 모두 함께 줄다리기에 나섰다. 프린스턴 대학교 학생들은 같은 학교 학생들과 함께 강의실에 앉아 있었다. 샬러츠빌에서 반대 시위대를 향해 자동차를 몰고 돌진하여 한 여성을 죽였던 남자도 자신이 한 집단의 소속임을 느꼈다. 당시 양 진영에서 나온 수천 명이 그 사람 주변에 있었다.

스코틀랜드 신경과학자 이안 로버트슨(Ian Robertson)은 테러리스트 사례에서 강력한 집단 상황을 연구했다. 로버트슨에 따르면, "사람들이 모여 있을 때, 혈액 속 옥시토신 농도가 올라간다."[57] 옥시토신은 인간을 결합해 주는 호르몬이며, 아기에게 모유를 제공하는 엄마의 유선을 촉진하는 역할도 한다. 옥시토신은 자연 마약처럼 감정을 크게 고양하는 작용을 한다. 줄다리기 시합 같은 강력한 집단 상황에서, 또는 분노한 반대 시위대를 맞닥뜨린 시위대의 참여자로 있을 때 옥시토신 호르몬이 분비되어 개인이 집단에 결합되었다는 느낌을 갖게 한다. 마치 엄마에게 안긴 아이와 같은 느낌을 준다.

이런 상황에서는 지배 호르몬인 테스토스테론도 분비된다. 옥시토신과 테스토스테론이 결합되면, 코카인이나 알코올보다도 더 강력한 생화학적 절정에 도달하게 된다고 로버트슨은 주장한다. "이 사람들은 자신들의 공감력을 마쳐시켜 타인을 인간이 아닌 사물로 볼 수 있게 한다." 그래서 집단은 개인보다 훨씬 야만적인 행위를 할 수 있다.[58]

클라우스의 지적은 옳다. 가끔 공감은 아무 쓸모가 없다. 강력한 집단 정체성이 공감을 마비시킬 때 그렇다. 가끔 접촉은 역효과를 낳는다. 개별 인간이 아닌 집단으로 만날 때, 개인이 아닌 부족들이 만날 때 그렇다.

우리는 이런 상황을 많은 곳에서 목격하지만, 미국처럼 심각한 곳은 없다. 버락 오바마(Barack Obama) 전임 대통령은 퇴임 직전 기자회견에서 '부족주의(Tribalism)'에 대해 경고했다.[59] 몇 년 전만 해도 사람들은 이렇게 생각했을 것이다. '부족이라니? 도대체 무슨 이야기를 하는 거지?' 우리는 이 개념이 아프리카, 혹은 아마존 정글에나 적용된다고 생각했다. 그러나 오바마가 옳았다. 그 나라는 두 개의 부족으로 갈라졌다.

미국 사회학자 앨리 러셀 혹실드는 자신의 책 『자기 땅의 이방인들』에서 이렇게 묘사했다.[60] 한 부족은 파란색이고, 자유주의 미국이다. 해안가와 도시에 주로 살고, 《뉴욕 타임스》를 읽으며, 유기농 음식을 먹는다. 쓰레기 분리수거를 잘하며, 주로 자전거와 대중교통을 이용한다. 이 부족에는 대학 졸업자들이 흔하다. 다른 부족은 빨간색이고, 보수주의 미국이다. 시골에 살고, 폭스 뉴스를 보며, 감자튀김을 먹는다. 평균적으로 더 가난하고 뚱뚱하며 아프다. 큰 차를 몰고 교육 수준이 낮다. 혹실드가 서술했듯이, 선호하는 개의 품종조차 다르다. 자유주의자들은 래브라도 리트리버를 좋아하고, 보수주의자들은 불독을 좋아한다.[61]

오클라호마에서 독수리 팀과 방울뱀 팀은 개입할 수 있는 어른들의 조심스러운 관찰 속에 각각 11명씩 맞섰다. 오늘날에는 래브라도 리트리버 수백만 마리와 불독 수백만 마리가 있고, 무엇보다 이 실험을 중단시킬 수 있는 사람은 없다.

그들 스스로를 제외하곤.

부족적 사고가 공감의 타고난 적이듯이 공감 또한 부족적 사고의 타고난 적이다. 부족적 사고를 극복하기 위해서는 충분히 많은 래브라도 리트리버와 불독이 자신들의 부족에서 빠져나와 작고 비정치적 상황에서 사적으로 만나야 한다. 체력 단련장에서, 호텔 바에서, 혹은 거실에서. 뭐라고? 단지 이것만으로 충분하다고?

———

코너 예이츠와 로라 메싱은 서로 많은 연결점이 있지만, 실제로 만난 적은 없다. 두 사람 모두 뉴욕에 산다. 둘 다 30대 초반이다. 두 사람 모두 스스로는 정치에 큰 관심이 없다고 말하지만, 도널드 트럼프의 당선 이후 정치에 깊이 관여하게 되었다. 두 사람 모두 소수자 보호가 자신들에게 가장 중요한 정치 덕목이라고 말한다. 이 덕목은 기본적으로 자신들의 삶에서 나온 원칙이다. 코너는 게이이고, 로라는 유대인이다.

선거가 끝난 다음 날, 코너는 자신이 가르치던 요가 교실을 휴강한 후 이웃에 사는 한 여성과 함께 브루클린 지역을 산책했다. 산책 중에 주로 침묵했고, 가끔씩 울었다.

로라는 심리학을 공부하고 있는 컬럼비아 대학교 캠퍼스로 가서 마음의 안정을 찾으려고 했지만 결국 화장실에 들어가 주저 앉아 울었다. 그녀의 기억에 따르면, 처음으로 삶에서 정치적 증오를 느꼈다고 한다. 이기적인 바보들이 그런 남자를 대통령으로 만들었어!

트럼프 대통령의 취임식 다음 날, 코너와 로라는 뉴욕 여성의 행진에 함께 참여했다. 그들은 수백만 동지가 모인 정치 군중의 미세한 두 조각이었고, 부족 모임에 간 두 명의 부족원이었다. 그러나 두 사람은 자신들과 같은 생각을 하는 사람들 하고만 대화해서는 아무 성과도 없을 것이라는 걸 곧 깨달았다. 다른 편에 있는 사람들과 대화해야 한다. 가장 좋은 건 일대일로 조용히 대화하는 것이다. 그리고 그들이 잘못되었다는 걸 납득시켜야 한다. 2017년 1월, 코너와 로라는 같은 지점에서 같은 목표를 갖고 출발했다.

석달이 지난 2017년 4월, 나는 코너 예이츠를 만났다. 그 사이에 얼마나 많은 트럼프 투표자들과 이야기를 해 봤는지 물었다. 한 명도 없었다고 한다. 연인, 친구들, 이웃들과 지인들, 요가 수업을 듣는 학생들, 자신이 읽는 신문의 기사를 쓰는 기자들, 가끔 화를 풀기 위해 전화하는 국회의원까지 모두 자신과 같은 부족에 속한다고 했다. 그는 단지 모든 곳에서 재확인만 받을 뿐이었다. 도대체 어디서 시작해야할까? 코너가 아는 유일한 트럼프 투표자는 바로 자기 아버지이다. 하지만 이미 오래전부터 두 사람은 이야기를 하지 않는다. 아들이 동성애자라는 사실을 아버지는 받아들이지 못했다.

대선이 끝난 후 화장실에 앉아 울고 있던 로라는 스스로에게 화들짝 놀랐다. "한편으로 트럼프에게 투표한 모든 이를 향한 증오가 마음 저 깊은 곳에서 올라왔죠. 나는 이들이 트럼프처럼 인간을 미워하는 멍청이들이라고 생각했어요. 다른 한편으로 나의 이런 생각이 비합리적이라는 것도 알았어요. 나는 트럼프에게 투표한 사람을 한 명도 몰랐으니까요." 대학에서 로라는 마침 '갈등 해결과 명상'이라는 과목을 듣고 있었다. 이 강의에서 로라는 '사람들은 위협받는 느낌이 들 때 단순해지고 고정관념을 따른다.'는 것을 배웠다. 이런 단순화와 고정관념화가 모든 것을 더욱 악화시킨다. 로라는 자기 안에서 이런 단순화와 고정관념화를 발견했다. 로라는 말했다. "내 안에 있는 이 흥미로운 이분법을 해결하고 싶었죠."

로라는 가장 친한 친구들을 자신의 원룸으로 불러 물어보았다. "보수주의자를 아는 사람 있어?" 아무도 몰랐다. 로라는 뉴욕에 있는 공화당 청년 조직에 이메일을 보냈다. 그쪽에서 네 명, 우리쪽에서 네 명이 함께 저녁 식사를 합시다. 흥미롭지 않아요? "이 멍청이들은 아무도 지원하지 않을 거라고 나는 생각했었죠." 며칠 후, 사만타라는 여성이 답장을 보냈다. "좋은 생각이에요. 기꺼이 참석할게요."

4월 중순 어느 토요일 저녁에 로라는 좌파 자유주의 성향을 가진 친구 세 명과 함께 집에서 그들을 기다렸다. 로라는 긴 탁자와 의자 여러 개를 빌렸고, 꽃과 피자 도우를 샀다. 식탁에 이름표를 붙이고 질문들을 준비했다. 찬 맥주가 준비되어 있었다. 적포도주의 코르크는 이미 땄지만, 공화당원들은 아직 도착하지 않았다. 로라의 친구들이 말했다. "그들은 오지 않아." 로라는 대꾸했다. "아니야. 나는 올 거라고 믿어." 로라는 사만타와 통화를 한 번 했었고, 로저라는 남성과도 통화를 했었다. 두 사람은 모두 친절했다.

마침내 그들이 왔다. 사만타, 로저, 자신을 알리라고 소개한 한국인으로 보이는 여성, 그리고 다부진 체격의 흑인 조. 흑인과 아시아계 사람이 공화당원이라는 데 이미 로라는 놀랐다. 그들은 약간 긴장한 채 부엌을 서성거렸다. 와인이 도와주었다. 그다음 각자 먹을 피자 토핑을 올렸고, 작은 오븐으로 로라가 하나씩 구워 냈다. 얼마 지나지 않아 원룸이 연기로 자욱해지면서 화재 경보가 울렸다. 귀를 찢는 소리가 들리자, 갑자기 모든 것이 빠르게 진행되었다. 한 사람이 의자 위로 올라갔고, 두 번째 사람은 그의 다리를 잡아 주었으며, 세 번째 사람은 연기를 날려 보낼 수 있게 수건을 건네 주었고, 네 번째 사람은 창문을 열었다. 경보기가 멈춘 후, 유쾌한 침묵 속에서 모두가 서로를 바라보면서 이 저녁의 첫 번째 초당파적 행동에 대해 함께 웃었다. 로라는 말했다. "멋진 순간이었어요. 어떤 의미에서 내가 계획했던 일의 본보기 같은 거였죠."

그해 여름, 코너 예이츠는 파트너와 함께 이탈리아로 신혼여행을 갔다. 피렌체의 한 카페에서 커피를 마시고 있을 때, 그들 옆에 한 미국인 노부부가 앉아 있었다. 코너는 그 노부부의 대화 속에 "가짜 언론"이란 단어를 듣고 분노했다. 이들은 트럼프에게 투표한 자들이 틀림없었다. 하필 지구 반대편에서 트럼프 투표자와 대화할 기회를 얻은 것이다. 그러나 신혼여행 중에 그런 대화를 나눌 용기는 없었다. 코너와 그의 파트너는 그곳을 떠났다. 트럼프가 집권한 지 6개월이 지났지만, 코너는 여전히 트럼프 대통령 지지자와는 한 번도 대화하지 않았다.

비슷한 시기에 두 번째 저녁 식사가 있었다. 이번에는 로저의 집 정원에서 바비큐 파티가 열렸다. 10명이 모였다. 로라가 로저와 함께 그날 저녁 자리를 마련했고, 알리가 도왔다. 가끔씩 그들은 함께 커피를 마셨고, 저녁을 함께 했으며, 한 번은 알리의 아이들도 함께 왔다. 로라는 말한다. "나는 단순한 사실 하나를 배웠어요. 다른 편에 있는 사람을 이해한다고 해서 나쁜 일은 생기지 않아요. 예전에는 그런 행동이 배신자를 만든다고 생각했었죠. 그러나 이제는 알게 되었어요. 아무것도 폭발하지 않으며, 죽임을 당하지 않고, 도깨비로 변하지도 않아요. 여전히 같은 사람으로 머물면서 단지 조금 더 현명해질 뿐이죠."

로라 메싱은 다음처럼 말하는 데 성공했다. "이건 같은 길이의 선이 아니에요. 당신 여섯 명이 틀렸어요. 같은 선은 여기 있어요. 다시 한 번 자세히 보세요." 로라는 팀에 대한 충성을 거슬러 진실을 택했다.

대통령 선거 후 1년이 지난 2017년 11월, 코너는 여전히 트럼프에 투표한 사람과 대화하지 않았다. 로라는 그 사이에 여섯 번의 저녁 식사 자리를 마련했다. 로라는 '대화 실험(Experiment in Dialogue)'이라는 웹사이트를 하나 만들었다. 로라는 후원금을 모아 공간을 섭외했다. 이 모든 일을 이제는 '샘'이라고 부르는 사만타와 함께, 그리고 절친이 된 로저 및 알리와 함께했다. 저녁 식사 때 로라는 많은 보수주의자들과 이야기를 나누었다. 심지어 한 젊은 여성은 로라에게 다시는 트럼프에게 투표하지 않을 거라는 말도 했다.

함께 식사하는 것만으로 충분했다. 그러나 얼마나 어려운 일이었던가! 동시에 일어나는 모든 것을 제대로 보고 다룰 수 있어야 한다. 로라는 자신의 증오를 따르지 않고, 이 증오가 비합리적이라는 것을 알아차릴 만큼 충분히 영리하고 성찰적이었다. 대학에서 듣고 있던 수업 하나가 로라를 도와주었다. 그 덕에 로라는 반대편과 마주할 용기를 냈다. 그리고 이 모든 일을 조직할 시간을 냈다. 업무가 그렇게 과중하지 않았기 때문에 로라는 이 일들을 자기 사무실에서 할 수 있었다. 첫 번째 저녁 식사 모임 전 며칠 동안 로라는 잠자리를 뒤척였다. 그런 사람들을 자기 집에 들이는 것은 아주 아주 미친 짓이라는 생각을 억누르기 위해서였다. 그리고 음식과 마실거리를 준비하기 위해서 100달러 정도를 써야 했다. 누가 이런 일을 할까? 누가 이런 일을 할 수 있을까? 대부분은 코너 예이츠와 같은 길을 갈 수밖에 없을 것이다. 불독처럼 래브라도 리트리버처럼 그럴 것이다.

로라는 정치관을 바꾸지 않았다. 코너처럼 여전히 그녀도 소수자 보호에 찬성한다. 코너처럼 그녀도 트럼프의 탈선을 단죄한다. 코너처럼 샬러츠빌 폭동을 보고 눈물을 흘린다. 만약 두 사람이 만났다면, 틀림없이 서로를 아주 잘 이해했을 것이다. 그러나 코너와 달리, 로라는 자신의 부족 정체성을 버렸다. 그녀는 더는 래브라도 리트리버가 아니다. 그녀는 이제 새로운 부족 소속이다. 그 부족은 중간에 있는 작은 부족이다. 그녀 덕분에 샘, 로저, 알리도 그 부족 소속이 되었다. 그들은 말한다. '정치적 의견은 매우 다르지만, 서로 인간적으로 좋아할 수 있다.'

그들은 새로운 집단을 만들었다. 이제 이 집단은 계속 성장해야 할 것이다. 다른 두 집단을 처음에는 맞아들이다가 나중에는 흡수해야 할 것이다. 이 과정은 이 집단만이 존재할 때까지 진행되어야 할 것이다.

이미 이 일에 성공한, 세상 끝에 있는 한 나라처럼 말이다.

접촉과
평화

가장 많은 사람을 납득시키는 사람, 가장 좋은 이야기를
설명하는 사람이 승리한다. 사회와 정부는 설명할 수 있는,
설득력 있는 이야기를 찾아야 한다. 그리고 이 이야기를
확산하기 위한 방법을 찾아야 한다.

기술 세계에는 스타트업 열 개 가운데 아홉 개는 실패하고 하나만 성공한다는 법칙이 있다. 아프리카에서도 이 법칙은 비슷하게 적용된다. 1960년대, 아프리카에서는 탈식민화의 물결 속에 20여 개 나라가 독립했다. 모든 나라들이 행복과 발전을 약속했지만, 대부분 폭력에 매몰되었다. 많은 사람이 목숨을 잃었고 경제는 어려워졌으며 사회 기반 시설은 무너졌다. 그러나 한 나라가 약속을 지켰다. 보츠와나이다.

1966년에 독립한 이후 30년이 지났을 때, 보츠와나의 경제는 미국, 독일, 중국을 비롯한 세계 어느 나라보다도 빠르게 성장했다. 독립했을 당시 이 남아프리카의 황무지에는 아스팔트 도로가 오직 12킬로미터만 있었다. 오늘날은 1만 8000킬로미터의 아스팔트 도로가 있다. 당시에는 수도도 없었다. 영국 식민지 지배자들이 이웃한 남아프리카에서 이 나라를 지배했다. 그러나 한때 사바나였던 곳에 현재 쇼핑몰이 빛나고 있다. 처음 국가가 세워졌을 때, 이 나라 전체에 대학 졸업자는 22명에 불과했다. 오늘날에는 어디서나 좋은 교육을 받은 사람들을 볼 수 있다. 나이가 많은 이들은 남아프리카공화국, 미국, 영국, 또는 스웨덴에서 공부했다. 보츠와나에는 당시 대학이 없었다. 몇 년이 지난 후 그들이 돌아와 정부와 병원, 대학, 그리고 공항을 만들었다. 그들은 이런 자신감으로 사바나를 관통하는 전기선과 수도관을 놓았다. 이 고속 성장기에 태어난 사람들은 콘센트에서 전기가 나오지 않고 수돗물을 쓰지 못하는 지역이 자기 나라에 아직도 있다는 사실을 아주 신기한 일로 여긴다.

　보츠와나 시민들에게 유치원에서 대학까지 교육은 여전히 무상이다. 해마다 젊은 보츠와나인 수천 명이 국가 부담으로 대학 공부를 한다. 대부분은 자국에서 공부하지만 외국에 나간 이들도 많으며, 이들 중 몇몇은 하버드나 옥스포드 같은 엘리트 대학에서 공부한다. 학비, 항공료, 주거비 등 모든 것을 보츠와나 정부가 부담한다. 보츠와나인들은 의료비를 전혀 내지 않고, 종자, 비료, 가을걷이 일꾼 비용 역시 들지 않는다. 국제 투명성 기구에 따르면, 보츠와나는 아프리카에서 가장 부패가 적은 나라일 뿐 아니라, 많은 유럽 나라들, 즉 이탈리아, 스페인, 몰타 같은 나라보다도 부정부패가 적다.[62] 늙은 독재자들이 아프리카 다른 곳을 지배하고 있을 때, 보츠와나 신문들은 대통령의 내각 구성에서 양성 평등 목표가 빠져 있었다고 비판한다.

어떻게 이런 일이 가능했을까? 출발할 때의 조건을 고려한다면 그 의문은 더욱 커진다.

다른 아프리카 국가들처럼 보츠와나도 영국의 지배를 받았다. 국경 또한 멀리 유럽에서 마구 그은 직선으로 되어 있다. 이 국경선은 기꺼이 함께하고 싶었던 부족들을 갈라놓았고, 별로 함께할 마음이 없었던 부족들을 결합시켰다. 또한 다른 아프리카 나라들처럼 보츠와나의 땅에도 보물이 묻혀 있었다. 다이아몬드였다. 이를 둘러싸고 경쟁 부족들이 서로 싸울 수도 있었다.

1960년대에 이미 나이지리아에서는 이그보족과 요루바스족 사이에 전쟁이 시작되었다. 콩고에서는 카탕가 지역과 카사이 지역이 서로 분리를 선언하면서 250개 부족이 내전에 빠져들었다. 말리에서도 투아레그족이 부상하였다. 그러나 보츠와나에 있는 40여 개의 부족은 싸우지 않았다. 르완다에서 후투족이 투치족을 집단 학살하고, 시에라리온에서 다이아몬드가 부족 사이의 전쟁을 촉발하고 있을 때, 그렇게 전체 아프리카가 부족 갈등 속에서 침몰할 때, 보츠와나에 있는 부족들은 하나의 국민국가로 성장했다.

2018년 보츠와나 전역을 여행할 때, 나는 보츠와나인 수십 명과 그들의 정체성에 관해 이야기를 나누었다. 누구도 질문을 받지 않고는 자기 부족을 언급하지 않았다. 50년 전에는 생각할 수 없는 일이었을 것이다. 지금 그 사람들은 도시인, 세계시민, 페미니스트, 아프리카인을 자처하고, 특히 대부분은 자신을 이렇게 규정한다. "나는 보츠와나 사람입니다."

아마도 이 나라는 역사에서 국민국가 건설의 가장 성공적인 사례일 것이다. 이 나라는 다부족, 다언어로 구성되어 있고, 어느 정도 적대적이었던 부족사회가 단일체를 형성했다.

———

2004년 3월의 어느 날, 종교 교사 캐롤 라몰로차나는 교장의 호출을 받았다. 교장은 캐롤에게 서류 봉투 하나를 건넸다. A4 크기에 교육부 직인이 찍혀 있는 흰색 봉투였다. 캐롤은 이것이 무슨 서류인지 이미 알고 있었다. 그녀의 질문은 오직 하나였다. '이제 어디로 가게 될까?'

캐롤은 봉투를 열고 내용을 확인했다. '랜츠벨레타우(Lentsweletau)', 사자언덕.

캐롤은 그곳이 어딘지 몰랐다. 그 말인즉슨 깡촌 마을임이 틀림없다는 뜻이었다. 캐롤은 교장실 책상 앞에 있는 소파에 앉아 울기 시작했다. 그 순간의 공허함과 막막함을 떠올리면 지금도 기억이 생생하다. 집으로 돌아와 지도를 펼쳐 놓고 보츠와나 전역을 살폈다. 남쪽으로 남아프리카공화국, 서쪽으로 나미비아, 동쪽으로 짐바브웨 사이에 있는 보츠와나는 독일보다 크지만 인구는 베를린보다도 적다. 지도 위를 이리저리 헤매던 캐롤의 손가락이 조용히 칼라하리 사막 주변에 있는 한 지점을 가리켰다. 사자의 언덕은 크웨넹 지역에 있는 인구 4,000명의 마을로 악어를 숭배하는 바크웨나족의 고향이었다.

'그곳에서 살아야 할까? 도시 출신인 내가 시골 학교 교사로 그곳에서 꼭 일해야만 하는 것일까?'

공무원으로서 캐롤은 전근의 위험을 잘 알고 있었다. 그러나 그녀에게 전근은 아주 먼 일이었다. 마치 젊고 건강한 사람이 느끼는 불치병과도 같았다. 늘 다른 사람에게만 해당하는 그런 일이었다. 지금까지 캐롤은 수도에 사는 29세의 행복한 도시인이었다. 저녁이면 가보로네 극장에 갔고, 외식을 하러 갔다. 중국 음식, 특히 새콤달콤한 소스를 얹은 닭고기 요리를 좋아했다. 그녀는 아프리카 솔 뮤직을 노래하는 오하간스 펍의 단골 손님이었다. 더욱이 캐롤은 이제 막 재교육 프로그램을 시작했다. 그 프로그램을 위해 오랫동안 절약해서 6600풀라를 냈다. 530유로에 해당하는 돈이었다. 그런데 이 모든 것이 지금 끝이란 말인가? 교육부가 그걸 원했기 때문에?

캐롤은 교육부에 편지를 썼다. 직접 방문도 했다. 아무 소용이 없었다. 며칠 후 그녀가 일하는 학교 옆에 있는 그녀의 숙소 앞에 화물차 한 대가 정차했다. 보츠와나에서 교사들은 주로 국가로부터 보조금을 받아 학교 부지 안에서 살았다. 교육부에서 고용한 짐꾼들이 상자를 하나씩 밖으로 날랐다. 캐롤의 소파, 냉장고, 침대… 그녀의 삶 전체가 화물차 안으로 사라졌다. 칼라하리 방향으로 덜컹거리며 화물차가 출발했을 때, 캐롤은 자신이 사랑했던 도시 속 텅 빈 집에 덩그러니 홀로 남았다.

그날 밤 캐롤은 언니네 소파에서 잠을 잤다. 그다음 날도, 그다음 날도 그랬다. 교육부에 있는 누군가로부터 전화가 걸려 올 때까지 그곳에 그냥 머물렀다. 누군가가 캐롤에게 통보했다. "일을 시작하십시오. 아니면 해고하겠습니다." 다음 날 아침, 캐롤은 자신의 승용차 혼다 시빅 운전석에 앉았다.

교육부가 그를 위한 파견지를 정해 주었을 때, 초등학교 교사 바캉 은크베 역시 그 동네 이름을 한 번도 들어 본 적이 없었다. 바캉은 교장실 벽에 걸린 지도 앞에 한동안 서 있었다. 지도에서 그 마을을 발견하고 고개를 푹 숙였다. 1,500명이 살고 있는 노카넹은, 거대한 오카방고강이 칼라하리사막에 스며들어 세계에서 가장 큰 내륙 삼각주를 만들어 낸 북쪽 꼭대기에 있었다. 북서부구에 속하고, 바캉이 거의 모르는 헤레로족의 고향이었다.

바캉은 남쪽 지역에서 태어났고, 그곳을 24년 동안 한 번도 떠난 적이 없었다. 남쪽에서 공부했고, 그곳에서 소프트볼 국가 대표로 활약했다. 얼마 전 청혼한 여자친구도 그곳에서 만났다. 그러나 이제는 결혼하기에 적절한 타이밍이 더는 아니었다.

그는 북쪽으로 가는 버스를 탔다. 이틀 동안 1,200킬로미터를 가는 여정이었다. 현재와 미래, 그가 사랑하는 세계와 그가 두려워하는 세계 사이의 거리였다. '그곳은 전기도 수도도 없고, 사람들은 짐승처럼 거칠며, 사자밥이 되지 않기 위해 그리고 코끼리에게 짓밟히지 않기 위해 조심해야 한다.'고 친구들은 놀렸다.

쓸쓸한 거리에 버스가 정차했을 때, 그곳은 이미 칠흑 같은 밤이었다. 마을에서 조금 벗어난 지역에 있는 학교로 가는 길에서 바캉은 거대한 머리에 뿔이 두 개 달린, 사람처럼 보이는 희미한 존재를 봤다.

캐롤은 차를 몰고 도시를 빠져나왔다. 가보로네의 번쩍이는 탑들이 백미러 속으로 사라져 갔다. 길은 좁아졌고, 시골 풍경이 지겹도록 이어졌다. 도로 주변에는 낮은 집들이 높은 하늘과 대조를 이루었다. 그 주변으로 빛바랜 노란색 사바나가 있었다. 랜츠벨레타우에서 캐롤이 처음 본 것은 도로 왼편에 무너진 건물과 오른쪽에 있는 반쯤 지은 주유소였다. 극장도 없었고 클럽도 없었다. 당연히 중국 식당도 없었다.

학교는 작은 집 수십 개로 이루어져 있었고, 집들은 붉은 흙 위에 띄엄띄엄 떨어져 있었다. 그 집들 사이에 있는 나무들이 작은 그늘을 만들어 여전히 무자비한 늦여름의 열기를 막아 주었다. 캐롤은 행정실에서 작은 벽돌집 열쇠를 받아 왔다. 그녀에게 제공되는 24번 집이었다. 캐롤은 침대에 주저앉아 또다시 울었다.

다음 날, 캐롤은 밖에서 학생들이 떠드는 소리를 들었다. 캐롤은 침대에 그냥 있었다. 그녀는 문을 두드리는 모든 소리를 무시했다. 가보로네를 떠날 때 그녀는 쌀 한 자루를 가져왔고, 파스타, 옥수수가루, 말린 닭고기 5킬로그램과 한동안 마시기에 충분한 애플 사이다도 실어 왔다.

캐롤이 수업하러 가기까지는 며칠이 걸렸다. 하이힐을 신고, 핸드백을 팔에 건 그녀를 보고 동료들이 웃었다.

한 여교사가 말했다. "귀부인 납셨네."

또 다른 여교사가 말했다. "그런 신발은 오래 가지 못할 거예요."

시골 사람들은 짧은 머리에 헤어진 낡은 단화를 신고, 핸드폰도 없을 거라고 캐롤은 상상했다. 많은 사람들이 샤워도 하지 않을 거라고 확신했다.

캐롤은 점심시간에 혼자 집에서 시간을 보냈다. 수업이 끝난 후 헌터스 애플 사이다의 첫 번째 캔을 땄다. 그녀가 갈망하는 도시 가보로네에서 가져온 4.9도짜리 알코올 음료였다.

캐롤은 수업하기를 좋아했다. 가끔 수업 때 오렌지를 가져와 나누어 주고 집에 빗이 없는 아이들의 머리를 빗겨 주던 6학년 담임 선생님을 본 후, 교사의 꿈을 키웠다. 교사가 된 후 캐롤도 학생들에게 사탕을 선물로 주곤 했다. 오직 가보로네에서만. 사자의 언덕에서는 그러지 않았다. 캐롤은 이곳 학생들을 그녀가 싫어하는 마을 주민들의 축소판으로 보았다. 캐롤은 가끔씩 수업을 시작할 때 학생들에게 읽을거리를 주고, 자기 집으로 가기도 했다.

비축했던 애플 사이다를 다 마셨을 때, 캐롤은 마을에 있는 술집으로 갔다. 그녀는 사람들의 시선을 아랑곳하지 않았고, 겨드랑이 냄새와 작업화 냄새를 무시했다. 캐롤은 맥주를 주문해서 받은 후 밖으로 나와 차 안에서 혼자 마셨다. 하루 저녁에 다섯 캔, 가끔은 여섯 캔을 마셨다. 그다음 집으로 차를 몰고 가서 잠자리에 들었다.

그 밤에 본 실루엣은 부족 고유의 머리 장식을 한 헤레로족 여성이었음을 바캉은 곧 알게 되었다. 바캉이 새로 부임하게 된 초등학교는 학생 약 1,000명 가운데 다수가 헤레로족이었다. 대부분 아이들은 바캉처럼 학교 안에서 살았다. 매일 등하교하기에는 마을이 너무 멀었다. 그들을 가르치는 일은 매우 어려운 과제였다. 많은 아이들이 츠와나어도, 영어도 몰랐다.

50년 전으로 돌아간 느낌이었다. 진짜로 전기가 없었다. 가장 가까운 식료품 가게는 215킬로미터나 떨어져 있었다. 은행과 식당도 마찬가지였다. 노카넹에서 '외식'은 이웃에 누군가가 염소나 영양을 잡았을 때에만 가능했다. 그때 모두가 고기를 약간씩 얻었다.

바캉은 학생들에게 인사하기 위해서 헤레로어를 열심히 배웠다. 얼마 지나지 않아 아이들도 수업을 따라가는 데 충분한 츠와나어를 익힐 수 있었다. 바캉은 저녁 시간을 주로 그곳에서 만난 친구들과 보냈다. 몇몇은 바캉처럼 먼 곳에서 온 교사들이었다. 일주일에 한 번은 저녁에 핸드폰이 터지는 곳을 찾아 다녔다. 어스름한 초저녁에 나무에 오르거나 흰개미 언덕에 올랐을 때, 운이 좋으면 신호가 잡혔다. 대부분 그는 여자친구와 통화하기 위해서 1985년식 파사트를 타고 30분을 달려 다음 동네로 갔다. 휴가 때는 여자친구를 만나기 위해 남쪽으로 차를 몰고 갔다. 두 번째 휴가 방문 후 얼마 지나지 않아 여자 친구가 말했다. "이번 달에 생리가 없었어."

바캉은 딸이 태어날 때 함께하지 못했다. 딸이 첫 걸음마를 뗄 때도 그곳에 없었다. 곧 여자 친구가 이별을 고했다. 그녀는 말했다. "그냥 거리가 너무 멀어."

2018년, 캐롤과 바캉이 자신들의 이야기를 들려줄 때, 캐롤은 당시 언니 집에서 지내고 있었고, 바캉은 가보로네에 있는 한 호텔에서 묵고 있었다. 두 사람의 목소리에는 분노가 배어 있었다. 몇 년이 지났지만 그 분노는 여전했다. 정부는 당연히 사자언덕과 노카넹 사람들도 학교에 갈 수 있게 돌봐야 한다. 그러나 왜 이를 위해 남쪽에 있는 교사를 북쪽으로, 도시 교사를 시골로 파견해야 할까? 사자언덕에도, 노카넹에도 교사는 있다. 그들 또한 캐롤과 바캉처럼 원하지 않더라도 일부는 남쪽이나 도시로 보내진다. 왜 아무도 자신의 출신 지역에서 일하지 못할까?

보츠와나 교육부는 가보로네 시내에 있는 흰색과 검은색으로 된 유리 건물에 입주해 있다. 3층 나무 책상에는 시몬 콜레스 차관이 앉아 있었다. 책상 위에는 편지, 출력된 이메일, 전화 녹취록 더미가 20센티미터쯤 쌓여 있었다. 콜레스 차관은 말했다. "모두 불만이 있는 교사들의 항의들입니다. 대부분 거부되죠."

교육부에서 3분을 걸으면 보건부가 있다. 그곳에도 비슷한 항의들이 들어온다. 의사와 간호사들의 항의이다. 다시 5분을 더 가면 지역담당부가 있다. 이런 항의 거절을 주로 담당하는 관청이다. 농업경제부에는 기술자들과 농업전문가들의 항의가 들어온다.

보츠와나 공무원의 수는 약 12만 명으로, 노동 인구의 약 10퍼센트를 차지한다. 이들 모두는 다른 지역에 발령받는 경우를 언제나 고려하고 있어야 한다. 한 보건소에 간호사가, 혹은 한 종합병원에 의사가 필요하면, 지역관청에 운전사가 부족하거나 시청에 사무직원이 없으면, 정부는 누군가를 보낸다. 이들은 요청받지 않는다. 단지 통보받을 뿐이다. 많은 이들이 항의하지만 아무 소용이 없다. 매주 화물차들이 전국을 돌며 남쪽에서 북쪽으로, 동쪽에서 서쪽으로 공무원의 가구를 실어 나른다. 공무원을 발령내는 자리가 꼭 비어 있는 자리일 필요도 없다. 예를 들어, 교사의 경우 원칙적으로 5년에 한 번씩 이동해야 한다. 그것이 교육부의 방침이다.

다른 동료 차관들처럼 콜레스도 그 이유를 잘 설명할 수 있을 것이다. 그러나 포나체고 케디킬웨만큼은 아니다.

강인한 풍채와 깊은 저음을 가진 케디킬웨를 그의 집 베란다에서 만났을 때, 그는 햇빛을 가리기 위해 파란색 모자를 쓰고 있었다. 영국이 지배를 받던 80년 전, 케디킬웨는 짐바브웨 국경 근처에 있는 이 마을에서 태어났다. 그는 2014년에 은퇴한 후 다시 이 마을에서 살고 있다. 케디킬웨는 30년 동안 국회의원으로 일했다. 그는 무역장관, 에너지장관, 재무장관, 교육장관, 대통령 비서실장, 그리고 마지막에 부통령을 지냈다.

케디킬웨는 말했다. "우리나라의 국민 통합은 공무원 이동 덕분입니다. 1966년 여름, 우리나라가 독립되던 시기를 되돌아봐야 합니다. 보츠와나가 독립에 서명했을 때, 같은 대륙에 있는 여러 나라들이 이미 그 길 위에 올라 있었죠."

콩고는 1960년에 독립했고, 바로 부족간 폭력에 빠져들었다. 1960년에 독립한 말리의 북쪽 지역을 투아레그족이 재빨리 점령했다. 나이지리아 또한 1960년에 독립했지만, 이그보족과 요루바족 사이의 첫 번째 대립이 이때 이미 시작되었다.

아프리카 사람들의 기존 정체성과 새로운 정치 구조는 서로 섞이지 않았다. 부족에 대한 충성과 국경 및 헌법에 기초한 국민국가는 서로 맞지 않았던 것이다. 영국 치하에서 수상이었고, 곧 독립된 보츠와나의 초대 대통령이 될 세레체 카마(Seretse Khama)는 부족주의가 어떻게 신생 아프리카 사회를 하나씩 찢어 놓았는지를 목격했다. 케디킬웨에 따르면, 카마는 당시에 보츠와나에서 이런 분열이 일어나지 않도록 미리 계획을 세웠다.

보츠와나에서도 부족들의 힘은 막강했다. 각 부족은 영토와 족장이 있었고, 대부분 동물인 토템이 있었다. 그들은 토템이 각각의 사람들에게 무언가를 알려 준다고 믿었다. 북쪽에는 코끼리를 숭배하는 칼랑가족이 있었다. 그들은 온화했다. 칼라하리 사막 남쪽 언저리에는 바츠웨나족이 있었다. 그들의 토템은 악어였고, 전투적인 부족이었다. 자부심이 강했으며 단순한 의복을 걸쳤다. 영리한 원숭이와 교활한 뱀도 있었고, 사자와 물고기도 있었다. 카마가 속한 부족은 보츠와나 중심 지역에 거주하던 방바토족, 영양이었다. 이 부족은 오래전부터 엘리트 역할을 했다.

부족 정체성은 약화되어야 했다. 대신 모든 이들이 공유하는 하나의 국가 정체성이 이를 대체해야 했다. 어떤 점에서 세레체 카마는 50년 뒤 뉴욕의 젊은 여성 로라 메싱과 같은 상황에 처해 있었다. 카마 또한 기존 집단 정체성 대신 새로운 정체성을 세우려고 했다. 로라와 달리 그는 정치 권력이 있었다. 1966년 9월, 카마는 보츠와나 초대 대통령이 되었다. 카마 대통령, 혹은 그와 함께 일하던 사람이 이 목표에 도달할 수 있는 방법을 생각해 냈고, 짐작컨대 유레카를 외친 순간이 있었을 가능성도 있었다.

그러나 케디킬웨와의 대화 후에 나는 알게 되었다. 이 해답은 누군가의 발명이 아니라, 스스로 등장했다는 게 더 정확해 보였다.

카마 정부는 보츠와나의 오지에 있는 사람들도 학교나 병원을 다닐 수 있게 돌보아야 했다. 오지에 있는 사람들은 자치적인 자급자족형 경제 안에서 살고 있었다. 수백 년 동안 거의 변화가 없는 삶이었다. 드물게 내리는 비를 기다리고 무자비한 열기를 견디면서 일상은 일출과 일몰의 리듬에 맞추어져 있었다. 그들은 농부들였다. 교사와 의사는 그곳에 없었다.

카마 정부는 영국이 이미 했던 일을 했다. 그곳으로 사람들을 보냈다. 이전에는 백인 식민지 관료들이 파견되었지만, 이제는 보츠와나인이 파견되었다. 비록 종종 다른 부족 출신이었지만, 그들은 모두 동등해야 했다. 그들은 모두 동료시민이어야 했다. 얼마 지나지 않아 이 파견이 흥미로운 부수 효과를 낳기 시작했다.

시골 마을의 교육과 건강을 개선하기 위해 일하던 공무원들은 그곳에서 새로운 친구들을 찾았다. 몇몇은 사랑에 빠져 결혼을 했고, 아이를 낳았다. 서로 다른 부족 출신의, 가끔은 심지어 다른 언어를 쓰는 부모를 가진 아이들이 생겨났다.

보츠와나 전역에서 수천 명이 일대일 접촉을 하게 되면서 편견은 사라지고 새로운 결합이 생겨났다.

케디킬웨는 노출(Exposure)이 열쇠였다고 말했다. 어느 부족 출신인지, 어떤 언어를 사용하는지, 어디에 사는지 상관없이 모든 시민은 동료 시민들에게 노출되어야 한다는 것이다. 1940년 대에 케디킬웨의 부모는 아직 어린아이였던 자신을 50킬로미터 떨어진 초등학교에 보냈다. 학교에 갔을 때, 그는 크게 놀랐다. 마을 사람들의 주장과는 달리 그곳에 있는 사람들이 멍청하지 않았기 때문이다. 케디킬웨는 두 남학생의 다툼을 회상했다. 기차는 철도 위에서만 갈 수 있다고 한 남학생이 말했다. 그러자 다른 소년이 기차는 땅 위에서도 움직일 수 있다고 계속 고집을 부렸다. 케디킬웨는 말했다. "그 아이는 아직 기차를 본 적이 없었던 거죠. 한 번이라도 기차를 봤었다면 자신이 틀렸다는 걸 알았을 겁니다."

기차를 한 번도 보지 않고 상상만 했던 이 소년처럼, 부족 사회에 사는 사람들은 상대를 이렇게 생각했다. 뱀족은 교활하고, 악어족은 씻지 않으며, 헤레로족은 짐승처럼 사납다. 다른 부족은 결국 적이라고 생각던 것이다.

아프리에 있는 다른 곳에서는 이런 편견이 내전의 자양분이 되었지만, 카마 정부는 이 편견을 계속해서 깨려고 노력했다. 1970년대 중반에 카마 정부는 중대한 결정을 했다. 대부분 자기 지역 안에서 파견되던 공무원들을 국가 전역으로 보내기 시작한 것이다. 그때부터 엄마, 아빠의 부족이 각기 다른 아이들이 더 많이 태어났다. 그렇게 인구도 함께 늘어났다. 당연히 이런 평가는 국가 전체를 위에서 바라보는 정부의 관점에서 나온 것일 뿐이다. 사람들은 작은 점들로 등장한다. 모여 있는 이 점들이 아름다운 그림을 만들 수는 있다. 그러나 작은 점 하나, 한 사람의 삶을 자세히 들여다보면 그런 인상은 180도 바뀐다.

사자언덕에 도착한 후 케롤 라몰로차나는 우울한 삶을 살았다. 수업할 때, 그리고 술 마실 때만 집을 나왔다. 케롤은 노출에 저항했다. 사자언덕에 도착한 지 5개월이 지난 후, 어느 봄날의 토요일까지 그랬다.

그날 오전, 케롤은 사자언덕에서 남서쪽으로 1시간 거리에 있는 더 큰 도시로 갔다. 장소를 옮겨 술을 마시기 위해서였다. 그녀는 '빅 식스 바' 앞에 있는 플라스틱 의자에 앉아 맥주를 마셨다. 한 병을 다 마셨을 때, 한 남자가 다가와 새 맥주를 건넸다. 튼튼한 어깨와 환한 미소를 가진 그 남자는 키가 크고 잘 생겨 보였다. 이름은 타보, 군인이라고 자신을 소개했다.

그는 물었다. "어디서 왔어요?" 케롤은 약간 부끄러워하며 말했다. "렌츠벨레타우요." 타보는 말했다. "정말요? 그곳은 내 고향이에요."

타보는 당시 더 북쪽 지역에 위치한 군 부대에서 살고 있었다. 일주일 후에 그가 다시 케롤을 찾아왔다.

타보는 케롤을 한 결혼 잔치에 데려갔다. 그곳에는 온 마을 사람들이 모여 있었다. 잔치에 가기 전에 타보는 케롤에게 이 마을에서는 이런 잔치 때 파랑, 빨강, 갈색 치마를 입는다면서 세 벌의 치마를 사주었다. 케롤은 마치 숙녀가 된 기분이었다.

결혼 잔치에서 타보는 캐롤에게 많은 사람을 소개해 주었다. 캐롤은 많은 말을 하지 않았다. 그럼에도 캐롤은 자신의 마음이 조금씩 열리는 것을 느꼈다.

　　노카넹 초등학교에서 오카방고 삼각주로 가는 학급 여행에 함께 갈 교사를 찾을 때, 바캉 은크베는 자원했다. 그들은 작은 비행기를 타고 광활한 삼각주 위를 날았다. 바캉은 파일럿 옆자리에 앉았다. 아래에는 오카방고강이 굽이쳐 흘렀고, 황량한 풍경이 화려하게 펼쳐지고 있었다. 아이들이 잠든 저녁, 바캉은 숙소에 있던 다른 손님들과 함께 강가에 앉아 맥주를 마셨다. 달이 빛났고, 저 멀리서 사자가 울었다. 바캉은 스스로에게 물었다. 어떻게 이런 마법 같은 곳을 여태 와 보지 않았을까?

　　바캉은 미국, 영국, 벨기에, 독일, 일본에서 온 관광객을 만났다. 그들은 이 여행을 위해 하룻밤에 1인당 1,000달러가 넘는 돈을 지불했다. 오카방고 삼각주에서 빅 파이브(Big Five)*를 보기 위해서였다. 바캉은 자문했다. '여기에 작은 집을 짓는 것도 괜찮은 생각이지 않을까?' 그러나 그럴 시간이 없었다. 2년 뒤 바캉은 노카넹에서 다시 교육부의 편지를 받았다. 중부구에 있는 프랜시스타운으로 가야했다. 인구 10만 명이 사는 보츠와나 제2의 도시였다.

　　바캉은 안도의 숨을 쉬었다. 마침내 다시 도시로 가게 된

* 오카방고 삼각주 지역에서 볼 수 있는 코끼리, 들소, 사자, 표범, 코뿔소를 말한다.

것이다. 이제 외출도 할 수 있었고, 어디든 식당도 있었다. 프랜
시스타운에서 바캉은 한 여자를 만났다. 첫 딸이 태어난 지 4년
만에 둘째 딸이 태어났다. 한동안 삶이 아름다웠지만, 다시 편지
가 왔다. 교육부는 바캉을 다시 남쪽에 있는 그의 고향으로 보냈
다. 여자친구와 딸로부터 500킬로미터가 떨어진 곳이었다. 그
들은 다시 헤어졌다.

바캉의 첫 번째 여자친구도 불행했다. 그녀도 교사였는데,
그 사이에 딸과 함께 서쪽 오지에 있는 작은 마을로 이사해야
했다. 바캉은 두 아이를 정기적으로 만나지 못했다. 그런 채 나
이를 먹었고 바캉은 현재 교감이 되었다. 바캉에게는 더 좋은 보
츠와나인이 되는 일이 무엇보다 중요하다. 자기 나라를 누구보다
잘 알게 되었기 때문이다. 그러나 그는 또 다시 혼자가 되었다.

포나체고 케디킬웨는 교육부 장관으로 일할 때 바캉과 같
은 이야기를 자주 들었다고 회상했다. 교육부 장관으로 학교를
방문했을 때, 교사들이 설명하는 이야기를 들으면서 가슴이 매
우 아팠다. 가능한 한 많은 공감을 표현하면서 그들에게 이렇게
말했다. "그 고통을 잘 이해하지만, 제가 할 수 있는 게 없습니
다. 보츠와나의 안녕이 개인의 만족보다 더 중요합니다."

오래된 딜레마이다. 무엇이 더 중요할까? 한 사람, 아니면
전체? 캐롤과 바캉이 원하는 장소와 방법대로 개인의 자유를 누
리며 사는 것이 중요할까? 아니면, 집단의 안녕이 중요할까? 콩

고나 나이지리아의 교육 수준을 향상시킨다면, 아이들과 떨어져 사는 아빠의 우울증은 견뎌야만 하는 대가일까?

포나체고 케디킬웨는 물었다. 독일에서도 국가의 이익에 가장 도움이 되는 곳으로 공무원들을 보내지 않느냐고. 나는 대답했다. 만약 20년 동안 5년에 한 번씩 강제로 이사를 해야 한다면 아마도 독일 공무원들은 혁명을 일으켰을 거라고.

다른 한편으로, 우리도 이미 이런 체계를 갖추고 있다는 생각이 들었다. 단지 규모가 작을 뿐이다. 내 친구 한 명은 외교관이다. 캐롤 라몰로차나와 바캉 은크베처럼 독일 외교부는 몇 년에 한 번씩 그가 어디로 가야 하는지 통보한다. 나라 안이 아니라 전 세계로 파견된다. 지나쳐 보이는 이런 요구가 외교관에게는 용인되고, 교사에게는 안 되는 이유가 있을까? 연방 군인들도 독일에게 이익이 되는 곳으로 파견된다. 세무 공무원이라고 안 되는 이유가 있을까?

동독 지역 경찰과 함부르크 상파울리 홍등가 경찰이 한동안 서로 일터를 바꾸어 보는 일도 아마 서로에게 유익할 것이다. 노카넹에서 일할 때 바캉은 열악한 생활 환경에 대한 보상으로 매월 추가 수당을 50유로씩 받았다. 이런 추가 수당으로 질트섬의 도로청소부를 한동안 슈바벤 알프스 지역에서 일하도록 설득할 수 있을 것이다. 또는 오버라머가우* 공무원을 베를린 중

---

* 오버라머가우(Oberammergau)는 독일 남부 바이에른에 있는 인구 5,000명이 사는 작은 마을이다. 10년에 한 번씩 사순절 기간에 열리는 예수 수난극 연극이 세계적으로 유명하다.

심가에서 일하도록 설득할 수도 있을 것이다.

공무원의 이동만이 보츠와나 정부의 유일한 접촉 도구는 아니었다. 보츠와나 정부는 젊은 남녀의 민간 복무 제도도 시행했다. 이 제도는 독일의 민간 복무 제도와 비슷하게 운영되었다. 단지 병원에서 환자를 돌보거나 코스타리카에서 거북이를 구하는 활동은 불가능했다. 아주 가까운 곳이나 아주 먼 곳으로는 갈 수 없었다. 중간 거리쯤 되는 낯선 근접지로 가야 했다. 뮌헨에서 대입 시험을 막 통과한 젊은이를 라우지츠 지역으로 보내거나 슈바르츠발트 출신 여성을 쾰른으로 보내는 것과 비슷하다.

그 밖에도 모든 보츠와나인은 토지 무상 청구권이 있다. 신청서만 제출하면 정부는 일정한 크기의 토지를 준다. 그러나 그 땅은 종종 자기 부족 지역 밖에 있다.

독일 관점에서 볼 때 통합을 위한 보츠와나의 강제적 방법은 상당히 급진적이며, 어느 정도 폭력적이기까지 하다. 내 의견에 케디킬웨는 강제는 없다고 답했다. 누구나 공무원이 될 필요는 없다는 것이다. 이 모든 것은 단지 자극일 뿐이라고 했다. 누구도 공짜 토지를 가질 필요는 없다. 실제 의무였던 민간 복무제는 1998년에 폐지되었다. 사회가 충분히 통합되었다고 정부가 인식했기 때문이다. 그러나 많은 이들이 이 제도의 철폐를 아쉬워한다고 한다.

보츠와나 접촉 전략이 얼마나 잘 작동했는지를 살펴보면

그 결과는 놀랍다. 사자언덕으로 발령받았을 때 캐롤은 말했다. "도시인인 내가 시골 학교 교사로 간다고?" 만약 캐롤의 할머니에게 같은 일이 벌어졌다면, 할머니는 틀림없이 이렇게 말했을 것이다. "방바토족인 내가 바크베나족에게 간다고?"

한 젊은 프랑스어 교사에게 어느 부족 소속인지 물었을 때, 그녀는 말했다. " 나는 이런 질문을 싫어해요. 어머니는 크갈라가디족이었죠. 생물학적 아버지는 칼랑가족이었어요. 두 사람 모두 교사였고, 타지역으로 발령을 받았죠. 그래서 그들은 헤어졌고, 나는 또 다른 부족 출신의 계부 밑에서 자랐습니다. 이 질문에 내가 무어라고 대답해야 할까요? 칼랑가족이라고 하면 크갈라가디족임을 부정하는 거죠. 크갈라가디족임이라고 말하면 칼랑가족임을 부정하는 게 되죠. 나는 보츠와나인입니다." 이 여성은 한 남자와의 사이에서 세 아이를 낳았다. 이 남자 또한 다른 부족 출신이었다. 이렇게 세대가 진행될수록 부족 정체성은 약화된다. 너무 약화되다 보니, 이제는 완전히 사라지는 것을 막기 위해 부족의 언어와 의례를 배워야 한다는 주장이 나오고 있다.

다른 부족 출신의 여성과 결혼했다는 또 다른 교사를 만났다. 그의 아내 역시 교사였다. 두 사람은 제3의 부족 지역에서 만났다. 그는 자신의 친구 가운데 어림잡아 4분의 3 정도가 혼합 부족 부부로 산다고 추정했다. 보츠와나는 의도적으로 이에 대한 공식 통계를 제시하지 않고 있다.

19년 동안 바캉 은크베는 전국을 돌아다니며 일곱 지역에서 교사 생활을 했다. 그는 네 명의 여성을 만나 네 명의 아이를 얻었다. 2018년 12월에 내가 그를 만났을 때, 그는 다시 혼자였다. 소프트볼 경력도 포기해야 했다. 그럼에도 그는 자기 나라를 알아 가는 일이 즐거웠다고 한다. 자신의 여정은 모험이었고, 심지어 어느 정도는 교육부의 다음 편지를 기대하고 있다고 한다. 비록 지금은 가보로네에서 일하는 것을 우선 순위에 두고 있지만 말이다.

캐롤은 타보를 통해 사자언덕을 곧 집처럼 친근하게 생각하게 되었다. 캐롤은 마을 합창단 축제를 방문했다. 그 축제에서 염소를 잡아 함께 먹었다. 또 지역 미인대회의 심사위원이 되었다. 마을 결혼식에서는 함께 춤을 추었고, 장례식에서는 함께 울었다. 한때 미워했던 사람들이 어느새 친근하게 느껴지기 시작했다. 캐롤은 말했다. "처음에는 나의 고용주인 교육부에 너무 화가 났어요. 그래서 이 분노를, 이 증오를, 내 주변에 있는 모든 것에 쏟았죠. 마을 사람들에게도 마찬가지였어요. 타보는 이 증오를 내게서 없애 주었어요. 갑자기 모든 것이 다른 색으로 나타났죠." 이는 전형적인 거울 신경계 메커니즘을 보여 준다. 캐롤이 바뀌었을 때, 그를 둘러싼 사람들 또한 변했다.

사자언덕 마을 변두리에 큰 밭이 있었고, 한 노파가 그 밭에서 수박을 재배했다. 수박을 좋아하는 캐롤은 그곳에 자주 갔는데, 언젠가부터 노파는 캐롤을 '내 딸'이라고 불렀다. 하루는 그 노파가 캐롤에게 저 위에 있는 땅이 마음에 드냐고 물었다. 캐롤은 그렇다고 대답했다. 그러자 그 노파는 그 땅을 캐롤에게 주었다. 캐롤은 그 땅에 작은 집을 짓기 시작했다. 집짓기는 아직 끝나지 않았다. 교육부의 새 편지가 도착했기 때문이다. 캐롤의 다음 부임지는 수도에서 북쪽으로 200킬로미터 떨어져 있었다. 이번에는 캐롤이 전근을 신청했다. 캐롤의 아픈 어머니가 있는 곳 근처였다. 캐롤은 사자언덕에 있는 집으로 나중에 또 갈 수 있을 거라고 말한다. 늦어도 은퇴하면 가게 될 거라고 믿는다. 즉, 캐롤은 은퇴 생활을 사자언덕에서 보내고, 마지막으로 그곳에 묻히고 싶다.

———

이스라엘의 역사학자 유발 하라리는 자신의 책 『사피엔스』[63]에서 놀라운 역사를 설명한다. 약 10만 년 전에 호모 사피엔스 집단이 고향인 아프리카를 떠나 중동으로 과감하게 방향을 돌렸다. 그곳에서 호모 사피엔스는 다른 인간종을 만났다. 바로 네안데르탈인이었다. 그리고 그들에게 쫓겨났다. 호모 사피엔스에게는 기회가 없었다.

3만 년쯤 지난 후에 호모 사피엔스는 두 번째 시도를 감행했고, 이번에는 성공했다. 잘 알려져 있듯이, 호모 사피엔스는 짧은 시간 안에 네안데르탈인의 전체 영토를 정복했다. 중동뿐만 아니라 유럽도 정복했다. 동시에 그들은 아시아로 몰려갔다. 당시 아시아에는 또 다른 인간 종인 호모 에렉투스가 정착하고 있었다. 호모 사피엔스는 네안데르탈인과 호모 에렉투스라는 두 종을 해체했다. 여러 인간종 가운데 하나였던 호모 사피엔스는 유일한 종으로 남았다. 유일한 인간이 되었다.

호모 사피엔스가 패배했던 첫 번째 만남과 세계 지배의 시작을 알렸던 두 번째 만남 사이에 무슨 일이 일어났을까?

하라리의 주장에 따르면, 호모 사피엔스는 이 사이에 다른 사람 종이나 동물은 완성하지 못했던 능력 하나를 획득했다. 즉, 볼 수 없고 만질 수 없으며 냄새를 감지할 수 없는 사물에 대해 말할 수 있는 능력을 획득했던 것이다.

많은 동물도 자기 종족에게 위험을 알릴 수 있었다. '조심해! 사자야!' 그러나 호모 사피엔스는 사물에 대해 이렇게 말하는 법을 배웠다. '사자는 우리 부족을 보호하는 영이다.'

인간은 허구를 창조했다. 하라리는 이 허구의 창조를 우리 종의 역사에서 가장 중요한 새로움이라고 여겼다. 왜 그런지를 이해하기 위해서 우리는 인간의 가장 가까운 친족인 침팬지를 살펴봐야 한다. 침팬지는 무리를 이루어 산다. 이 무리 안에 있는 모든 침팬지는 서로를 잘 알고, 밀접한 관계를 맺는다. 친밀한 상호 관계는 집단을 하나로 묶어 주며, 동시에 그 크기를 제한한다. 50마리 침팬지 무리 안에는 이미 1,225개의 일대일 관계가 있고, 여기에 더해 무수히 많은 사회적 조합 또한 존재한다. 이 사회 구조는 이미 너무 복잡하여 한 무리가 갈라져 두 개가 되기 전까지는 더 계속해서 커질 수가 없다. 호모 에렉투스와 네안데르탈인이 바로 이러했다. 네안데르탈인과의 경쟁에서 패배했던 원시 호모 사피엔스도 마찬가지였다.

그 후 호모 사피엔스는 이야기를 만들어 설명하기 시작했다. 영들과 상상의 존재들이 생겨났고, 신화와 전설이 등장했다. 신을 창조하고 사회의 형성이라는 미지의 가능성을 연 순간이었다.

결속을 위해 개인적으로 직접 접촉할 필요가 없어졌다. 인간은 같은 이야기를 믿으면서 서로에게 속해 있다는 느낌을 받았다. 하라리에 따르면, "지금 바나나 하나를 주면 죽은 후 원숭이 천국에서 무수히 많은 바나나를 받게 될 것이라고 원숭이를 납득시킬 수는 없다." 그러나 인간은 갑자기 이런 일이 가능해졌다. "허구 덕분에 우리는 상상만 할 수 있게 된 것이 아니다. 우리는 함께 상상할 수 있게 되었다."

갑자기 인간은 더 큰 집단을 만들 수 있는 능력이 생겼다. 두 번째 만남 때 주먹싸움을 했다면 네안데르탈인 한 명이 모든 호모 사피엔스를 이겼을 것이다. 그러나 두 번째 만남은 더는 주먹싸움이 아니었다. 호모 사피엔스는 갑자기 수백 명이 동맹으로 행동했다. 네안데르탈인은 기회가 없었다.

그 후 수백 년 동안 인간들은 점점 더 크고 복잡한 집단을 구성했다. 조직적으로 큰 영토를 사냥하는 부족을 만들었다. 수만 명이 사는 도시를 건설했다. 절반의 세계를 포괄했던 제국을 창조했다. 그리고 여전히 이 구조는 허구에 의해 결속되어 있다.

어떤 전능한 존재가 7일 만에 세상을 창조했다. 나중에 그 존재는 한 처녀를 선택하여 자신의 아들을 마구간에서 낳게 했다. 그렇게 자기 아들을 이 세상에 보냈다. 수억 명이 이 이야기를 믿고 있다. 이들은 다양한 대륙에 살고 있고 다양한 언어를 사용하면서 하나의 공동체를 구성한다.

신은 지상에 있는 자신의 일꾼을 시켜 어떤 사람에게 가서 기름을 부어 주라고 했다. 기름 부음을 받아서 그는 왕이 되었고 다른 모든 사람을 지배하는 일이 정당화되었다. 이 이야기 또한 수백 년 동안 수백만 명이 믿었으며 그렇게 이야기를 기록했다.

특정한 잉크로 특정한 상징이 인쇄되면 가치 없는 종이가 마법처럼 가치 있는 돈으로 탄생한다. 이 이야기를 오늘날 약 70억 인구가 믿고 있다.

침팬지는 단지 이마에 기름을 발랐다고 해서 그 동물을 지배자로 인정하지는 않을 것이다. 바나나와 100유로 지폐 사이에서 침팬지는 늘 바나나를 선택할 것이다.

침팬지 무리의 삶과는 반대로 인간의 일상은 허구에 의해 결속된 집단의 지배를 받는다. 시민으로서 우리는 인간들이 생각해 낸 법을 따른다. 법은 실재하지 않는다. 실재하는 건 법이 기록된 종이다. 법이 적혀 있는 책이 존재할 뿐, 법 그 자체는 단지 우리의 상상 속에서 존재한다. 우리가 환호하는 축구 클럽도 마찬가지다. 누군가가 어떤 시점에 서명을 했기 때문에 '생겨난' 것이다. 자동차 구매자로서 우리는 회사법에 기초하여 생겨난 하나의 허구인 메르체데스 벤츠에 돈을 이체한다. 회사법도 의회에 의해 제정된 하나의 허구며, 의회의 권위 또한 하나의 허구이다.

이 모든 이야기는 공통점이 하나 있다. 충분한 사람들이 그 이야기를 그만 믿게 되면, 이 이야기는 바로 그 의미를 잃어버린다는 것. 무신론자들에게 신이 그러하듯이, 이야기들은 그냥 사라져 버린다. 근대의 황제 또한 그렇게 사라졌다. 이 공통점은 모든 이야기에 적용된다. 지난 200년 동안 다른 어떤 것보다 강력한 힘을 가졌던 국민국가도 마찬가지다.

독일이란 무엇인가? 프랑스란 무엇인가? 미국이란 무엇인가? 국민국가 또한 신, 돈, 법과 다르지 않다. 우리들의 집단 상상 속에서 존재할 뿐이다. 손가락으로 국민국가를 가리키려고 하면, 언제나 다른 어떤 것이 모습을 드러낸다. 지도 책에 실려 있는 한 장의 지도, 강, 행군하는 군인들, 별과 선과 원들이 그려져 있는 어떤 표상.

200년 넘게 많은 사람이 국민국가 이야기를 깊이 믿으며 그 국가를 위해 목숨을 바칠 준비가 되어 있었다. 그들은 국가를 부르고 국기에 경례하면서 자신들이 선택된 유일한, 영광스러운, 심지어 신이 뽑은 국민의 일부임을 확신했다. 반면 다른 국민들, 프랑스인, 독일인, 러시아인, 미국인들은 악마의 민족이었다. 이런 설명은 소수의 사람만이 국경을 넘어갈 수 있을 때 지속될 수 있었다. 소수의 부유한 사람들, 지식인들, 탐험가와 자유로운 지성인들은 다른 나라에 사는 사람들이 다른 언어를 사용하고 다른 음식을 먹지만, 자세히 보면 자기 나라 사람들과 전혀 다른 점이 없다는 것을 알아차렸다. 그러나 그들은 소수에 불과했다.

제2차 세계대전이 끝난 후 지구화가 시작되었다. 물리적으로는 비행기와 고속철도를 타고, 가상 세계에서는 텔레비전과 인터넷을 통해 많은 사람들이 지구를 돌아다니기 시작했다. 갑자기 소수가 아닌 수백만 명이 국민국가의 뒷면을 보게 되었고, 이 이야기에 의심을 품기 시작했다.

8시간이면 나는 대서양 너머 뉴욕으로 날아갈 수 있다. 파리에 있는 친구도 쉽게 만날 수 있고, 심지어 그곳이 집처럼 느껴지기도 한다. 반면 함부르크에서 1시간만 달려 시골로 가면, 다른 세계에 온 것 같은 느낌을 받는다. 이런 기분을 비단 나만 느끼는 게 아니다. 많은 사람이 더는 독일적인 것, 프랑스적인 것, 미국적인 것을 먼저 느끼지 않고, 대신 유럽적인 것이나 세계 시민적인 것을 먼저 느낀다. 그리고 스스로를 지구적이고 자유로운 도시 문화의 일부, 또는 자신이 속한 국가의 경계와는 상관없는 어떤 집단의 일부로 느낀다.

이들은 각자 새로운 설명을 믿기 시작했다. 개인에게는 이런 변화가 옳다고 느껴질 수 있다. 그러나 전체적으로 서양 세계의 안정성에는 엄청난 문제가 된다. 왜냐하면 서양의 정치 체제는 여전히 국민국가가 중심이며, 국민국가는 옛 이야기에 기초하여 만들어졌기 때문이다. 법은 나와 뉴욕에 있는 나의 친구들에게 적용되는 게 아니라, 나와 나에게는 낯선 사람들에게 공통으로 적용된다. 내가 느끼는 이 낯섬은 뉴욕의 내 친구들이 트럼프 지지자들에게 느끼는 낯섬과 비슷하다. 4년에 한 번씩 이 낯선 사람들을 포함한 우리는 투표에 참여하라는 호출을 받는다. 우리가 일치할 수 없는 건 당연한 일이다.

많은 이에게 적용되는 집단 정체성이 더는 정치 단위와 맞지 않는다. 너무 많은 사람이 국민국가라는 정체성을 넘어서고 있지만, 정치는 계속해서 국민국가의 틀 안에서 해야 한다. 마치 한 살배기 아기가 사각형을 삼각형 구멍 안에 넣으려고 시도하다가 결국 맞추지 못한 채 투정을 부리는 상황과 같다.

아주 단순하게 말하면, 이 문제의 해결책은 두 가지이다.

첫째, 정치 단위를 새로운 정체성에 적응시키는 것이다. 이 방법은 200년 만에 국민국가라는 정치 단위와 민족적 사고를 해소하고 새로운 허구를 따라가는 것을 의미한다. 예를 들어 유럽적인 것을 말할 수 있다. 프로이센, 작센, 바이에른이 과거에 독일이었듯이, 이제 독일인, 프랑스인, 영국인이 유럽인으로 함께 성장할 수 있을 것이다. 마지막에는 유럽 연방국 같은 게 나타날 수도 있으리라.

둘째, 다양한 정체성을 정치 단위에 적응시키는 것이다. 이 방법은 신국민국가라는 정치 단위와 신민족적 사고를 좀 더 견고히 해 나가는 것을 의미한다. 앞으로도 독일인들은 계속해서 4년마다 의원을 뽑고, 프랑스인들은 5년마다 한 번씩 대통령을 선출하며, 미국은 2년마다 한 번씩 의회의 절반을 계속해서 뽑게 될 것이다. 그리고 이 사회들은 국민국가라는 정치 단위 안에서 다시 독일인, 프랑스인, 미국인임을 느끼지만, 바라건대 과거에 전쟁을 불러왔던 적대감 없이 이 정체성을 느끼게 되리라.

두 경우 모두 각각 상대 진영이 납득해야 한다. 충분한 민족주의자들이 여전히 무언가가 존재할 거라는 이 새로운 이야기를 믿기 시작하거나, 또는 충분한 반민족주의자들이 새로운 독일, 프랑스, 미국 정체성에 친숙해져야 한다.

보츠와나는 두 번째 길의 훌륭한 성공 사례이다. 보츠와나 정부는 부족에 기초한 옛 집단의 정체성을 일대일 만남 수만 개를 통해 약화시키고, 새로운 민족적 집단의 정체성을 형성했다. 또한 보츠와나 정부는 시민들에게 새로운 이야기를 설명했다. 이 새로운 허구는 충분한 설득력이 있어서 많은 사람이 믿기 시작했다. 그렇게 부족 사회를 하나의 국민국가로 만들었다. 이 과정에서 접촉은 보츠와나 정부의 가장 중요한 도구였다.

이 방식을 서양에 적용한다면 이런 의미가 될 것이다. 나는 뉴욕에 지금보다 덜 날아가고 뮐른에 더 자주 가야 할 것이다. 브루클린의 요가 강사인 코너 예이츠는 신혼여행을 이탈리아보다는 아이다호에서 보내는 게 좋았을 것이다. 이런 접촉으로 난민의 친구와 난민 회의론자, 트럼프 지지자와 반대자, 브렉시트 지지자와 반대자들이 집단이 아닌 개인으로 서로 가까워지기를 희망해야 할 것이다. 로라 메싱과 그의 새로운 공화당 친구들처럼 정치적이 아닌 사적으로 가까워지기를 기대해야 할 것이다.

당연히 접촉은 첫 번째 해결책에서도 성공을 위한 방법이 될 수 있다. 독일을 위한 대안이나 오스트리아 자유당(FPÖ) 지지자들, 또는 브렉시트에 찬성했던 민족주의자들이 프랑스인, 네덜란드인, 폴란드인, 핀란드인 같은 다른 나라의 시민들과 접촉해야 할 것이다. 그러면 여러 해를 거치면서 그들도 유럽적 정체성에 익숙해지게 될 것이다. 유럽 차원의 민간 복무 도입이 안 될 이유가 어디 있겠는가? 또는 군사 복무는? 또는 국경 뒤에 무료 건축을 위한 토지 제공은?

가장 많은 사람을 납득시키는 사람, 가장 좋은 이야기를 설명하는 사람이 승리한다. 이는 많은 사람이 과거에 품고 있었던 어떤 환상을 깨뜨려 준다는 점에서 고무적이다. 나도 마찬가지였다. 이야기의 폭풍이 자유와 가치를 지닌 서양 민주주의라는 우리 세계에 끊임없이 몰아칠 때, 인간은 그저 구경꾼으로 전락한다고 생각했다. 사회와 정부는 절대 무능하지 않다. 사회와 정부는 단지 설명할 수 있는, 설득력 있는 이야기를 찾아야 한다. 그리고 이 이야기를 확산하기 위한 방법을 찾아야 한다.

후기 │ 이제 무엇을 할 것인가?

이 책에 나오는 이야기들은 한 가지에 대해 분명하게 알려 준다. 사람들의 생각을 바꾸고 싶다면, 예를 들어 인종주의, 동성애 혐오, 이슬람 급진주의, 무정부주의를 내려놓게 하고 싶다면, 그 사람에게 틀렸다고 말하는 것은 아무런 도움이 되지 않는다. 얼마나 자주 혹은 얼마나 크게 말하든 상관없다. 그들에게 실제로 보여 주어야 한다.

크리스타와 하랄트는 롬족이 평범한 사람이라는 이야기를 신문에서 자주 읽었다. 그러나 자신들의 눈으로 직접 보게 되었을 때 그들은 이 이야기를 처음으로 믿었다.

핀바르 오브라이언에게 심리치료사는 남성 동성애자들은 나쁜 사람들이 아니라고 말했다. 그러나 크리스 라이온스를 만나고 나서야 핀바르는 심리치료사의 말을 온전히 믿을 수 있었다.

자말은 텔레비전에서 이슬람 급진주의자들은 길을 잘못 든 사람이라고 말하는 것을 자주 보았다. 그러나 한 경찰의 웃음과 덴마크 정체성으로 살아가는 에르한 킬리치의 자신감이 처음으로 그를 납득시켰다.

비스마르 펑크족 토마스 바니히의 부모는 길거리 폭력을 그만두어야 한다고 아들에게 종종 충고했다. 네오나치 즈벤 크뤼거가 자신의 배낭을 사막 내내 대신 메어 주었을 때 토마스 바니히는 그 폭력을 그만두었다.

현실에 대한 자신들의 생각이나 믿음이 눈앞에서 바뀌는 것을 이 사람들은 직접 보고 느꼈다. 굳이 말한다면, 의견 변화의 과정은 이 사람들의 능동적인 결정보다는 환경이 촉발시킨 어떤 메커니즘이 그들에게 작동하면서 일어났다. 그러니까 사람을 바꾸려면 정치적 지렛대가 필요하다.

증오와 싸우고 사회 분열을 극복하고 싶은 정부는 적들, 반대자들, 다른 생각을 하는 사람들끼리의 만남을 과제로 삼아야 한다. 인간이 전혀 다를 수 없음을 깨달으며, 타인을 사람으로 볼 수밖에 없는 상황을 만들어야 한다.

이런 일은 어떻게 가능할까?

2017년 1월 《디 차이트》에 처음으로 아일랜드 시민의회에 대한 나의 기사가 나갔을 때, 나는 독자들에게 많은 편지를 받았다. 예를 들어, 프랑크푸르트에서 정치학을 공부하는 도미닉 헤롤트가 보낸 편지를 보면, 그는 그 기사를 읽었던 바로 그날에 석사 과정에 있는 친구 몇몇을 불러 함께 프랑크푸르트 시민의회 구성을 해 보자는 제안을 했다고 한다. 이 만남에서 '투표 그 이상(Mehr als Wählen)'이란 시민 모임이 만들어졌다. 이 모임의 목표는 지역 단위에 시민의회를 제도화하는 것이다. 민주주의의 미래를 논의하고 시장에게 의견을 제안하기 위해, 2019년 초에 처음으로 무작위로 뽑힌 프랑크푸르트 시민 44명이 만났다. 베를린에 사는 일란 시베르트와 카타리나 리젠베르크는 '출발(Es geht los)' 프로젝트를 통해 2020년까지 추첨으로 100명을 뽑아 시민의회를 조직하려는 작업을 하고 있다. 한 독자의 편지에 따르면, 그는 이 기사의 기본 원리에 기초하여 헌법재판소에 헌법소원를 제기했다고 한다. 독일 선거에서 '추첨 정당'이 허용될 수 있도록 하기 위해서이다. 드디어 2019년 여름, 아일랜드 시민의회의 성공에서 영감을 받은 '더 많은 민주주의(Mehr Demokratie)' 협회가 '시민의회 민주주의(Bürgerrat Demokratie)'라는 프로젝트를 시작했다. 에어푸르트, 쉬베린, 코블렌츠, 귀터스로, 뮌헨에서 시민들이 정치가를 만나 민주주의의 미래와 기후 변화에 대해 토론한다. 프라이부르크에서는 '올위두(AllWeDo)'라는 단체가 대형 건설 사업에 대한 시민의회를 계획하고 있다.

이 모든 사례들은, 반드시 국가나 국가 기관이 먼저 시작할 필요는 없다는 것을 보여 준다. 미국에서 학생들의 기숙사 방을 추첨으로 정하도록 결정했던 건 사립 대학들이었다. 취리히의 칼크브라이테도 협동조합을 결성했던 시민들이 만들었다.

이 안에는 우리의 기운을 북돋아 주는 기쁜 소식이 들어 있다. 사람은 무언가를 할 수 있다. 뉴욕 시민 로라 메싱처럼 단순히 그저 무서움을 극복하고 '다른 편에 있는' 누군가를 피자 식사에 초대할 수도 있을 것이다.

사회 통합을 위한 책임에서 여전히 정치가 가장 큰 몫을 차지한다. 예를 들어, 이 사회의 급진주의적 적대자들을 다루는 문제에서 왜 독일 치안 담당 기관들은 덴마크 경찰 토르라이프 링크가 보여 준 모범을 가져오지 못할까? 이 적대자들은 어떤 테러 조직과 연결되기를 원하는 이슬람 급진주의자일 수도, 혹은 독일 도시들을 행진하는 네오나치일 수도 있다. 칼라시니코프 소총을 들고 있는 위협적인 자세 뒤에는, 또는 히틀러식 경례를 위해 치켜든 손 뒤에는, 많은 경우 길을 찾고 있는 사람, 갈 길을 잃은 사람, 우리가 도달할 수 있는 사람이 숨어 있다.

국가의 제도화된 접촉 중에는 개인의 자유를 침해하는 방식도 있을 것이다. 사회의 급진적 적대자뿐 아니라 모든 시민들의 자유에 개입하는 방식은 특히 어려움을 겪을 것이다. 서양의 자유주의 사회에서 자유는 중요한 가치이고, 독일에서는 아마 최고의 가치일 것이다. 이는 다행스럽고 정당한 일이다. 국가가 계속해서 우리를 가만히 두는 데 우리는 익숙해져 있다. 병역 의

무는 더 이상 없고, 민간 복무도 사라졌다.

그러나 국가의 관점에서, 공동선을 위해 시민들을 향해 강제력을 행사하는 일은 당연한 국가의 본질이다. 예를 들어, 독일에서는 건강 보험에 가입해야 하고, 아이를 학교에 보내야 하며, 빨간색 신호등에서는 기다려야 한다. 시민들에게 부과된 의무 사항이다. 보통 시민들은 이런 강제는 괜찮다고 생각한다. 그 유용성이 너무도 분명하기 때문이다. 새로운 민간 복무에서도 이런 유용성이 가능하지 않을까?

이런 민간 복무도 가능할 수 있을 것이다. 정치적 생각과 지리적 거리에 따라 독일 젊은이들을 일정 기간 다른 곳으로 파견하는 것이다. 예를 들어, 유럽의 이웃 나라로, 도시에서 시골로, 서독 지역에서 동독 지역으로, 또는 샤를로텐부르크에서 노이쾰른으로, 언제나 그 반대 파견도 함께. 심지어 이 만남 프로그램을 말 그대로 진정한 모험 여행으로 판매하는 방법도 찾을 수 있을 것이다.

다른 생각을 하는 사람들과의 접촉이 예외가 아닌 평범한 일이 된다면 독일 사회는 어떻게 될까? 지난여름 네오나치 즈벤 크뤼거를 인터뷰하기 전에, 나는 미국 사회심리학자 피터 콜맨(Peter Coleman)과 대화를 나누었다. 콜맨은 콜럼비아 대학교에서 이른바 '어려운 대화 연구소(Difficult Conversations Lab)'를 이끌고 있다. 그곳에서 콜맨은 어떤 조건에서 정치 적대자 사이의 대화가 건설적으로 진행될 수 있는지를 연구한다. 언제 적대자들이 합의할 수 있고, 언제 대화가 격화되는지도 함께 연구한다. 합의를 위한 열쇠, 혹은 최소한 인간적 협력을 위한 열쇠는 차이가 아닌 공통점을 찾아가는 것이라고 말했다. 진부하게 들리는 주장이지만, 상세히 들여다보면 혁명적이다. 왜냐하면, 우리는 공공 영역의 대화에서 이런 작업을 거의 하지 않기 때문이다. 우리는, 특히 기자들은, 차이, 갈등, 극적 드라마를 찾는다. 콜맨이 나에게 조언하기를, 당신의 가장 최악의 적과 대화를 한 번 시도해 보라고 했다. 그리고 뭔가 나올 때까지 공통점을 찾아보라고 했다.

그렇게 나는 즈벤 크뤼거와 마주 앉았다. 크뤼거의 나치 주장을 참아 내는 일은 힘들었다. 그다음 크뤼거는 이웃 동네에서 일어났던 일에 대해 설명했다. 그 동네에서 시리아 출신 소녀가 자동차 사고로 사망했다. 사고 현장에 누군가 흰색 스프레이로 나치의 국기인 갈고리 십자가를 아스팔트 위에 그리고, 거기에 '1:0'이라고 써놓았다. 크뤼거는 그 소녀의 가족들에게 유감을 표하면서, 스프레이 칠을 한 사람을 비난했다. 그의 감정과 반응은 진짜처럼 보였다. 나는 크뤼거의 반응에 진심으로 놀랐다.

크뤼거는 독일에서 난민 정책이 논의되는 양태를 보고 놀랐다고 한다. 그는 폭력이 그들 조국에서 그들을 위협하는 한, 당연히 시리아와 아프가니스탄에서 온 전쟁 난민들을 수용하고 보호해야 한다고 생각한다고 했다. 나는 마음속에 첫 번째 공통점을 찾았다.

대화가 진행되면서 공통점 몇 가지가 더 추가되었다. 정치적으로 우리 둘 다 기후 변화가 우리 시대의 가장 큰 도전이라고 생각했다. 그리고 개인적으로 우리 두 사람은 기꺼이 더 많은 시간을 남부 프랑스에서 보내고 싶어 한다. 당연히 우리 사이에 놓여 있는 차이에 비하면 이 공통점들은 빙산의 일각일 뿐이다. 그러나 즈벤 크뤼거는 우리 사회의 가장 바깥쪽에 있는 사람이다. 내가 크뤼거와 공통점을 발견한다면, 크뤼커와 나 사이에 있는 사람들에게서도 대부분 공통점을 찾을 수 있다는 의미이지 않을까? 이 공통점들은 아마도 더욱 크고 의미 있는 것들로 채워질 것이다.

나는 즈벤 크뤼거에게 놀랐다. 크뤼거가 나미비아에서 토마스 바니히와 하루엔도에게 놀랐던 것과 똑같은 일이었다. 헤르메스 부부가 롬족 이웃에게 놀랐고, 게롤트 후버가 난민들에게 놀랐듯이 말이다. 이 책에서 언급된 거의 모든 사람들이 이 놀라움을 공유하고 있다. 그들은 놀랐다. 누가 당신들의 이웃이 되어야 하는지, 누구와 함께 나미비아로 가고 싶은지, 아일랜드 시민의회에서 누구를 만나고 싶은지, 그리고 가보로네에 있는 학교에 머물기를 원하는지를 그 이전에 물어보았다면 무슨 대답을 했을까? 긍정적인 놀람과 변화를 가져왔던 그 옵션을 그들은 결코 선택하지 않았을 것이다.

내가 즈벤 크뤼거와 대화했듯이, 모든 독일인이 다른 모든 독일인과, 모든 유럽인이 다른 모든 유럽인과 대화하면서 공통점을 찾는다고 상상해 보자. 이 수십억 개의 대화에서 나타나게 될 전체의 교집합이 바로 우리가 그렇게 자주 이해하려고 헛되이 시도하는 국민국가의 정체성, 혹은 유럽인의 정체성이지 않을까? 이 잡동사니가 우리를 결속시켜 주지 않을까?

당연히 이런 질문이 제기된다. 그것은 내가 옳다고 여기는 것과는 얼마나 가까이 있을까? 내가 완전히 틀렸다고 생각하는데 더 근접하지 않을까? 이런 질문들에서 이미 두려움이, 최소한의 불안감이 드러난다.

즈벤 크뤼거에 대한 나의 기사가 《디 차이트》에 실리고 며칠이 지난 후, 독일 전역에서 정치에 대해 다른 생각을 가진 사람들이 대화를 위해 모였다. 차이트 온라인에서 일하는 동료들이 내놓은 번뜩이는 아이디어 덕분이었다. 차이트 온라인은 '독일이 말한다'라는 제목 아래, 정치와 관련한 예, 아니오, 질문 일곱 개를 던졌다. 독일은 국경을 더 엄격하게 통제해야 하나? 육류 소비를 줄이기 위해 더 강한 관리가 필요한가? 독일 중심가를 차 없는 거리로 만들어야 할까? 이슬람교도와 비이슬람교도가 독일에서 함께 잘 살 수 있을까? 등등.

차이트 온라인은 다양한 대답을 내놓았던 독자들에게, 예를 들면 일곱 번 모두 예라고 답한 사람과 일곱 번 모두 아니오라고 답한 사람을 서로 연결해 주면서, 만나서 서로 이야기해 보라고 제안했다. 그렇게 8,000명이 넘는 사람이 이 대화에 참여했다. 이 책을 쓰고 있는 동안 이 대화에 대한 사회과학적 분석은 아직 나오지 않았다. 그러나 이미 무언가 달라졌다. 1년 전에 이미 한 번의 '독일이 말한다'가 있었다. 참가자 수백 명이 대화를 나눈 후 편집국에 이메일을 보냈다. 나는 모든 메일을 전달받았다. 여기 소개되는 내용은 처음 내 메일함에 들어온 15개 가운데서 뽑은 것이다.

> "우리는 한 주제에서 다음 주제로 넘어갔고, 저녁 내내 토론할 수도 있었을 것입니다."

> "나는 평범하지 않은 사람의 흥미로운 관점들을 알게 되었습니다. 아주 사적인 오후였습니다. 속편이 이어질 것입니다."

> "《디 차이트》는 인간적인 힘으로 우정을 맺을 수 있게 해주었습니다."

> "대화 파트너가 지금은 시간이 없다고 나에게 알려왔어요."

> "우리는 파더본에 있는 아이스크림 카페에서 두 시간 정도 만났습니다. 대화는 매우 활기찼습니다. 처음 추측과는 달리 많은 지점에서 의견의 차이가 그렇게 크지 않았습니다."

> "이메일 연락이 한 번 끊긴 후 약속했던 대화는 불가능해졌습니다."

"비르기트와 나는 유럽과 독일은 러시아에 대한 추가 제재를
해야 한다는 데 의견이 같았습니다. 우리 두 사람은 유럽에
찬성합니다."

"늙은 붉은 양말이 청년 유니언을* 만났습니다. 서로 완전히
모르는 상태에서 세 시간 동안 미래의 법률가와 대화했다는
자체가 이미 놀라운 일이었습니다."

"볼링 경기하듯이 우리의 대립적 위치를 숙지하고 열심히
토론했습니다. 그리고 알게 되었습니다. 우리는 갈라진 것보다
연결된 것이 더 많았습니다. 아름다운 출발이었고, 완벽한
경기였습니다."

"이슬람에 대한 우리의 의견 교환은 나에게 많은 생각을 안겨
주었습니다. 뿐만 아니라, 내 주장의 약점도 깊이 생각하게
만들어 주었습니다."

"대화 파트너와 나는 놀랍도록 조화로운 대화를 두 시간
동안 나누었습니다. 비록 우리는 기본적으로 다른 세계관을
가졌지만,(그는 보수주의, 나는 사회민주주의 경향이었습니다.)
러시아와 난민에 대한《디 차이트》의 질문에 대해서는 의견
차이가 전혀 없다는 것을 확인했습니다. 질문을 좀 더 세세하게
들여다볼수록 더 많은 공통점이 분명해졌습니다."

"많은 주제에서 어느 정도 빠르게 의견 일치를 본 것은

---

* 붉은 양말(rote Socke)은 독일에서 정치적 좌파를 경시하면서 부르는 속어이며, 청년 유니언(Junge Union)은 독일 보
수 정당 CDU와 CSU의 청년 조직이다.

아마도 대화 파트너의 선택(《디 차이트》독자, 베를린, 이런
활동에 적극적으로 참여하는 사람들) 때문일 거라고
우리는 생각했습니다."

"대화는 매우 조화롭게 진행되었고, 우리의 관점은 부분적으로
매우 가깝게 있었습니다."

"소위 의견의 불일치를 우리는 찾을 수 없었습니다."

"서로 개인적인 소개를 상세하게 한 후 우리는 어긋나는 점들을
찾으려고 했습니다. 그러나 갈라지는 곳이 하나도 없었습니다."

이런 메일이 계속 왔다. 그렇게 빠르게 의견이 일치했다는
데 대부분의 사람들이 놀랐다. 많은 이들이 더 많은 것을 원했
다. 많은 이들이 다섯 질문 모두(당시에는 아직 질문이 일곱 개가 아니었다.) 다
르게 대답했다는 사실을 기억해야 한다. 그들은 싸움 등의 극적
인 것들을 기대했지만, 동의와 공감을 발견했다. 한 독자의 편지
가 특히 시사하는 점이 많았다. 그는 자신의 맞수와 밤베르크에
서 만났다.

"낯선 사람을 만날 때 늘 그렇듯이 나는 약간의 복통을
느끼며 그녀 앞에 섰습니다. 우리는 이미 여러 번 이메일을
주고받았습니다. 그리고 차이보다는 엄청나게 많은
공동점이 있다는 것을 곧 알게 되었습니다. 나로서는 조금

실망이었습니다. 《디 차이트》는 나와는 완전히 다른 생각을 가진 사람을 만나게 될거라고 약속했었거든요. 페기다 괴물이나 그보다 더 나쁜 것을 생각했었죠. 대신 그 자리에는 마음씨 좋고 따뜻하며 똑똑하면서도 유머러스한 여성이 상기된 얼굴로 자전거를 끌고 언덕으로 올라왔습니다. 나에게 눈인사를 보내고 내 자전거 옆에 자신의 자전거를 세웠습니다. 그리고 베스트팔렌 억양으로 내게 인사를 했습니다. 우리는 비슷한 관점으로 세계를 보고 설명할 수 있었습니다. 우리가 논쟁했던 주제, 러시아 문제도 빠르게 거의 같은 의견으로 정리되었습니다. 우리 두 사람은 정기적으로 만나기로 약속했습니다. 우리가 제대로 싸우게 될지는 두고 봐야겠습니다.”

그는 괴물을 기대했지만 상기된 얼굴의 여성을 만났다. 자기처럼 자전거를 타고 왔고, 같은 베스트팔렌 출신이었다. 두 사람이 만나지 않았더라면, 이런 사실들을 틀림없이 알지 못했을 것이다. 멀리서 봤다면 그는 틀림없이 글자로는 존재했던 정치적 차이에 초점을 맞추었을 것이다. 그러나 그와 그녀가 만났을 때는 공감이 그 차이를 대신했다.

이 책을 위해 내가 모았던 이야기들처럼 독자들의 인터뷰을 읽으면서 나는 한 문장을 떠올렸다. 이 문장은 미국 정치학자 릴리아나 메이슨(Lilliana Mason)이 미국을 묘사할 때 사용했던 것이다. 나는 이 문장이 독일을 비롯한 다른 사회에도 그대로 적용된다고 확신한다. We act like we disagree more than we actually do.(우리는 실제보다 더 많이 반대하는 것처럼 행동한다.)

이제 우리는 기존에 가지고 있던 경향을 바꾸어야 할 것이다. 우리는 예 또는 아니오, 선과 악, 우리 아니면 그들이라는 이분법 왕국을 떠나 그 사이를 헤엄쳐야 할 것이다. 아마도 우리는 여전히 타인들에게 우리가 실제로 얼마나 많은 차이가 있는지를 반복해서 말하려고 애쓸 것이다. 그러나 그 차이를 알기 위해서 우리는 그들을 만나야 한다. 서로를 알아 가야 한다.

주

1) 데이비드 콜리는 2006년 쓴 다음 글에서 이렇게 묘사했다. 《African American Platoons in World War II》, https://www.historynet.com/african-american-platoons-in-world-war-ii.htm.

2) Christopher Paul Moore: 《Fighting for America》: Black Soldiers-the unsung Heroes of World War II, New York 2007, S. 232(《A colored soldier cannot think fast enough to fight in armor》)에서 재인용.

3) Matt J. Schudel: 《J. Cameron Wade, World War II veteran and activist for forgotten black soldiers, dies at 87》, in: Washington Post, 25. Februar 2012, https://www.washingtonpost.com/local/obituaries/j-cameron-wade-world-war-ii-veteran-and-activistfor-forgotten-black-soldiers-dies-at-87/2012/02/23/gIQAJSVWaR_story.html?noredirect=on&utm_term=.ce3e6532fc8a에서 재인용.

4) 미군 설문조사, 원본은 아래 사이트에서 볼 수 있다. https://catalog.archives.gov/id/40019868.

5) 군인들의 모든 진술은 아래에서 인용했다. Samuel A. Stauffer et al.: 《The American Soldier》, Volume I, Princeton 1949, S. 592 f.

6) 원래 설문지는 아래에서 찾을 수 있다. https://catalog.archives.gov/id/40019868.

7) Samuel A. Stauffer et al.: 《The American Soldier》, Volume II, Princeton 1949, S. 570.

8) Louis Raths und William Van Til: 《The Influence of Social Travel on Relations among High-School Students》, in: Educational Research Bulletin 23 (März 1944), S. 63-68.

9) Gordon W. Allport: 《The Nature of Prejudice》, Reading 1954, S. Xiii.(고든 올포트, 석기용 역, 『편견』, 교양인, 2020, 1954년판 머리말)

10) Thomas F. Pettigrew, Linda R. Tropp: 《A Meta-Analytic Test of Intergroup Contact Theory》, in: Journal of Personality and Social Psychology 90 (2006), S. 751-183.

11) Matt Motyl et al.: 《How ideological migration geographically segregates groups》, in: Journal of Experimental Social Psychology 51 (2004), S. 1-14.

12) Arlie Russell Hochschild: 《Strangers in their own Land》, New York 2016, S. 6.(앨리 러셀 혹실드, 유강은 역, 『자기 땅의 이방인들』 이매진, 2017)

13) Arlie Russell Hochschild: 《Strangers in their own Land》, New York 2016, S. Xii.(앨리 러셀 혹실드, 유강은 역, 『자기 땅의 이방인들』 이매진, 2017)

14) https://www.ipsos.com/sites/default/files/migrations/en-uk/files/Assets/Docs/Polls/ipsos-mori-perils-of-perception-charts-2016.pdf

15) https://www.gapminder.org.

16) Hans Rosling: 《Factfulness》: Ten reasons we're wrong about the world-and why things are better than you think, London 2018.(한스 로슬링, 이창신 역, 『팩트풀니스』 김영사, 2019)

17) Paul J. Whalen et al: 《Human Amygdala Responsivity to Masked Fearful Eye Whites》, in: Science 306 (2004). Daniel Kahneman: 《Thinking Fast and Slow》, London 2011(대니얼 카너먼, 이창신 역, 『생각에 관한 생각』 김영사, 2018)도 참고하라.

18) Daniel Kahneman: 《Thinking Fast and Slow》, London 2011, S. 301.(대니얼 카너먼, 이창신 역, 『생각에 관한 생각』 김영사, 2018)

19) 같은 곳.

20) 아래 사이트를 참고하라. https://www.business2community.com/blogging/new-out- brain-study-says-negative-headlines-better-positive-0810707.

21) http://de.mediatenor.com/de/bibliothek/newsletter/1100/das-medienbild-zum-islam-treibt-die-angst-bedford-strohm-und-papst-franziskus-setzen-positive-akzente-fuer-ihre-kirchen.

22) 같은 곳.

23) Daniel Kahneman und Amos Tversky: 《Availability》: A heuristic for judging frequency and probability, in: Cognitive Psychology 5 (1973), S. 207-232.

24) Daniel Kahneman: 《Thinking Fast and Slow》, London 2011, S. 138.(대니얼 카너먼, 이창신 역, 『생각에 관한 생각』 김영사, 2018)

25) https://watson.brown.edu/costsofwar/.

26) Eric Schmitt: 《Two Decades After 9/11, Militants Have Only Multi plied》, in: New York Times (20.11.2018), https://www.nytimes.com/2018/11/20/us/politics/terrorism-islamic-militants.html.

27) 전략국제연구센터(CSIS)의 한 연구에서 나온 결과이다. 다음을 참고하라. https://www.csis.org/analysis/evolution-salafi-jihadist-threat.

28) 다음을 참고하라. The Soufan Center: 《Intelbrief: The Staggering Costs of the Never-Ending <Global War on Terror>》. https://thesoufancenter.org/intelbrief-the-staggering-cost-of-the-never-ending-global-war-on-terror/.

29) Nicholas Epley: 《Mindwise》: Why we misunderstand what others think, believe, feel, and want, New York 2014, S. 43 ff.(니컬러스 에플리, 박인균 역, 『마음을 읽는다는 착각』 을유문화사, 2014)

30) Giacomo Rizzolatti und Laila Graighero: 《The Mirror-Neuron- System》, in: Annual Review of Neuroscience 27 (2004), S. 169-192, online verfügbar unter: http://psych.colorado.edu/~kimlab/rizzolatti.annurev.neuro.2004.pdf.

31) Dave Grossman: 《On Killing》: The psychological cost of learning to kill in war and society, New York 1996.(데이브 그로스먼, 이동훈 역, 『살인의 심리학』 플래닛, 2011년)

32) Nicholas Epley: 《Mindwise》: Why we misunderstand what others think, believe, feel, and want, New York 2014, S. 46.(니컬러스 에플리, 박인균 역, 『마음을 읽는다는 착각』 을유문화사, 2014)

33) 위의 책에서 45쪽에서 재인용.

34) 선거 분석 및 사회관찰 기관인 연구그룹 선거(Forschungsgruppe Wahlen)의 설문조사. https://www.forschungsgruppe.de/Umfragen/Politbarometer/Archiv/Politbarometer_2015/Juli_II_2015/.

35) 아리스토텔레스 『정치학』 4권. Christian Bender, Hans Graßl: 《Losverfahren》: Ein Beitrag zur Stärkung der Demokratie, in: Aus Politik und Zeitgeschichte 38-39 (2014)에서 재인용. http://www.bpb.de/apuz/191195/losverfahren-ein- beitrag-zur-staerkung-der-demokratie?p=all#footnode14-14.

36) 몽테스키외, 『법의 정신』 David Van Reybrouck: 《Gegen Wahlen》: Warum Abstimmen nicht demokratisch ist, Göttingen 2016,(다비트 판 레이브라우크, 양영란 역, 『국민을 위한 선거는 없다』 갈라파고스, 2016), 83쪽에서 재인용.

37) 장 자크 루소, 『사회 계약론』 David Van Reybrouck: 《Gegen Wahlen》: Warum Abstimmen nicht demokratisch ist, Göttingen 2016,(다비트 판 레이브라우크, 양영란 역, 『국민을 위한 선거는 없다』 갈라파고스, 2016), 85쪽에서 재인용.

38) John Adams: 《The Works of John Adams》, Band 6, Boston 1851, S. 484. David Van Reybrouck: 《Gegen Wahlen》: Warum Abstimmen nicht demokratisch ist, Göttingen 2016,(다비트 판 레이브라우크, 양영란 역, 『국민을 위한 선거는 없다』 갈라파고스, 2016), 91쪽에서 재인용.

39) Thomas Jefferson: 《Letter to John Adams》, 28. Oktober 1813(https://www.loc.gov/resource/mtj1.046_1276_1282/?st=gallery).

40) James Madison: 《Federalist Paper No. 10》, 1787. David Van Reybrouck: 《Gegen Wahlen》: Warum Abstimmen nicht demokratisch ist, Göttingen 2016,(다비트 판 레이브라우크, 양영란 역, 『국민을 위한 선거는 없다』 갈라파고스, 2016), 93쪽 이하에서 재인용.

41) Emmanuel Joseph Sieyès: 《Rede vom 7. September 1789》. David Van Reybrouck: 《Gegen Wahlen》: Warum Abstimmen nicht demokratisch ist, Göttingen 2016,(다비트 판 레이브라우크, 양영란 역, 『국민을 위한 선거는 없다』 갈라파고스, 2016), 95쪽에서 재인용.

42) David Van Reybrouck: 《Gegen Wahlen》: Warum Abstimmen nicht demokratisch ist, Göttingen 2016,(다비트 판 레이브라우크, 양영란 역, 『국민을 위한 선거는 없다』 갈라파고스, 2016)

43) Gordon W. Allport: 《The Nature of Prejudice》, Reading 1954(고든 올포트, 석기용 역, 『편견』 교양인, 2020), 273쪽.

44) Sarah Gaither und Samuel Sommers: 《Living with an other-race roommate shapes Whites' behavior in subsequent diverse settings》, in: Journal of Experimental Social Psychology 49 (2013), S. 272-276.

45) Gautam Rao: 《Familiarity Does Not Breed Contempt》: Generosity, Discrimination, and Diversity in Delhi Schools, in: American Economic Review 109 (2019), S. 774-809.

46) Jan Goebel und Lukas Hoppe: 《Ausmaß und Trends sozialräumlicher Segregation in Deutschland》, Berlin 2015 (https://www.armuts-und-reichtumsbericht.de/SharedDocs/Downloads/Service/Studien/abschlussbericht-sozialraeumliche-segregation.pdf?_blob=publicationFile&v=3).

47) Genossenschaft Kalkbreite: 《Jahresbericht 2016》, S. 3.

48) 같은 곳, 5쪽.

49) 이 실험은 심리학자 무자퍼 셰리프(Muzaffer Sherif)가 진행하였고 '로버스 동굴 실험'이라는 이름으로 역사에 남았다. 아래 문헌을 참고하라. Muzaffer Sherif et al.: 《Status in experimentally produced groups》, in: American Journal of Sociology 60 (1955), S. 370-379.

50) Henri Tajfel: 《Experiments in Intergroup Discrimination》, in: Scientific American 223 (1970), S. 96-102.

51) David J. Kelly: 《Three-month-olds, but not newborns, prefer ownrace faces》, in: Developmental Science 8 (2005), S. F31-6.

52) Albert H. Hastorf und Hadley Cantril: 《They saw a game》: A case study, in: The Journal of Abnormal and Social Psychology 49(1954), S. 129-134.

53) Solomon E. Asch: Effects of group pressure upon the modification and distortion of judgments, in: Harold Guetzkow: 《Groups, leadership and men》: Research in human relations, Oxford 1951, S. 177-190.

54) Lilliana Mason: 《Uncivil Agreement》: How Politics became our Identity, Chicago 2018, S. 12.

55) Pascal Molenberghs und Louis R. Winnifred: 《Insights From fMRI Studies Into Ingroup Bias》, in: Frontiers in Psychology 9 (2018), S. 18-68.

56) Sinthujaa Sampasivam: 《The Effects of Outgroup Threat and Opportunity to Derogate on Salivary Cortisol Levels》, in: International Journal of Environmental Research and Public Health 13 (2016).

57) Ian Robertson: 《The science behind Isil's savagery》, in: Daily Telegraph (17. November 2014), https://www.telegraph.co.uk/comment/11041338/The-science-behind-Isils-savagery.html.

58) 같은 곳.

59) Juliet Eilperin und Greg Jaffe: 《Obama warns against <a crude sort of nationalism> taking root in the U. S.》, in: Washington Post (15. November 2016), https://www.washingtonpost.com/news/post-politics/wp/2016/11/15/in-athens-obama-warns-against-a-crude-sort-of-nationalism-or-tribalism-taking-root-in-the-u-s/?noredirect=on&utm_term=.5bf39834ea77.

60) Arlie Russell Hochschild: 《Strangers in their own land》, New York 2016(앨리 러셀 혹실드, 유강은 역, 『자기 땅의 이방인들』, 이매진, 2017).

61) 두 개의 정치 진영 사이의 접촉은 너무 드문 일이 되어 몇몇 사회과학자들은 그 간격을 '인종적 차이'라고 표현하기도 했다. 아래 책을 참고하라. Amy Chua: 《Political Tribes》: Group instinct and the fate of nations, London 2018(에이미 추아, 김승진 역, 정치적 부족주의, 부키, 2020), S. 163.

62) 2017년 국제 투명성 기구에서 발표한 부패 지수에서 보츠와나는 34위였다. https://www.transparency.org/news/feature/corruption_perceptions_index_2017.

63) Yuval Noah Harari: 《Sapiens》: A brief history of humankind, London 2015(유발 하라리, 조현욱 역, 『사피엔스』, 김영사, 2015).

옮긴이 | 이승희

서강대학교에서 수학과 종교학을 공부했고, 대학원에서 신학을 공부했다.
독일 밤베르크대학과 뮌스터대학 박사과정에서 종교사회학, 사회윤리, 정치윤리를 공부했다.
2017년부터 바른번역 소속 번역가로 활동하고 있으며 옮긴 책으로는 『그리스도인의 신앙』,
『성서, 인류의 영원한 고전』, 『나와 타자들』, 『버려진 노동』, 『금지된 지식』 등이 있다.

혐오 없는 삶

1판 1쇄 펴냄 2021년 5월 12일
1판 2쇄 펴냄 2022년 5월 30일

지은이 | 바스티안 베르브너
옮긴이 | 이승희
발행인 | 박근섭
책임편집 | 장미
펴낸곳 | 판미동

출판등록 | 2009. 10. 8 (제2009-000273호)
주소 | 135-887 서울 강남구 신사동 506 강남출판문화센터 5층
전화 | **영업부** 515-2000 **편집부** 3446-8774 **팩시밀리** 515-2007
홈페이지 | panmidong.minumsa.com

도서 파본 등의 이유로 반송이 필요할 경우에는 구매처에서 교환하시고
출판사 교환이 필요할 경우에는 아래 주소로 반송 사유를 적어 도서와 함께 보내주세요.
06027 서울 강남구 도산대로 1길 62 강남출판문화센터 6층 민음인 마케팅부

판미동은 민음사 출판 그룹의 브랜드입니다.